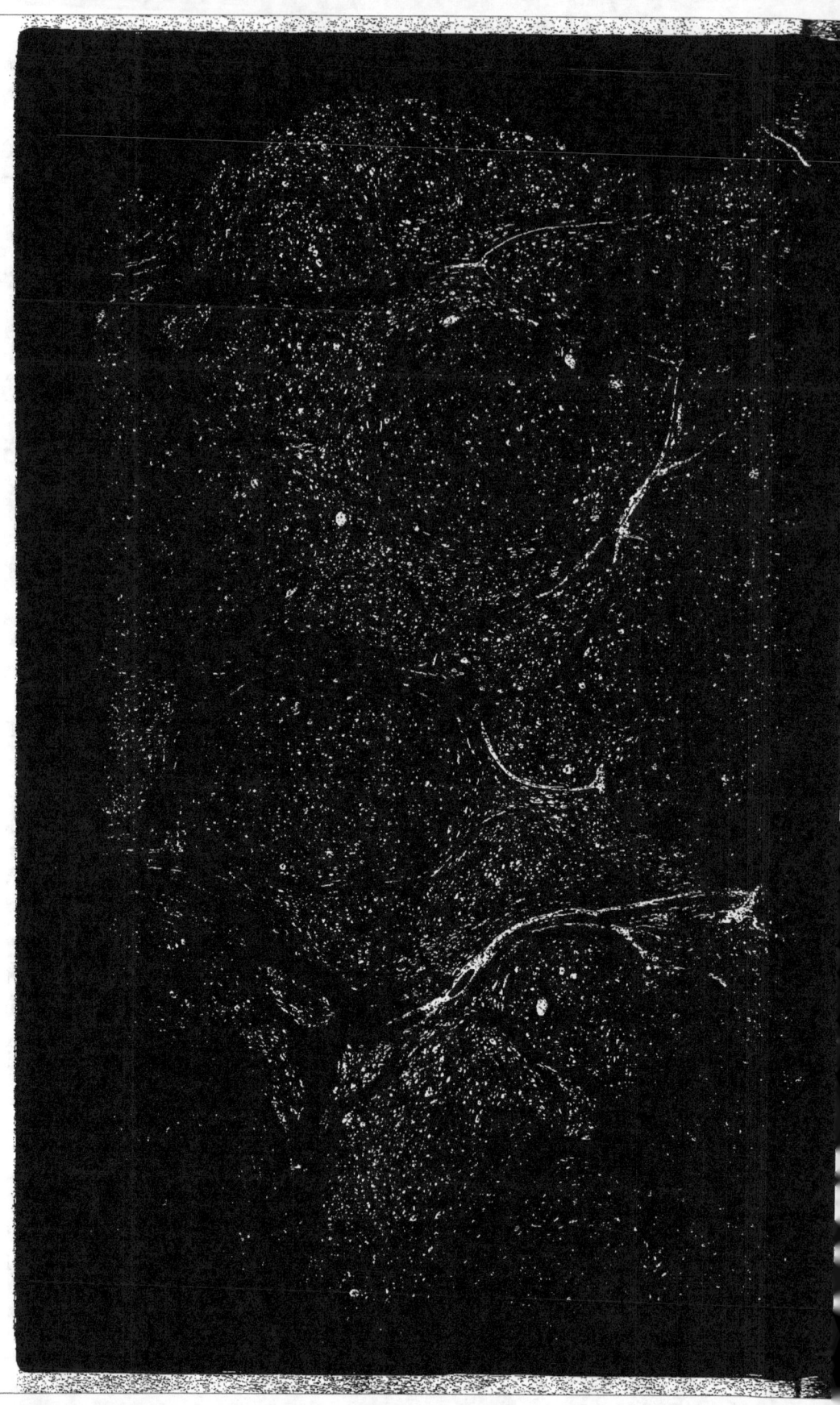

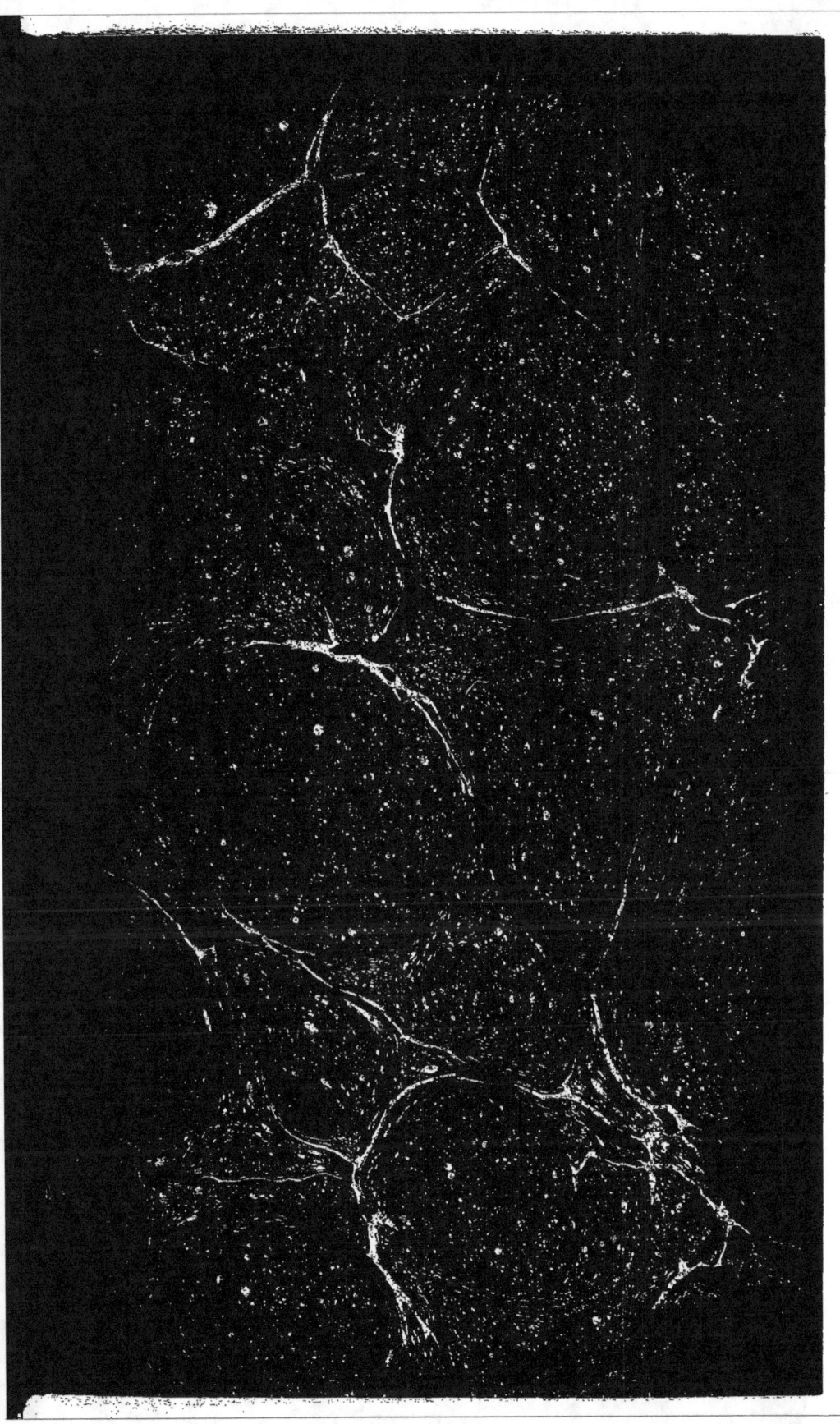

N° 279 ter. 1.
H

DESCRIPTION

ROUTIÈRE ET GÉOGRAPHIQUE

DE L'EMPIRE FRANÇAIS.

DE L'IMPRIMERIE DE LEFEBVRE, RUE DE LILLE, N°. 11.

DESCRIPTION

ROUTIÈRE ET GÉOGRAPHIQUE

DE L'EMPIRE FRANÇAIS

DIVISÉ EN QUATRE RÉGIONS.

Ière. PARTIE. = RÉGION DU SUD.

SECTION Ière. = SUD-EST.

Par R. V.***, Inspecteur des postes-relais,
Associé correspondant des académies de Dijon et de Turin,
Membre de celle des Arcades de Rome.

TOME CINQUIÈME.

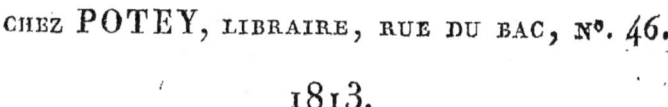

A PARIS,

chez POTEY, libraire, rue du bac, n°. 46.

1813.

DÉPARTS
DES VOITURES PUBLIQUES ET DES COURRIERS
Sur les 2 routes de Lyon à Marseille.

VOITURES PUBLIQUES	COURRIERS
SUR LA 1re. ROUTE, par Avignon.	
La Messagerie de Richard-Galile part de Lyon tous les jours; savoir : en hiver, à 4 heures du matin, en été à 11 heures du soir.	Le Courrier de Lyon à Marseille part tous les jours à 2 heures après midi.
SUR LA MÊME ROUTE	
Est établie une Patache couverte, qui part tous les jours aux mêmes heures que la Messagerie.	
SUR LA 2e. ROUTE, par Grenoble.	
Jusqu'à Grenoble, la Messagerie des Maîtres de poste, tous les jours à 10 heures du matin.	Jusqu'à Gap, le Courrier de Gap tous les jours à 2 heures après midi.
SUR LA MÊME ROUTE	Il ne part que de Bourgoin, où il correspond avec celui de Turin.
Est établi, depuis Grenoble jusqu'à Gap, un Cabriolet qui va trois fois par semaine, sans relayer.	
Nota. Les deux Messageries sont à 6 places intérieures.	*Nota.* Chaque malle contient deux places, l'une pour le courrier, l'autre pour un voyageur.

Ire ET IIme ROUTE DE PARIS A MARSEILLE.
Depuis Lyon jusqu'à Marseille.

DESCRIPTION

ROUTIÈRE ET GÉOGRAPHIQUE

DE L'EMPIRE FRANÇAIS.

Ire. ROUTE DE PARIS A MARSEILLE,

Par Lyon, Vienne, Valence, Orange, Avignon et Aix.

205 lieues et demie.

	lieues.
Depuis Paris jusqu'à Lyon (*v.* Ire. *route par Auxerre*). 37 paragraphes................	$117\frac{1}{2}$
(2e. route par Moulins... 119 *l.*)	
§ 38. *De Lyon à Saint-Phons*...............	2

O<small>N</small> sort de Lyon par le faubourg de la Guillotière, en laissant sur la gauche, au bout de ce faubourg, le vieux château de Lamotte, où Henri IV a passé sa première nuit avec Marie de Médicis. C'est un vieux donjon flanqué de quatre tours, dominant un peu le faubourg et

Tome V.

la ville. Cette courte distance, que l'on parcourt en moins d'une demi-heure, et dans laquelle on passe du département du Rhône dans celui de l'Isère, offre un chemin plat et roulant en été, très boueux en hiver, étroit en certaines parties, et peu différent d'une route de traverse. Tout cela cependant pourrait avoir changé depuis mon passage. Saint-Phons est une ferme isolée. — *Parcouru depuis Paris.* . . . 119½

§ 39. *De Saint-Phons à Saint-Symphorien d'Ozon.* . . . 2

Du haut de la première des collines qui se rencontrent dans cette distance, et qui sont toutes composées d'immenses amas de cailloux, tantôt libres, tantôt en poudingue, on jouit d'une charmante vue sur la vallée et les coteaux du Rhône. A mi-chemin est le hameau de la Bégude. Saint-Symphorien est un bourg de 1000 habitans, ayant un bureau de poste et un château. — *Parcouru depuis Paris* 121½

§ 40. *De Saint-Symphorien à Vienne.* 3

Vers le milieu de cette distance, qui offre jusqu'à Vienne des inégalités continuelles, on laisse à une lieue, sur l'autre rive du Rhône, à l'endroit même où il reçoit le canal de Rive de Gier, la petite ville de Givors, peuplée de 2000 habitans, avec un bureau de poste. Son territoire produit une mauvaise qualité de vin qu'on cite à Lyon, comme celui de Surène à Paris.

Les tristes collines que nous parcourons finissent par se tapisser de jolis vignobles, et se dessinent même en paysages, aux approches de Vienne, dont l'abord s'annonce par un beau quai sur le Rhône.

Resserrée entre ces collines et la rive gauche du fleuve, la ville de Vienne n'est point bâtie sur un terrain plat, comme l'a dit M. Millin; mais bien sur un amphithéâtre prolongé. La route la traverse par une rue basse, étroite et bordée de vieilles maisons; presque toutes les autres rues sont plus ou moins montueuses, et la ville généralement très mal percée et tout aussi mal bâtie. Elle a un tribunal civil, un tribunal de commerce, une sous-préfecture, une salle de comédie, une école secondaire, une bibliothèque peu considérable, de médiocres auberges, des bains publics, et beaucoup d'antiquités, toutes en ruines, dont quelques débris ont été réunis au muséum, par les soins du professeur Schneyder.

Peu de villes peuvent se vanter d'être plus anciennes et plus célèbres que Vienne. Mentionnée dans les Commentaires de César, qui ne parle pas de Lyon, comme on l'a dit à l'article de cette dernière ville, elle était florissante, lorsque celle-ci n'existait pas, ou n'était encore qu'un bourg; et c'est Vienne qui a fait de ce bourg une ville, par la colonie qu'elle fournit à *Munatius Plancus*.

La jalousie qu'inspira le prompt agrandissement de cette colonie à ses fondateurs, s'est perpétuée, d'âge en âge, jusqu'à nos jours. La position plus heureuse de Lyon, et les bienfaits de plusieurs empereurs, firent perdre à Vienne sa prééminence; et pendant que la nouvelle ville devint la métropole de toutes les Gaules, la ville mère ne fut plus que la métropole de la Gaule-Viennoise. Auzonne en parle en ces termes :

Accolit alpinis opulenta Vienna colonis.

Et Martial l'appelle *Pulchra Vienna*, en se glorifiant de ce que ses vers y sont lus avec plaisir :

Fertur habere meos, si vera est fama, libellos,
Inter delicias pulchra Vienna suas.

On marche à chaque pas sur les débris de son ancienne splendeur ; des inscriptions, des reliefs antiques, s'y trouvent entremêlés à des constructions modernes. Le soc découvre journellement, dans son territoire, des bronzes, des marbres, des médailles, des mosaïques, des débris de colonnes, de frises, de statues, etc.

Le plus intéressant des objets réunis dans le muséum dont nous avons parlé, est un petit groupe de marbre blanc très bien exécuté, et non moins bien conservé. Trouvé en l'an 6 dans une vigne de l'archevêché, il représente deux enfans, dont l'un tient, dans la main gauche, une colombe que l'autre veut lui prendre, et il le mord au bras droit pour la lui faire lâcher. On a cru voir dans ce groupe les deux génies de la bonté et de la méchanceté. M. Millin n'y voit qu'une dispute d'enfans. « Pourquoi imaginer, dit-il, que dans tout ce que les anciens ont fait, il y a des symboles, des allégories? Leur imagination n'a-t-elle jamais pu se reposer? »

De tous les édifices Romains qui décoraient cette ville, celui qui offre les restes les mieux conservés, est une maison carrée, construite à peu près dans le genre de celle de Nismes : elle était également entourée de colonnes striées d'ordre corynthien. Celles qui subsistent ont, selon M. Schneyder, 30 pieds de haut, compris base et chapiteau : c'est 3 pieds de plus que celles de la maison carrée de Nismes.

« Lorsqu'on en remplit les intervalles, dit
» M. Millin, pour faire de cet édifice une
» église, une main barbare brisa les canelures,
» et l'on engagea tellement les colonnes dans
» la maçonnerie, qu'on peut à peine les aper-
» cevoir ». Chorier prétend que c'était un pré-
toire, et Spon, un temple d'Auguste. M. Millin regarde cette dernière opinion comme la plus fondée. M. Schneyder a concouru à la mettre en faveur, en rétablissant, d'après la marque des clous, l'ancienne inscription conçue, selon lui, en ces termes : *Divo Augusto optimo maximo et divæ Augustæ*. M. Millin n'a pas foi à l'inscription, non plus qu'à la méthode qui, selon lui, ne peut donner autre chose que des probabilités. Ce temple d'Auguste, devenu depuis celui de la Vierge, sous le nom de *Notre-Dame de la Vie*, et celui de l'anarchie, sous le nom de *Club*, pendant la révolution, est aujourd'hui celui de la justice, ayant été consacré au tribunal de commerce.

On voit encore dans l'intérieur de la ville, près de la salle de comédie, une arcade qu'on regarde comme une porte triomphale; près du fort Pipet les restes d'un amphithéâtre; non loin de là ceux d'un théâtre, quelques pans de murs romains en divers quartiers, et quelqués débris d'aqueducs dans le voisinage de la ville.

Au sortir de la porte d'Avignon, on voit, à peu de distance et à droite de la route, au milieu d'un champ, un cénotaphe, connu sous le nom de *Plan de l'Aiguille*, que les uns croient être de Septime, les autres d'Alexandre-Sévère et d'autres d'Auguste. Ceux qui ont avancé ces opinions auraient eu besoin de fortes preuves pour les établir, et ils n'en ont donné aucune, parce qu'ils n'en avaient point. Ne disputons pas, à la nuit des siècles, les faits qu'elle a voulu nous dérober, et sachons, en tout ce qui nous est caché, préférer l'ignorance à l'erreur. Ce monument, d'ailleurs, qu'on veut prendre pour un cénotaphe d'un empereur romain, est d'une simplicité qui ne répond pas à une pareille destination.

C'est une petite pyramide quadrangulaire portée sur quatre piliers ornés chacun de deux petites colonnes brutes, que des circonstances, aussi inconnues que l'objet du monument, empêchèrent sans doute de terminer. La hauteur totale est de 13 mètres et demi (42 pieds). La tradition populaire est, que c'était là le centre de la ville ; et les traces des anciens remparts, qui donnent à son enceinte primitive une lieue de tour, semblent venir à l'appui de cette opinion.

Des souterrains découverts au faubourg de Sainte-Colombe, de l'autre côté du Rhône, paraissent avoir été des réservoirs. C'est dans ce faubourg qu'on a trouvé la plus grande partie des ouvrages de marbre et de mosaïques conservés au muséum de Vienne. Divers fragmens de colonnes, de frises et de statues également en marbre, y roulent, parmi les cailloux, sous les pieds des passans, d'autres sont mêlés aux pierres brutes qui servent à la construction des murs de clôture. Tout y retrace l'obscur souvenir d'une grandeur éclipsée, et la triste image de la destruction. Le pont, qui établissait la communication de la ville avec ce faubourg, et dont on n'aperçoit plus que quelques piles, est réputé d'origine romaine.

Les édifices gothiques se sont entées à Vienne sur ceux de l'antiquité. Le fort Pipet est moitié romain, moitié gothique. Celui de Salomon, entièrement gothique, passe dans le pays pour avoir été la prison de Pilate, lorsqu'il fut exilé dans les Gaules par Tibère. On montre même le rocher d'où il se précipita, dit-on, dans le Rhône. Cette tradition ne s'accorde pas avec l'histoire, car d'après Eusèbe, l'exil de Pilate n'était point à Vienne, mais près de Vienne.

La cathédrale est belle, mais non une des plus belles de France, comme l'ont écrit certains auteurs. Ce qu'elle a de plus remarquable est le portail et la nef. La voûte est peinte en azur et parsemée d'étoiles. Le chœur renferme le beau mausolée de l'archevêque Montmorin. Il a été exécuté à Rome; c'est l'ornement de cette église et de la ville. Le cloître gothique de Saint-André-le-Bas offre une variété de chapiteaux qui fixe l'attention des artistes.

Après avoir vu ces divers monumens, on ne doit pas quitter Vienne sans visiter les mines de plomb situées au fond d'un faubourg sur les bords de la Gère, petite rivière qui vient se jeter dans le Rhône à Vienne. Leur produit est de trente à quarante pour cent. Elles donnent deux onces d'argent par quintal de plomb. Une de ces mines traverse la montagne du Pont l'Évêque d'outre en outre. En s'y rendant le long de la Gère, dont les eaux vives ne gèlent jamais, et dont les bords offrent divers sites pittoresques, on trouve une papeterie, une fabrique de cartons pour les draps, qui s'expédient dans le Nord, et un laminoir de cuivre. Des fabriques de ratines, de toiles à voile et autres, deux verreries et une nitrière sont de nouvelles branches d'industrie qui, jointes aux précédentes, sembleraient devoir faire de Vienne une ville riche et commerçante. Cependant, écrasée par le voisinage de Lyon, elle ne compte pas pour une place de commerce, malgré ses ressources multipliées, dont la diversité même ne lui permet pas sans doute d'obtenir la supériorité en aucun genre.

La population actuelle de cette ville dégénérée, est de 11,000 habitans : elle était la capitale des Dauphins Viennois, comme elle l'avait été pendant long-temps des Rois de Bourgogne, plus anciennement de la Gaule Viennoise, et plus anciennement encore des Allobroges.

L'archevêque de Vienne portait le titre de *premier Primat des Gaules*. Parmi un grand nombre de conciles tenus dans cette ville, on distingue le quinzième, fameux par la suppression des Templiers, et par la présence de Philippe-le-Bel et de toute sa cour. Cette ville a produit le jurisconsulte Nicolas Chorier, historien du Dauphiné.

Sous les Romains, elle enclavait les montagnes au pied desquelles elle est située. Elle s'est depuis retirée de ces hauteurs pour s'étendre dans les vallées du Rhône et de la Gère,

Iʳᵉ. ROUTE DE PARIS A MARSEILLE. 11 lieues.

comme nous avons vu Lyon descendre de la montagne du *Forum vetus*, pour s'établir au bord du fleuve qui coulait à ses pieds. Les mêmes causes ont produit les mêmes effets ; le besoin de respirer et de se défendre présidait autrefois à l'emplacement des villes. Les besoins du luxe, la facilité du commerce et les commodités de la vie, l'emportent aujourd'hui sur ces antiques considérations. Autres temps, autres mœurs. Ces montagnes sont d'une hauteur peu considérable, toutes graniteuses, remplies de mines de plomb, et couvertes de vignes. Celles qu'on voit au delà du Rhône, vis-à-vis de Vienne, produisent les fameux vins de Côte-Rôtie. — *Parcouru depuis Paris* . . . 124½

§ 41. *De Vienne à Auberive*. 4

On parcourt la première lieue dans la plaine du Rhône, en passant tout près de l'aiguille ou pyramide dont j'ai déjà parlé au paragraphe précédent. La montagne qu'on gravit, vers le milieu de cette distance, renferme des amas de poudingue tellement adhérens, qu'on les exploite comme des carrières : on les prendrait, à la mousse et au lichen qui les couvrent, pour des masses de schistes ou de granit, si quelques cassures ne signalaient les cailloux qui les composent.

Du haut de cette montagne on voit, au delà du Rhône, la plaine et le coteau d'Ampuis, dont les vins rouges sont excellens, quoiqu'inférieurs à ceux de Côte-Rôtie; les environs du bourg d'Ampuis fournissent aussi des fruits et surtout des melons renommés. Le beau château qu'on y remarque au bord du Rhône, appartenait à Maugiron, l'un des mignons de Henri III. Sur la même rive droite du Rhône, une lieue au dessous d'Ampuis, se trouve la ville de Condrieux, connue par ses vins blancs, et peuplée de 4000 habitans, la plupart mariniers ou constructeurs.

Auberive est un mauvais village qu'on traverse, ou plutôt qu'on gravit par une pente rapide qui doit être adoucie, d'après les plans des ingénieurs. — *Parcouru depuis Paris*. . . 128½

---

§ 42. *D'Auberive au Péage de Roussillon*. 2

Chemin plat et caillouteux, comme la plaine que l'on parcourt. Le Péage de Roussillon est un bourg de 1000 habitans. Il a un bureau de poste et point de bonne auberge, quoiqu'on y voie beaucoup de belles enseignes, à moins

Ire. ROUTE DE PARIS A MARSEILLE. 13 lieues.

qu'il ne s'en soit établie quelqu'une depuis mon passage. — *Parcouru depuis Paris.* . . . . 130 $\frac{1}{2}$

§ 43. *Du Péage à Saint-Rambert.* 3

Même plaine caillouteuse et peu fertile. On entre presqu'au sortir du Péage, dans le département de la Drôme.

Saint-Rambert est un petit bourg, dépourvu de bonnes auberges, comme le Péage. De l'autre côté du Rhône est le joli village de Serrières, où le chemin de la rive droite qui, depuis Lyon jusques-là, n'est qu'une traverse, commence à devenir un grand chemin, sans être néanmoins une belle route. — *Parcouru depuis Paris.* . . . . 133 $\frac{1}{2}$

§ 44. *De Saint-Rambert à Saint-Vallier.* 3

Vers les deux tiers de cette distance, les cailloux diminuent, le pays devient, à-la-fois, plus agréable et plus fertile. Un moment avant d'arriver à Saint-Vallier, on voit à sa gauche un château, appuyé contre la base d'une colline calcaire, dont la nudité jette de la tristesse sur cette habitation d'ailleurs assez jolie. Il appartenait à M. de Murat, et fut vendu dans la révolution.

Saint-Vallier est un gros bourg, peuplé de

2000 âmes. Il a un bureau de poste, un beau château de forme gothique, et des filatures de soie. Les environs en sont rians : des prairies arrosées, des vergers fertiles, des haies d'aubépine d'une hauteur et d'une épaisseur peu communes y reposent agréablement la vue par leur verdure, surtout quand on vient de traverser les tristes et arides cailloux de Saint-Rambert.

À 3 lieues O. de ce bourg est située la petite ville d'Annonay, dépendante du même département, dont elle est la première, par sa population de 6000 âmes, et par son commerce manufacturier, quoiqu'elle n'ait pas même une sous-préfecture. Fameuse par ses papeteries perfectionnées, où se fabriquent les plus beaux papiers de France, elle doit cet avantage, dit-on, à la pente rapide et à la limpidité des eaux de la Dieume, ainsi qu'aux cylindres à la hollandaise introduits par le fameux Montgolfier, dont elle vit lancer le premier aérostat. Ce célèbre inventeur de l'art de voyager dans un élément, regardé jusqu'à nos jours comme le domaine exclusif des habitans de l'air, dirigeait une des principales papeteries de cette ville, lorsqu'il fit sa découverte.

Diverses autres manufactures moins importantes, notamment les draperies communes,

Iʳᵉ. ROUTE DE PARIS A MARSEILLE. 15 lieues.

concourent à former le commerce d'Annonay. On trouvait à Saint-Vallier une bonne auberge, celle de la poste. — *Parcouru depuis Paris*... 136½

---

§ 45. *De Saint-Vallier à Tain*............. 3½

On traverse à mi-chemin le village de Serve. La vallée se retrécit fréquemment par le rapprochement des montagnes, qui, partout où elles se montrent, présentent une nature graniteuse. Elles serrent quelquefois le fleuve de si près, qu'il a fallu leur disputer la largeur de la route. C'est ce qu'on remarque aux approches de Serve et de Tain, où l'on arrive par deux hautes et longues terrasses, que menacent à-la-fois les éboulemens de la montagne, dont elles occupent la base, et l'impétuosité du Rhône, sur lequel elles sont comme suspendues. Un fort talus en maçonnerie est la barrière qu'on oppose aux usurpations de ce fleuve, et aux irruptions fréquentes et plus dangereuses du Doux, qui ayant son embouchure directement en face de la seconde des deux chaussées dont il s'agit, vient, dans ses crues violentes sapper la route à travers le Rhône même.

Tain est un bourg de 15 à 1800 habitans, avec bureau de poste. On y remarque un taurobole placé entre deux colonnes milliaires.

Ce bourg est séparé par le Rhône, de Tournon, l'une des sous-préfectures et des principales villes du département de l'Ardèche. Elle est peuplée de 5000 habitans, la plus grande partie livrés au commerce des lainages. Un vieux château des ducs de Soubise la domine; il s'élève, non sur une montagne, comme le dit Vosgien, mais sur un roc escarpé au pied d'une montagne. On remarque aussi dans cette ville, un beau pont d'une seule arche, sur le Doux. Elle a un collége renommé qu'elle doit au cardinal de Tournon, et qui, tenu successivement par des jésuites et des oratoriens, s'est rétabli à peu près sur l'ancien pied depuis la révolution. L'éducation en est excellente.

A un quart de lieue E. de Tain, on voit le coteau de l'Hermitage, ainsi nommé à cause d'un ancien hermitage, dont une chapelle, située au sommet, occupe la place. Il est fameux par l'excellence de ses vins blancs et rouges; les derniers sont les plus connus et les plus recherchés en France; les blancs sont les meilleurs. Les peuples du Nord les préfèrent à tous les autres vins de France. M. de Saussure a eu la curiosité de monter au haut de ce coteau pour en examiner le sol; il l'a trouvé entièrement composé de débris de granit. « C'est donc à tort, dit-il, que quelques cultivateurs séduits

Ire. ROUTE DE PARIS A MARSEILLE.   17 lieues.

» par les vins de Bourgogne et de Champagne,
» qui croissent sur un sol calcaire, ont pré-
» tendu que ce sol était le seul propre aux bons
» vins ».

Du haut de ces vignobles, on jouit d'un superbe horizon. Du côté du Midi, l'œil suit à perte de vue le cours du fleuve, à travers les vastes plaines qu'il arrose. Au Nord, on le suit encore à une très grande distance, et on le voit se replier, vers le Nord-Est du côté de Vienne : à l'Est, on suit l'Isère jusqu'à Romans. La vue n'est bornée de ce côté, que par les Alpes, dont la chaîne centrale est éloignée de plus de 30 lieues. Enfin à l'Ouest, au delà du fleuve, le Vivarais et le Lyonnais paraissent un immense entassement de montagnes.

La terre de ce coteau est propre à la poterie : on en fabrique à Larnage. La fabrique de vitriol mentionnée par l'auteur de l'*Itinéraire*, est inconnue dans le pays. — *Parcouru depuis Paris.*   140

§ 46. *De Tain à Valence.*   5

Même nature de terre caillouteuse. On traverse l'Isère, vers le milieu de la distance, sur un beau pont de bois, construit dans les premières années du règne de Napoléon Ier.

Cette rivière, qui porterait le nom de fleuve,

Tome V.   2

si elle ne renonçait à ce titre en se perdant dans le Rhône, est d'une largeur moyenne, mais d'une grande profondeur; elle prend sa source au Petit-Saint-Bernard, et doit sa couleur toujours bourbeuse et noirâtre aux carrières d'ardoise, dont elle reçoit les eaux et les débris dans la Tarentaise. L'Arche lui porte les eaux de la Maurienne à Montmélian, et le Drac celles de l'Oisans, et autres vallées, à Grenoble.

Dans toute cette distance, et surtout en passant la rivière, on aperçoit au bout de l'horizon vers le S.-S.-E., une suite de montagnes, dont l'une située à peu près sous le même parallèle que Montélimart, présente d'un côté, l'effet d'une coupure verticale, depuis sa cime, qui est très élevée, jusqu'à sa base. C'est la montagne de Roches.

On longe quelque-temps et circulairement les murs de Valence, avant d'arriver à la porte méridionale, où sont situés le faubourg, la poste et les principales auberges. Comme ces murs masquent la ville, et qu'elle a d'ailleurs peu de portes, ils lui donnent l'air d'un vaste enclos de monastère. Une aussi triste enceinte ne provoque guères la curiosité de voir l'intérieur. Si l'on se décide à y pénétrer, on trouve une vieille ville mal bâtie et mal percée. Point de belle place, point de bel édifice public. La cathédrale ne mérite aucune attention, non plus que l'évêché, quoi qu'en disent quelques auteurs. On conserve, dans une chapelle de cette église, le cœur et les entrailles du pape Pie VI, décédé en cette ville, le 29 août 1799. Au côté oriental de la même église, on voit un petit bâtiment carré, que M. Millin juge d'un excellent style. Les quatre faces en sont vermiculées et historiées. C'était le tombeau de la famille de Marcieu.

Une façade gothique, dont les habitans ne font aucun cas, et les géographes aucune mention, m'a paru l'un des plus précieux morceaux de ce genre qui existent en France. Elle est enrichie de sculptures, et ornée d'une grande quantité de bustes et de statues, dont l'exécution décèle l'époque de la renaissance des arts, et le ciseau des meilleurs artistes de cette époque. Cette façade, dont il n'existe qu'une moitié parfaitement conservée, devait être celle d'un superbe palais, qui n'a pu appartenir qu'à une famille de la plus haute distinction, s'il n'a été celui des souverains du Dauphiné, comme cela paraît vraisemblable. Ce palais est aujourd'hui la demeure du libraire Orel, qui en ignore absolument l'ancienne destination, malgré ses livres et son cabinet littéraire, ce qui fait présumer qu'elle n'est nullement connue.

Dans la partie septentrionale de la ville, en face d'une place d'armes plantée d'arbres, est une citadelle, connue sous le nom de *Gouvernement*, parce que c'était la demeure du gouverneur. C'est là que mourut l'infortuné Pie VI. L'habitation de ce vertueux pontife est aujourd'hui le siége de la sénatorerie. Le bâtiment est élégant, et les jardins délicieux, par l'ombrage et la vue dont on y jouit : c'est la plus agréable maison de la ville, comme celle de l'ancienne abbaye en est la plus belle.

Dans cette dernière, est établie la préfecture, et non à l'évêché, comme le dit par erreur M. Millin. On en vante la terrasse, dont la vue, bien inférieure à celle des jardins de la sénatorerie, donne sur le Rhône. Elle est bornée, à peu de distance au delà du fleuve, par une montagne aride et pelée, d'une élévation moyenne, et d'un aspect horrible, sans être une belle horreur. Sur un des points éminens de cette carcasse, on voit celle de l'ancien château de Crussol, dont les ruines sont plus tristes que pittoresques. Quel affreux séjour pour un seigneur !

Les pentes de ces croupes maigres et calcaires produisent les excellens vins blancs de Saint-Perai. Le bourg de ce nom est situé au bord du torrent de Mélian, qui se jette dans le Rhône, presque en face de Valence.

Cette ville, ancienne capitale du Valentinois, *civitas Valentinorum*, et plus anciennement des Segalauniens, aujourd'hui du département de la Drôme, doit son nom de *Valentia*, d'après quelques auteurs, à la valeur de ses anciens habitans (*). Réputée une des plus anciennes de la Gaule, elle n'offre cependant aucun monument d'antiquité, à l'exception d'une inscription et d'une colonne milliaire, mentionnées par M. Millin. Il a été satisfait de la collection d'antiques formée par l'infortuné M. de Sussy, qui fut massacré en Sicile à son retour de l'expédition d'Egypte. Cette collection se trouve actuellement entre les mains de

---

(*) Pourquoi ne le devrait-elle pas à l'un des Empereurs Valentinien? On sait que le deuxième de ce nom a fait un séjour dans cette partie des Gaules, puisqu'il a été tué à Vienne. Tant d'autres villes ont pris le nom de quelque empereur, soit par reconnaissance, soit par flatterie! Tant d'autres étymologies ont été admises, qui sont loin d'offrir la même vraisemblance!....

ses deux sœurs, madame de Chiese et madame de Bressac.

Valence renferme, indépendamment de la sénatorerie et de la préfecture, une école secondaire, un tribunal criminel, un tribunal civil, un évêché et une petite salle de comédie. Elle avait autrefois une université que Louis II y transféra de Grenoble. Sa population est de 8 à 9000 habitans, généralement peu livrés au commerce. C'est par l'effet de leur indifférence en ce genre, qu'ils ont négligé de faire passer la grande route de Lyon à Marseille, dans leur ville, au lieu de la laisser diriger autour de leurs remparts, ce qui concentre ainsi dans leur faubourg tout le peu d'affaires et d'activité qu'on doit attendre du passage d'une grande route.

La principale promenade est une esplanade carrée et plantée d'arbres, qui s'étend depuis ce faubourg jusqu'au bord de la plaine, d'où elle domine, en terrasse, la vallée du Rhône. Une autre se prolonge en allée entre le rempart et la route. Dans la petite pente, qui mène de la ville au Rhône, sont deux maisons de bains publics, ce qui n'est pas ordinaire pour une aussi petite ville, et n'est pas indifférent pour les voyageurs. Valence possède un grand nombre d'anciennes familles, une

Iʳᵉ. ROUTE DE PARIS A MARSEILLE. 23   lieues.

excellente société et un très beau sexe. Cette ville est la patrie de M. le comte Montalivet, ministre de l'intérieur. Elle s'honore d'avoir été, sinon le berceau, du moins l'école où s'est développé le génie du Grand Napoléon. On se souvient de lui avoir vu parcourir les coteaux avec les instrumens ou les livres en main, toujours réfléchi, toujours laborieux, et consacrant à s'instruire, l'âge que tant d'autres perdent dans les plaisirs.

Les campagnes des environs sont peu fertiles, étant très cailouteuses. Leur produit ordinaire est de 4 à 5 pour 1. De belles prairies tapissent la vallée du Rhône (*). — *Parcouru depuis Paris*. 145

§ 47. *De Valence à la Paillasse*. 3
§ 48. *De la Paillasse à Loriol*. 3

Route plate et cailouteuse. La Paillasse est un très petit hameau, et Loriol une très petite

---

(*) C'est dans la partie de cette route, que nous venons de parcourir (entre Lyon et Valence), qu'est établie la fameuse poste aux ânes, dont le seul nom fait rire, et que j'ai long-temps regardée comme une fable; je puis en attester aujourd'hui la réalité. C'est une ressource offerte aux mariniers et voyageurs peu aisés. Ce pays est peut-être le seul où l'on voie les ânes galopper.

ville, peuplée de 2000 habitans, avec bureau de poste, et assez bien montée en auberges. Un quart d'heure avant d'y arriver, on traverse au pied de la colline et du bourg de Livron, la Drôme, qui a sa source à la frontière orientale du département, et son embouchure dans le Rhône à une demi-lieue de la route. Elle est peu considérable, mais sujette à des crues violentes. On la passait jadis dans un bac dangereux, et aujourd'hui sur un très beau pont, du haut duquel on aperçoit, à deux lieues vers l'Est, au bord de la même rivière, et sur le penchant des montagnes dont nous avons déjà parlé, une tour du château de *Crest*, qui est une prison d'état. Sa position, on ne peut plus pittoresque, et sa vue délicieuse, doivent être une sorte de consolation pour les détenus, si quelque chose peut consoler de la perte de la liberté. Au pied de la colline, dont il occupe la crête, est située la ville du même nom, peuplée de 4500 habitans, et très commerçante en soie; elle fabrique aussi des étoffes de laine et de coton.

Die, ville plus ancienne et un peu moins considérable que Crest, n'ayant que 3400 habitans, est située à 7 ou 8 lieues plus loin sur la même rivière et dans le même département. C'est un chef-lieu de sous-préfecture. Les calvinistes y avaient une université avant la révocation de l'édit de Nantes. Elle fut dédommagée de cette perte par le rétablissement de son ancien évêché qui a subsisté jusqu'à la révolution. On fait cas du vin muscat, et de la clairette de Die.

On trouve dans les collines et les environs de Loriol, des cornes d'ammon et des oursins pétrifiés. Loriol est la patrie de M. *de Faujas de Saint-Fond*, célèbre naturaliste de nos jours. — *Parcouru depuis Paris.* 151

§ 49. *De Loriol à Derbières.* 3
§ 50. *De Derbières à Montélimart.* 3

Le pays change de nature, les cailloux deviennent rares, et la route agréable. La vallée du Rhône se rétrécit jusqu'à Derbières, village auquel vient aboutir un rameau de montagnes, qu'on a vu jusques-là courir, parallèlement à la route, en s'en rapprochant rarement, et s'en éloignant quelquefois à perte de vue.

A Derbières, ce sont des collines d'un aspect montagneux : à Montélimart, ce sont des coteaux de vignes. Vis-à-vis de cette ville, le Rhône s'éloigne, et la vallée forme, en s'élargissant, un très beau bassin couvert d'arbres, de moissons et de prairies. Montélimart, dominant un peu cette vallée, n'a de beau que sa position, et de remarquable que les restes de son ancienne citadelle. Cette ville, peuplée de 6000 habitans, est le siége d'une sous-préfecture et d'un tribunal civil; son commerce consiste en soie et en chamoiserie. Elle tire son nom des deux maisons de Monteil et d'Aimar. Ses habitans furent les premiers à embrasser le calvinisme.

Prise et reprise plusieurs fois, elle vit sous Henri IV, la paix et l'union rentrer dans ses murs. C'est la patrie du médecin Menuret son historien.

On trouve à la poste, une des meilleures auberges de France.

Presqu'en face et à une lieue de Montélimart, au delà du Rhône, dans le département de l'Ardèche, qui a remplacé l'ancien Vivarais, trois roches pyramidales montrent leurs masses noirâtres au voyageur, qui dirige ses regards de ce côté, en venant de Loriol. Leur forme aussi singulière que leur couleur, au milieu des croupes blanchâtres et peu variées d'une chaîne calcaire, fait soupçonner une cause extraordinaire. Ce soupçon se fortifie quand on songe qu'une partie du Vivarais est volcanisé. Il se change en certitude, quand on se livre à la curiosité de voir de près ces trois pyramides, qu'on reconnaît bientôt pour des laves. Le bourg de Rochemaure situé au dessous en est presque entièrement bâti. Tout le coteau est semi-calcaire et semi-basaltique, ce qui offre à la vue un mélange bizarre de blanc et de noir. Les fragmens de basalte répandus dans la pente et la vallée, se montrent jusqu'à une lieue au delà du Rhône. M. *Guétard*, auteur de la Minéralogie du Dauphiné, explique cette circonstance en supposant que le Rhône a coulé autrefois beaucoup plus à l'E. M. de *Saussure* l'explique par son système de la grande débacle des mers, qui couvraient le continent, et dont les courans ont seuls pu transporter de pareilles masses à des hauteurs que le Rhône, dit-il, n'a jamais dû atteindre. C'est aussi le sentiment de M. de *Faujas*. Le sommet de la colline est entièrement couronné de basaltes, sur lesquels et avec lesquels on a bâti le château gothique de *Rochemaure*, dont il ne subsiste que des ruines; mais elles sont extrêmement pittoresques.

Sa position aussi bizarre que sa structure, m'a décidé à gravir l'éminence sur laquelle il est situé. On est peu dédommagé de sa fatigue par l'inspection du château; mais on l'est amplement par la beauté de la vue. Elle embrasse toute l'étendue du Dauphiné, depuis le Rhône jusqu'aux Alpes, et offre une étonnante variété de plaines, de collines et de montagnes. Le site par lui-même, dépourvu de culture et d'ombrage, comme tout le coteau, est on ne peut plus triste.

Ce château appartenait à la maison de Soubise, auparavant à celle de Ventadour. A peu de distance vers l'Est, on a extrait de la pouzzolane, mais on n'a pas continué, parce que la qualité s'est trouvée mauvaise. A quelques lieues au delà, sont les volcans de Neyrac, et les balmes de *Montbrul* (Montbrulé), qu'on regarde comme des bouches de cratère. Il est étonnant que M. de Saussure, qui a fait sur les deux rives du Rhône, un voyage d'observateur, se contente, en passant tout près de ces volcans, de les désigner, et qu'il n'ait pas été tenté de les examiner pour les décrire. Il a cru apparemment ne devoir rien ajouter à la savante description qu'en donne M. de Faujas.

La petite ville d'Aubenas, l'une des plus importantes de l'Ardèche, avec une population de 3000 habitans, est située à 4 lieues E. de Rochemaure. Elle a un tribunal de commerce, des filatures de soie, perfectionnées par la superbe machine que Vaucanson y construisit en 1756, des fabriques de draps de coton (fa-

I.re ROUTE DE PARIS A MARSEILLE. 29 lieues.

çon des Indes), et de draps de laine, qui s'expédiaient dans le Levant. Cette ville est dans une position extrêmement pittoresque : son territoire produit des truffes et des marrons en quantité. Les truffes sont aussi un produit du territoire de Montélimart, mais en qualité médiocre. — *Parcouru depuis Paris*. 157

---

§ 51. *De Montélimart à Donzère*. 4

Les deux petites rivières de Roubion et de Jabron, qu'on passe, la première sous les murs et l'autre à peu de distance de Montélimart, ne sont rien moins que paisibles, quoi qu'en disent très agréablement le grand Dictionnaire et le grand Voyage pittoresque de la France, d'après l'historien Menuret, à qui on doit pardonner de voir tout en beau dans son propre pays. Ces deux rivières causent quelquefois des ravages terribles, dont sans doute la maison de M. Menuret se trouvait à l'abri.

Près d'arriver à Donzère, on traverse la croupe d'une colline calcaire, du haut de laquelle on découvre les Alpes. Elle va se terminer au Rhône, éloigné d'environ d'une demi-lieue, par un front de rochers coupés à pic, et régnant sur le fleuve comme un rempart. Dans les fissures de ce rempart naturel, on aperçoit parmi divers accidens très bizarres, plusieurs grottes, dont une est fameuse, pour n'avoir jamais été parcourue jusqu'au fond. Le maître de poste de Donzère, qui me conduisait, y était entré peu d'années auparavant, avec M. de Faujas : elle s'est trouvée inaccessible pour moi, par l'effet des éboulemens, qui se font tous les jours du haut de ces rocs en décomposition. C'est sur le rapide talus, formé par ces éboulemens, et fuyant sans cesse sous les pieds, que nous avons cotoyé le Rhône, pendant une heure, en cherchant toujours inutilement la fameuse grotte. Les débris, que nos pieds déplaçaient, roulaient dans le fleuve, où nous les aurions suivis infailliblement nous-mêmes, si nous avions eu le malheur de faire un faux pas.

Le sentier étroit et glissant qui longe ce talus, et qui se trouve détruit en beaucoup d'endroits par les éboulemens dont je viens de parler, est le chemin que sont obligés de suivre les énormes chevaux employés à remonter les barques du Rhône. Souvent la rapidité du courant les entraîne dans le fleuve; les mariniers n'ont alors d'autre ressource, que de couper la corde, pour dégager et sauver, s'il est possible, ces utiles animaux, qui se perdent souvent, en s'embarrassant dans les cordes, et s'entraînant les uns les autres (*).

On voit en face de ce site, sur la rive opposée du Rhône, la petite ville de Viviers, qui a remplacé, dit-on, celle d'Albe, détruite par Crocus, roi des Allemands. Sa situation au milieu des roches calcaires, qui hérissent les montagnes de cette rive du Rhône, et dans une de leurs anfractuosités, est plus horrible que pittoresque. La nudité blanchâtre de ces croupes infertiles, n'est nuancée que par la teinte grise des chardons et de quelques plantes aromatiques, qui croissent dans les rochers calcaires, et forment d'excellens pâturages pour les bêtes à laine; de là vient l'excellente qualité du mouton qu'on mange dans cette ville et dans tout le département de l'Ardèche, en partie composé de montagnes semblables, ainsi que dans tous les pays situés au bord du Rhône. Sur un rocher qui domine la ville, s'élève la cathédrale, édifice médiocre, qui fait néanmoins de l'effet par cette singulière position. Plus bas s'élève un autre

---

(*) Ce passage est devenu, depuis, absolument impraticable par les éboulemens de la montagne et les érosions du Rhône, au point d'intercepter la navigation; ce qui a nécessité une digue, dont les travaux doivent être, sinon terminés, du moins très avancés.

rocher taillé à pic et coupé en plate-forme, qui ressemble, vu de loin, à un château fort, et porte le nom de *Rocher du Château*. L'évêché est un beau bâtiment, et le séminaire un superbe édifice.

Cette ancienne capitale du Vivarais, qui était le siége d'un évêché, est à peine peuplée de 2000 habitans. Il n'y a aucun genre de commerce.

C'est du sein de cette bicoque, qui semblait destinée par sa situation à n'être que la retraite de quelques familles de pêcheurs, que l'un des célèbres astronomes de l'Europe, M. *Flaugergues*, porte ses regards *savans* sur les astres, et transmet d'utiles observations aux diverses sociétés académiques, parmi lesquelles il a toujours refusé de figurer autrement, qu'en qualité de correspondant. Cette ville s'est rendue fameuse dans les guerres de religion. En 1576, le capitaine Gueydan, ayant reçu l'ordre du duc d'Uzès, de s'emparer du château, le surprit, en y pénétrant par les latrines. Ce courage en vaut bien un autre.

La nature des rochers qui se font face des deux côtés du Rhône, étant la même, et le pied des deux montagnes serrant presque également les deux rives du fleuve, c'est ici, plus que dans toute autre partie de son cours, qu'on pourrait placer l'enchaînement des montagnes du Dauphiné,

Ire. ROUTE DE PARIS A MARSEILLE.

qui sont une ramification des Alpes, avec celles du Vivarais, qu'on suppose être une continuation des Pyrénées, supposition, dont nous verrons, dans la suite, la fausseté (*).

(*) Une série de montagnes doit continuer, sans interruption, pour mériter le nom de chaîne; ou, si l'on veut la qualifier ainsi, lorsqu'elle est séparée en deux par un intervalle bien marqué, c'est au moins alors une chaîne coupée; or, une chaîne coupée forme deux chaînes, quoi qu'en disent quelques géologues, qui après avoir réuni, du fond de leur cabinet, les Alpes et les Pyrénées, qu'ils n'ont jamais vues, prolongent cette chaîne jusqu'aux confins de l'Europe orientale, et lui font traverser les fleuves et les mers, pour l'attacher de leurs mains savantes aux montagnes de l'Asie. Cet enchaînement universel, dans lequel ils ont cru surprendre un des secrets de la nature, n'est aux yeux du voyageur qui observe, qu'un des nombreux écarts de l'esprit systématique.

Je prends pour exemple les principales chaînes connues; malgré les différences qui les caractérisent, on les voit toutes présenter une seule et constante uniformité, celle d'une succession continue de pics ou mammelons, qui, se rattachant sans interruption les uns aux autres, forment de véritables chaînes, et justifient cette dénomination. C'est ainsi que les Pyrénées prolongent leurs croupes plus ou moins découpées, mais toujours liées ensemble, d'une mer à l'autre. Plusieurs vallées s'en détachent, aucune ne les traverse.

Les montagnes inférieures, que ces vallées séparent,

Tome V.

Donzère est un bourg de 1500 habitans. Il y a un bureau de poste et une bonne auberge. L'on peut donner en passant un coup d'œil aux jolis et frais jardins du maître de poste. On y voit des oliviers, production devenue exotique dans cette partie du midi, où l'hiver de 1788 les a détruits. Avant cet hiver, on en voyait même à Montélimart. Les vins rouges de Donzère jouissent d'une réputation méritée.

A 3 lieues E. de ce bourg, et dans le même

---

ne sont que des rameaux de la montagne centrale. Suivez-les en remontant le torrent qui baigne leur base, et vous verrez qu'elles partent toutes, comme le torrent même, de cette chaîne centrale, qu'on est obligé de franchir dans une partie ou dans l'autre, pour passer de France en Espagne, voilà ce qu'on appelle une chaîne.

J'ai cité celle des Pyrénées, de préférence, parce que, resserrée entre deux empires et deux mers, elle me fournissait un exemple plus frappant; mais toutes les autres offrent la même continuité. Il faut gravir, dans un point quelconque, les Alpes, pour passer de France ou d'Allemagne en Italie, les Apennins, pour passer des côtes orientales d'Italie sur les côtes occidentales; et l'on a dit, avec raison, que ces dernières montagnes sont une prolongation des Alpes, puisqu'il n'existe aucun intervalle qui les sépare.

Les autres chaînes connues, soit de l'Europe, soit

département, est située la petite ville de Grignan, dont le château, renommé pour un des plus beaux de la Provence, et célèbre par les lettres de madame de Sévigné, a été démoli dans la révolution. Les voyageurs y étaient attirés autrefois par la curiosité; ceux qui s'y transporteront désormais, n'y trouveront plus que des regrets, dont ils pourront se soulager par quelques larmes versées sur la tombe de madame de Sévigné, monument conservé dans l'église, comme par miracle, au milieu des ra-

---

du reste du globe, les Delphrines, séparant la Norvège de la Suède; le Krapac, séparant la Pologne de la Hongrie; les monts Poyas, séparant la Russie septentrionale de l'Asie; enfin le Caucase, l'Atlas et les Cordilières, offrent, d'après la simple inspection des cartes et la naissance des fleuves, cette même continuité, sans laquelle elles n'eussent point obtenu le titre de chaîne, et confirment ainsi la même observation, qui ne permet pas de donner ce titre à des montagnes séparées par des intervalles quelconques. Je ferai cependant une exception pour celles qui, traversées plutôt que séparées par une rivière, ou même par un bras de mer, se font face sur les deux rives, comme celles de Viviers et de Donzère, en offrant, avec la même nature, divers signes, qui font juger qu'elles ont été divisées par l'érosion ou l'irruption des eaux.

3 *

vages et des profanations révolutionnaires. —
Parcouru depuis Paris. 161

---

§ 52. *De Donzère à la Palud*. 4

Plaine à perte de vue; chemin assez roulant. On rencontre, et l'on suit même, pendant quelque temps, le lit d'un canal d'arrosage, qui fut entrepris au commencement du dix-huitième siècle, sous le nom de *canal de Provence*, et abandonné peu de temps après, parce que la cour de Rome ne voulut pas en permettre le passage par les terres du Comtat. Ce canal dont les actions furent transportées, par arrêt du conseil, sur celui de Picardie, prenait les eaux du Rhône à Donzère; il devait passer par Avignon, couper la Durance et arriver à Saint-Chamas, pour se terminer à l'étang de Berre, qui communique à la Méditerranée. Les frais qu'il a déjà coûtés sont perdus, jusqu'à ce que l'entreprise soit menée à fin (*). Il n'est point de fleuve qui offre plus de facilité pour l'irrigation, que

---

(*) Un décret vient d'ordonner la continuation de ce canal, et la compagnie adjudicataire est celle même qui s'est chargée de construire la digue, dont nous avons parlé dans l'avant-dernière note. Ces deux entreprises paraissent liées ensemble.

Iʳᵉ. ROUTE DE PARIS A MARSEILLE. 37

le Rhône, vu la grande pente de son lit, ni de pays qui en ait plus de besoin que la Provence, vu les sécheresses auxquelles elle est sujette.

Au milieu de cette distance, on traverse la petite ville de Pierrelatte, qui avait autrefois un relais, supprimé depuis peu comme superflu. Elle est peuplée de 2000 habitans, avec bureau de poste, et bâtie au pied d'un large rocher, qui lui a donné le nom de Pierre-late, *Petra-lata*. En voyant de loin cette masse isolée, au milieu d'une vaste plaine, et sa cime applatie, qui domine sur la ville, on croit voir le château gothique d'une ancienne ville de guerre.

En face de cette ville, sur la rive opposée du Rhône, se trouve celle du bourg Saint-Andéol, appartenant au département de l'Ardèche, et peuplé de près de 3000 habitans. L'évêque de Viviers y faisait sa résidence.

On y remarque une belle source, dont les géographes ne parlent point : elle sort du pied d'un rocher où était un temple du Dieu Mythra, dont ils parlent presque tous, et que les voyageurs cherchent vainement des yeux, ayant peine à se persuader qu'un trou de rocher d'un ou deux pieds de haut, où l'on ne pouvait s'introduire qu'à plat-ventre, ait pu être la porte du temple. Mais tel était le Dieu Mythra, son culte était mystérieux comme sa divinité. Les antres de l'accès le plus difficile, étaient les sanctuaires qui lui convenaient.

L'ouverture est depuis long-temps bouchée par les pierres qu'y ont jetée les enfans. Avec un examen attentif et de bons yeux, on reconnaît à quelques pieds au dessus, un relief presque effacé, que les enfans attaquent de même à coups de pierres, ce qui fait proposer par M. Millin de le couvrir de volets, qu'on n'ouvrirait que sur la demande des curieux, qui paieraient, dit-il, volontiers une petite rétribution à celui qui en aurait la garde. Je doute qu'ils fussent tous satisfaits d'un relief, dont la plupart des traits, reconnaissables pour les seuls antiquaires de profession, échappent à la vue ordinaire. De tout ce qu'il décrit, on ne distingue bien qu'un quadrupède, un chien qui lui mord le cou, un homme qui paraît ou le sacrifier, ou s'efforcer de le dompter, et une figure entourée de rayons, représentant le soleil qui, comme on sait, est la même chose que le Dieu Mythra. On voit ce Dieu représenté de même sur plusieurs reliefs conservés à Rome, qui ont aidé à expliquer celui-ci, dont l'état extrêmement fuste, aurait peut-être laissé les interprètes en défaut.

Iʳᵉ. ROUTE DE PARIS A MARSEILLE. 59 lieues.

Avant d'arriver à la Palud, on laisse à demi-lieue sur sa gauche, la petite ville de *Saint-Paul-Trois-Châteaux*, peuplée de 1900 habitans, autrefois épiscopale et capitale du *Tricastin*. On attribue à Auguste son ancien nom d'*Augusta Tricastinorum*. Elle offre encore quelques légers vestiges d'antiquités et un assez beau couvent de Dominicains.

La Palud est un bourg muré qui renferme 1000 habitans et un bureau de poste. Quoiqu'éloigné du Rhône d'environ une demi-lieue, il est très exposé au fléau des inondations. Les habitans s'y virent assaillis dans l'hiver de 1802, pendant la nuit, d'une irruption subite du fleuve, qui noya quelques personnes aux rez-de-chaussée, et grand nombre de bestiaux dans les écuries. Toute la plaine n'était plus qu'une mer. Cette catastrophe fut occasionnée par une rupture de la digue destinée à contenir le fleuve.

Un quart de lieue avant la Palud, nous avons passé du département de la Drôme dans celui de Vaucluse. La route parcourt la lisière occidentale du premier, en longeant le Rhône, qui le sépare de celui de l'Ardèche (*). — *Parcouru depuis Paris*. 165

(*) En séparant deux départemens, ce fleuve semble séparer deux nations. Les paysans des deux rives ne

	lieues.
§ 53. *De la Palud à Mornas*...............	3
§ 54. *De Mornas à Orange*................	3

Au bout d'une lieue, on laisse à droite la

se fréquentent guères que dans les foires, encore est-ce quelquefois pour se donner des coups de bâton. Ce défaut de communication provient en partie de la largeur du Rhône, qui, jointe au souffle violent et presque continuel du mistral, dont nous allons parler, en rend le trajet difficile, et plus encore, de l'antipathie réciproque des habitans. En ne s'aimant point, on dit qu'ils se rendent justice mutuellement. Les montagnards de l'Ardèche passent pour grossiers, brutaux et traîtres. Le peuple de la Drôme ou du Bas-Dauphiné, moins grossier et plus vicieux, n'est pas moins brutal. Après Valence, les mœurs commencent à se ressentir de la dureté provençale. Je ne parle que de la classe du peuple proprement dite, car les riches sont partout ce que l'éducation les fait. C'est un lien qui rapproche et *uniformise*, pour ainsi dire, tous les pays. L'antipathie des deux peuples riverains tient aussi à la différence des mœurs, et celle-ci peut-être à la différence des contrées.

Nous avons vu que les montagnes de la rive gauche se rapprochent rarement du Rhône, et s'en éloignent quelquefois à plusieurs lieues. Leur hauteur moyenne, près du fleuve, est de 4 à 500 mètres au dessus du niveau de la mer, et leur plus grande élévation ne passe pas 700, quoiqu'elles paraissent des rameaux détachés des Alpes, dont on n'aperçoit que très ra-

Ire. ROUTE DE PARIS A MARSEILLE.

route du pont Saint-Esprit, à gauche, celle de Gap. Nous sommes dans les belles plaines de Vaucluse. Elles s'étendent entre le Rhône, qui s'éloigne vers l'Ouest, à plus d'une lieue de la route, et une chaîne de montagnes ou collines, qui s'en éloignent à perte de vue vers l'Est,

---

rement les cimes neigeuses, dans quelques échappées de vue et à de grandes distances. Celles de la rive droite bordent presque partout le Rhône : leur aspect est plus sévère, et leur hauteur beaucoup plus considérable. Quelques-unes atteignent l'élévation perpendiculaire de 1200 mètres. Les pentes, de ce même côté, fréquemment hérissées de rochers, sont noirâtres au dessus de Valence, et grisâtres au dessous. Là, les montagnes deviennent plus tristes, la vigne plus rare, et la végétation presque nulle. Cependant, en face de Loriol, on voit reverdir quelques collines et briller quelque château, mais cela ne s'étend pas loin.

Les habitans des deux rives se livrent également à la culture de la soie, qui fait, avec les vins de leurs coteaux, la richesse du pays. Les grains y sont une production très secondaire.

L'olivier ne trouve pas encore la chaleur qui lui convient dans ces deux départemens, quoique voisins de ceux où on les cultive le plus. On y fait en revanche beaucoup d'huile de noix. Le bel arbre qui produit les fruits dont on extrait cette huile, donne, paren s'en rapprochant quelquefois, au point de la border d'un front de rochers à Mont-Dragon,

tout où il domine, un air de fraîcheur à la vallée que semblent attrister les nombreuses plantations de mûriers dépouillés, comme on sait, de leur feuille, à mesure que le printemps se développe.

Le vent, connu sous le nom de *Mistral*, commence au dessus de Valence, et on le sent toujours croître en avançant vers le Midi, où il est aussi beaucoup plus fréquent. Il rend la navigation du Rhône très difficile et quelquefois impossible. Nous en reparlerons plus longuement à l'article de Marseille.

C'est à Valence que ce fleuve commence à rouler des paillettes d'or, ce qui ferait soupçonner qu'elles lui sont portées par l'Isère. Il y a des hommes qui font leur métier de les chercher dans les sables du rivage, et ce métier ne les enrichit pas : il n'en est pas moins étonnant, que ce fleuve roule de l'or, sans qu'on en connaisse aucune mine dans les montagnes dont il charrie les débris, et sans que la plupart des géographes en parlent, quoiqu'ils parlent tous avec admiration de l'or que roule le Tage. Nous verrons, dans le cours de cet ouvrage, plusieurs autres rivières des Alpes offrir la même particularité.

Une chose non moins étonnante, c'est que le castor, cet animal si intéressant et si merveilleux dans l'Amérique septentrionale, se retrouve sur les bords et dans les îles du Rhône. Il est connu du peuple sous le nom de *Bivre* et non de *Bièvre*, comme on le trouve

à Mornas et à Piolenc. Ce sont trois bourgs murés, peuplés de 8 à 900 habitans chacun,

---

dans Buffon, dans Bomare et dans tous les dictionnaires. Il n'y vit pas en république, et n'y donne aucun signe de cette prodigieuse intelligence, qui a fait placer son instinct au premier rang de celui des animaux. On doit attribuer cette différence à l'état de paix dont jouissent, dans les humides déserts du Canada, leurs habitations éloignées de celles de l'homme, et à l'état de guerre où les tient habituellement sur les bords du Rhône, le voisinage de cet ennemi sans cesse armé contre tous les animaux. La paix fait partout fleurir les sociétés et les arts, que détruit aussi partout le fléau de la guerre !

Ne terminons pas cette note sans le dernier aperçu que nous devons au département de la Drôme en le quittant.

C'est un des trois qui ont été formés de l'ancienne province du Dauphiné. Il a 30 lieues de long du Nord au Sud sur une largeur moyenne qui varie entre 15 et 25 lieues de l'Est à l'Ouest, ce qui ferait une étendue territoriale de 600 lieues, au lieu de 311 lieues que je trouve dans la Statistique Élémentaire de la France. Il est vrai que je compte en lieues de poste ; mais cette différence n'en devrait pas produire une aussi grande dans les résultats. Ces contradictions que mes recherches m'ont fait déjà rencontrer plus d'une fois, et dans lesquelles je suis fondé pourtant à ne pas croire l'erreur de mon côté, me déterminent à m'abstenir à l'avenir, si

et se ressemblant si bien par leur position, entre la route, qui les tourne, et un roc calcaire sur-

ce n'est dans quelques cas extraordinaires, d'indiquer l'étendue territoriale, et d'offrir à mes lecteurs le rapprochement (assez piquant, s'il était exact,) de cette étendue avec la population. En copiant ou citant, je m'exposerais à copier ou citer des erreurs, et en donnant, d'après de meilleures recherches et des bases plus sûres, des résultats différens, je courrais le risque de me tromper encore, n'ayant pas la seule donnée infaillible, celle des mesures géométriques, donnée que nous procurera un jour la terminaison du cadastre; et dans tous les cas, je laisserais flotter l'opinion incertaine entre mes calculs et ceux que je combattrais.

Quant aux populations, comme elles ont eu pour base des dénombremens officiels, je continuerai à les donner dans les notes que je consacre à chaque département, en m'en rapportant à l'ouvrage qui porte le plus ce caractère (l'Almanach Impérial).

Celle du département de la Drôme est de 284,909 individus. Nous avons vu que sa partie occidentale est une longue et large plaine. Toute la partie orientale est dans les montagnes qui occupent à peu près les trois quarts de la superficie totale. Les plus hautes, reculées vers l'extrémité, s'élèvent de 14 à 1500 mètres au dessus du niveau de la mer. Nues et arides vers le Sud de cette lisière orientale, elles sont couvertes au Nord d'excellens pâturages, et ces pâturages de nombreux troupeaux de bêtes à laine.

monté d'un château ruiné, qui les domine, que l'œil trompé du voyageur les confond, et croit toujours voir le même.

C'est du haut du rocher de Mornas, que le féroce baron des Adrets forçait les catholiques, qu'il avait faits prisonniers, à se précipiter sur la pointe des piques de ses soldats. C'est aussi là, dit-on, qu'une des victimes condamnées à cet affreux genre de mort, répondit au reproche que lui faisait le baron de s'être présenté deux fois au bord du précipice, sans s'élancer, par ce mot si connu : *je vous le donne à vous en trois*, réponse qui, ajoute-t-on, lui valut sa grace. On exploite à Piolenc une médiocre qualité de charbon de terre, ainsi que des mines de jayet, couperose, vitriol et terre à pipe. Il y a aussi dans ce bourg, un peu plus grand et plus intéressant que les deux autres, plusieurs filatures de soie. On traverse à gué la rivière d'Aigues un quart de lieue avant Orange.

Le premier objet, qui s'offre à la vue, en arrivant dans cette ville, est l'arc de triomphe connu dans le pays sous le nom d'arc de Marius. Il s'élève au milieu d'un champ à côté de la route, qu'il eût été facile de faire passer dessous, si l'on n'eût craint d'en hâter la destruction, et à trois cents pas de la ville, qui semble avoir voulu éloigner ses modestes bâtisses (que M. Millin appelle de maussades masures) de ce monument, l'un des plus beaux que nous aient laissé les Romains, ou, pour mieux dire, les barbares qui ont, à plusieurs reprises, ravagé les Gaules.

C'est une espèce de tour élevée de 60 pieds au dessus du sol, sur lequel elle occupe un parallélograme d'une longueur à peu près semblable. Elle est percée de trois arcades. Celle du milieu, destinée au passage des voitures, est plus grande que les autres. Entre ces arcades, sont des colonnes Corynthiennes cannelées, la plupart extrêmement rongées par le temps, et plusieurs entièrement détruites. Les reliefs ont aussi beaucoup souffert. Ceux qui décorent les deux attiques représentent deux combats à outrance; d'autres, des instrumens de sacrifice, et des trophées composés en partie de grands boucliers ovales, sur lesquels, on lit, entre autres noms, *Mario*. Ce datif, du nom de *Marius*, est un des principaux indices, d'après lesquels on a fait honneur de cet arc de triomphe à *Marius* vainqueur des *Cimbres* et des *Teutons*, dans cette partie des Gaules. Mais on remarque aussi, parmi ces trophées, beaucoup d'attributs maritimes, qui ne peuvent convenir, ni à Marius,

Iʳᵉ. ROUTE DE PARIS A MARSEILLE.

ni à la victoire, qu'on suppose être le sujet de ce monument. Les Cimbres et les Teutons n'avaient point de flotte, et la bataille où ils furent défaits, eut lieu près d'Aix, comme nous aurons occasion de le voir, et non près d'Orange, nouvelle circonstance, qui s'élève contre l'opinion adoptée (*).

(*) A ces motifs, nous ajouterons encore, 1°. qu'il ne paraît pas que les arcs de triomphe fussent en usage chez les Romains avant les empereurs; 2°. que Sylla, devenu maître de la république, fit abattre les trophées de Marius; 3°. qu'en supposant que ce dernier, sans l'autorisation du sénat ni des lois, contre tous les usages et contre toute vraisemblance, se soit érigé lui-même cet arc à 30 lieues du théâtre de sa victoire, il faudra supposer encore ou que ce monument a échappé aux proscriptions de Sylla, ou qu'il a été rétabli par Jules-César, lorsque, pour gagner le peuple qui chérissait la mémoire de Marius, il releva les statues et les trophées de ce général. Tel est l'enchaînement des suppositions qu'il faut admettre pour attribuer cet arc à Marius, et les deux dernières, qui me paraissent les moins aperçues, ne sont pas les moins satisfaisantes.

M. Millin observe encore avec raison que le nom de ce général aurait été placé sur la frise du monument, et non sur le bouclier d'un ennemi vaincu. Il pense, d'après cela, et nous partageons cette opinion, que ce nom est au nominatif, comme tous ceux qu'on

Les deux petits côtés du monument sont chargés d'autres trophées, sous lesquels on voit des captifs deux à deux, et sont en outre, décorés de quatre colonnes Corynthiennes, bien conservées sur le côté qui regarde l'Orient,

lit sur d'autres boucliers : *Sacrovir Duodacus Udillus et Dacuno*, et qu'il désigne un gaulois appelé *Mario*.

Quelques auteurs attribuent ce monument à Domitius Ænobarbus, qui défit, près d'Orange, sur les bords de la Sorgue, Bituitus, roi des Auvergnats. D'autres, notamment Expilly, l'attribuent à Auguste, sans autre fondement qu'un passage controuvé de Suétone, d'après lequel cet empereur aurait fait construire quantité de monumens, tant à Rome que dans toute l'étendue de l'Empire. Il résulte de mes recherches que Suétone ne parle que de monumens érigés à Rome. Une autre particularité a contribué, avec le mot *Mario* dont nous avons parlé, à mettre en faveur l'opinion que ce monument consacre la mémoire de la victoire de Marius. C'est que sur le côté droit de la face méridionale, une femme paraît sortir d'une fenêtre, en portant un doigt à son oreille. On a cru que c'était Marthe la Sirienne, qui, selon Plutarque, suivait Marius à la guerre, et lui prédisait l'avenir.

M. Millin regarde cette opinion comme imaginaire, et n'a pas plus de foi aux assertions, qui ont persuadé à l'historien d'Orange, Lapise, qu'on lisait le nom de Teutobocchus sur une pierre qui se détacha de l'arc en 1600. On sait que Teutobocchus était le chef des Cimbres et des Teutons.

Iʳᵉ. ROUTE DE PARIS A MARSEILLE.

et réduites à deux très dégradés sur le côté opposé. Au dessus des colonnes, régnait une frise, qui n'existe plus que sur le côté oriental, et dans laquelle sont représentés des combats de gladiateurs. Elle est surmontée d'un fronton, au milieu duquel est un Dieu en buste, dont la tête rayonnante entourée d'un cercle d'étoiles, paraît l'image du soleil. La voûte de l'arcade du milieu est sculptée en rosaces, d'un fini précieux, et les arcades bordées de pampres, de fleurs et de fruits, non moins bien exécutés.

Cet arc a été déblayé et restauré en 1741. On a étayé par un talus en maçonnerie la face du couchant, qui menaçait ruine. On a réparé des brèches faites par le temps, et renouvelé une des colonnes de la face méridionale. La multitude des opinions sur l'érection de cet arc ne prouve autre chose que l'ignorance où l'on est à cet égard. C'est le sort de la plupart des monumens anciens.

L'intérieur d'Orange renferme une autre antiquité remarquable : c'est une grande muraille très bien conservée, qui faisait partie d'un théâtre, dont il ne reste que de faibles traces, et qui est mal-à-propos nommé *Cirque* par les auteurs et par les habitans. Cette muraille, construite en grosses pierres de taille sans ciment, a 12 pieds d'épaisseur, 300 de longueur, et 108 de hauteur. On voit encore au milieu de la face méridionale, une embrâsure creusée dans l'épaisseur du mur, qu'on croit avoir été le *Podium*, ou siége des préfets, et sur la face septentrionale, trois rangs de pierres blanches saillantes, qui, percées d'un grand trou rond, et distantes d'environ 6 pieds, servaient, d'après l'opinion reçue, à placer un mât, au bout duquel on attachait les toiles, qui couvraient le théâtre, et préservaient les spectateurs des ardeurs du soleil et des injures du temps. Quelles que soit la hauteur et la distance de ces pierres, on a vu un ouvrier les parcourir toutes dans un moment d'ivresse, en s'élançant de l'une à l'autre avec autant de dextérité que de succès. Cette muraille s'élève au pied de la colline, sur laquelle était placé le château des Princes d'Orange; les gradins demi-circulaires, qui formaient les siéges des spectateurs, étaient pratiqués dans le penchant de cette colline.

On voyait naguères près de la ville, des restes d'arène, qui ont insensiblement disparu du lieu qu'ils occupaient, pour se répandre dans les différens quartiers, où ils ont servi de pierre de taille pour toutes les nouvelles bâtisses. Les particuliers ont trouvé plus commode de pren-

Iʳᵉ. ROUTE DE PARIS A MARSEILLE.

dre là leurs matériaux que d'aller les extraire dans les carrières. C'est ainsi que la cupidité a fait disparaître beaucoup d'autres précieux restes, que les Vandales avaient épargnés. On ne trouve de vestiges remarquables des anciens aqueducs qui portaient l'eau à Orange, qu'auprès de Vaison.

Quand on voit une jolie rivière et de belles fontaines dans le voisinage et l'enceinte même d'Orange, on s'étonne que les Romains aient été chercher l'eau du Grousel, petite rivière, qui prend sa source à 6 lieues de là, près de Malaucène. C'est un étonnement que les Romains font éprouver bien des fois. Le besoin d'occuper les bras des légions en temps de paix, était le principal motif qui présidait à ces travaux, auxquels n'était pas étrangère aussi, sans doute, l'ostentation du grand peuple.

On trouve, dans les maisons particulières, divers fragmens d'antiquités, une mosaïque, un taurobole, etc. Ces monumens joints à l'étendue que donnent à la ville les fondations de ses anciens remparts, prouvent qu'Orange a occupé un rang distingué parmi les colonies Romaines de la Gaule. Sous le nom d'*Arausio*, elle était regardée comme la capitale du pays des *Cavares*.

Elle appartenait à la maison d'Orange, lorsque Louis XIV s'empara de son château et en ordonna la démolition. Les débris en sont journellement enlevés, il n'en restera bientôt plus pierre sur pierre. Du haut du monticule où il était bâti, on jouit d'un magnifique point de vue sur le riche bassin situé entre Orange et le Rhône.

Cette ville a une sous-préfecture, un tribunal civil, une population de 7 à 8000 habitans, peu de promenades, de médiocres auberges, et un commerce très considérable, qui roule sur les différentes productions du pays, particulièrement sur la soie, le safran et la garence. Il y a aussi plusieurs filatures de soie, et une fabrique de toiles peintes. C'est dans son territoire que commence, à proprement parler, la culture des oliviers; mais elle y est encore très faible. Orange a été le siége de la fameuse commission révolutionnaire, qui fut l'effroi de cette partie méridionale de la France. — *Parcouru depuis Paris.* 171

---

§ 55. *D'Orange à Sorgues.* 3
§ 56. *De Sorgues à Avignon.* 3

La plaine est ici tellement couverte de cailloux roulés, qu'en bien des endroits elle reste

Iʳᵉ. ROUTE DE PARIS A MARSEILLE.

en friche. On n'est parvenu à la cultiver en vignes dans les environs d'Orange, qu'en enlevant ces cailloux, et les entassant au milieu des terres en forme de banc. Courteson, ancien lieu de relais, qu'on trouve à mi-chemin, est un bourg muré, peuplé d'environ 1800 âmes. C'est la patrie de Saurin, que Jean-Baptiste Rousseau accusa d'être l'auteur des fameux couplets dont l'opinion publique l'accusait lui-même, et qui empoisonnèrent la moitié de sa vie.

A une demi-lieue S.-O. de ce bourg, est un petit lac d'eau salée. M. Guétard, dans sa minéralogie du Dauphiné, nomme des plantes maritimes qui croissent sur ses bords, quoiqu'il soit à vingt lieues de la mer la plus voisine, et qu'on ne trouve pas les mêmes plantes dans les pays intermédiaires. J'ai vérifié l'exactitude de ces faits, et me suis assuré, en même temps, que ce lac n'a point de poisson, circonstance qui piquait ma curiosité.

Après Courteson, les terres engraissées par l'Auvaise, ne laissent presque plus voir de cailloux roulés, mais ils reparaissent après Bédaride, petit bourg qu'on laisse sur la gauche, à mi-chemin de Courteson à Sorgues, et à cent pas environ de la route. L'Auvaise est une petite rivière, qui se joint à la Sorgues près de Bédaride. On croit que c'est le *Vindalicus amnis* de Florus.

On laisse à droite, en arrivant à Sorgues, le chemin de Châteauneuf, bourg connu par ses vins, qui sont connus eux-mêmes sous le nom de *vins de Châteauneuf-du-Pape*, parce que les papes y avaient jadis un château.

Sorgues est un bourg muré, comme Courteson, et moins considérable de moitié. Il porte le nom de la rivière qui le baigne, et qui a sa source à la célèbre fontaine de Vaucluse; il renferme une papeterie. Les deux tours, qu'on y remarque, faisaient partie d'un ancien château des papes.

On voit, tout près, le joli monastère de Gentilly, retraite délicieuse où s'arrêta trois jours, en 1713, la reine de Pologne. Le roi d'Angleterre Jacques III y allait souvent, pendant son séjour à Avignon. Acheté par l'ancien député Rovère, il était occupé par son épouse, lors de mon dernier passage en 1807.

Les cailloux interrompus par le bassin de la Sorgues, ne tardent pas à reparaître. On laisse à gauche la route de Carpentras, ensuite en face celle qui conduit directement à Marseille. La fertile et riante plaine d'Avignon reçoit le voyageur à une lieue de cette ville, qui se présente en perspective sur la droite, depuis le dé-

Ire. ROUTE DE PARIS A MARSEILLE. 55

part de Sorgues. On n'y arrive qu'en décrivant un arc de cercle, autour de celui que le Rhône décrit lui-même.

L'aspect lointain d'Avignon offre une ancienne ville de guerre, si l'on en juge par les hauts remparts crénelés, qui l'entourent. Mais on reconnaît une ville papale aux nombreux clochers de toutes formes, qui la décorent encore, malgré la révolution, et qui lui ont fait donner, par Rabelais, le nom de *Ville-sonante*. Construits en belle pierre de taille, les remparts d'Avignon sont les plus beaux qui existent dans tout le midi de la France. Il est difficile d'en voir de mieux conservés.

Le rocher de Dons, enclavé dans la ville, et tenant lieu de rempart du côté du Rhône, présente, vu de loin, l'aspect d'une forteresse. Son isolement, dans un pays aussi dépourvu de rochers que la plaine d'Avignon, en fait un objet extrêmement curieux. La vue dont on jouit du haut de la plate-forme, n'est pas moins intéressante, elle domine sur la ville et les belles campagnes qui l'entourent, sur le Rhône et les îles bocagères qui l'embellissent. Les collines calcaires et dépouillées qui bordent l'autre rive du fleuve, servent d'ombre au tableau; elles n'offrent d'autre intérêt que la ville de Villeneuve, placée au milieu et au pied de leurs arides rochers, directement en face d'Avignon.

Madame *de Montague*, qui avait vu dans ses voyages plusieurs beaux sites, oublie sans doute celui de Constantinople, lorsqu'elle prétend avoir trouvé sur ce rocher *la plus belle perspective de paysage qu'elle eût jamais vue, en exceptant Wharnliffe*.

Les collines dont je viens de parler n'étaient donc pas dépouillées de son temps, ou bien la nudité plaisait à cette illustre voyageuse. Quant à moi qui n'ai vu, ni Constantinople, ni Wharnliffe, je connais cent perspectives plus belles que celle-là.

On montre sur le roc de Dons le palais qu'occupait le vice-légat, et les débris de la fameuse tour de la *Glacière* où *Jourdan*, surnommé *Coupe-tête*, ensevelissait ses victimes. Sa fureur s'est portée sur les morts, après s'être lassée sur les vivans : elle a fait disparaître les tombeaux d'Alain Chartier, de la belle Laure et du brave *Crillon*, ainsi que les mausolées de plusieurs papes. La voûte des *Cordeliers*, remarquable par sa hardiesse, a subi le même sort. L'arrêt des remparts était également prononcé, et commençait à s'exécuter, lorsque les autorités, jusqu'alors tremblantes devant tous les excès d'un faction plus puissante qu'elles, ont osé s'opposer à ce dernier acte de délire.

Les églises, qui n'ont pas été détruites, ont été au moins dépouillées de leurs beaux tableaux, dont plusieurs sauvés du vandalisme, se voient aujourd'hui (ou se voyaient du moins, il y a peu d'années,) au muséum de peinture formé dans cette ville. Elle possède aussi un petit muséum d'histoire naturelle, un jardin de botanique et une bibliothèque publique.

Dans l'église de la Miséricorde, on montre un crucifix en ivoire, d'un précieux, d'une vérité, d'une beauté d'exécution qui le feraient attribuer à quelque artiste célèbre, si l'on n'apprenait que c'est l'ouvrage d'un prisonnier obscur, dont on n'a pas même conservé le nom.

La plus belle des églises, qui ont survécu à la destruction, est celle de N.-D. des Dons. On prétend que le portail est romain. Les chapiteaux sont d'un ordre bâtard, qui semble autoriser les doutes, et l'ensemble même n'a pas un caractère parfaitement antique. L'opinion générale est, qu'il y avait à la place qu'occupe aujourd'hui cette église, un temple d'Hercule, et tout près, au sommet du rocher, un temple de Diane; mais on n'aperçoit aucune trace, ni de l'un, ni de l'autre.

La découverte d'une statue d'Hercule portant une inscription, qui donne à ce Dieu le titre d'Avignonais, sert d'appui à la première conjecture. La seconde fondée uniquement sur un passage d'un auteur latin, est bien plus hasardée ; mais elle était nécessaire aux étymologistes, pour en faire dériver le nom de cette ville. D'après ces savans, qui, en se copiant les uns les autres, ne citent, ni autorités, ni preuves, les bateliers découvraient de loin le temple de Diane, et aussitôt ils la saluaient *ave Diana*, d'où l'on fit *ave Niana*, et bientôt *ave nio*. « C'est de là, à ce qu'on croit, dit Expilly, » qu'est venu le nom d'*Avenio* et d'Avignon ». Il est bien difficile de partager, à cet égard, la bonne foi de cet écrivain, et bien permis de douter que les bateliers du Rhône aient jamais parlé latin, encore plus que leurs salutations latines aient pu donner à cette ville le nom qu'elle porte. Elle est cependant d'une ancienneté qu'on ne peut révoquer en doute, et qu'attestent suffisamment les divers monumens découverts dans son sein. On distingue dans le nombre une colonne de jaspe, où est représentée la victoire du consul Ænobarbus.

Des circonstances, qui appartiennent à l'histoire, firent transférer le Saint Siége à Avignon par le pape Clément V, natif de Bazas, sous le règne de Philippe-le-Bel. Six de ses successeurs, Jean XXII, Benoît XII, Clément VI (qui acquit de Jeanne, reine de Naples, et comtesse de Provence, la propriété du comtat pour 80,000 florins), Innocent VI, Urbain V, et Grégoire II, y ont résidé pendant l'espace de 72 ans; mais le dernier transféra de nouveau le Siége à Rome. Un légat l'a gouvernée depuis ce moment, jusqu'à la révolution, époque de sa réunion à la France. Ce légat n'était le plus souvent ni prêtre, ni cardinal. Avignon était cependant sous l'empire du Sacerdoce. On y comptait, dans une population de 28,000 habitans, réduite aujourd'hui à 24,000, plus de mille religieux de tout sexe et de toute couleur, sans compter une foule d'ecclésiastiques. L'inquisition y était rétablie, mais elle était modérée. Elle n'eût osé sans doute se montrer intolérante, étant en quelque manière tolérée elle-même au sein de la France, dont elle était entourée, et comme surveillée de toute part.

Les habitans ne payaient ni taille, ni capitation. Les revenus de l'état consistaient en droits d'entrée. « On remarque comme une » chose singulière dans Avignon (dit Piganiol), » 7 portes, 7 palais, 7 paroisses, 7 collégiales, » 7 hôpitaux, 7 couvens de religieux et autant

» de religieuses ». Il aurait pû ajouter, avec plus de vérité, 7 confréries de pénitens et 7 papes. Expilly, plus savant, y compte 20 couvens d'hommes, 15 de filles, et 10 hôpitaux.

Au milieu de cette ville toute monacale, se trouvait cependant, comme à Rome, un quartier habité par les juifs et une synagogue. On les y fermait pendant la nuit, et le jour, ils étaient obligés de porter un chapeau jaune. Un prêtre était payé pour leur prêcher l'évangile tous les huit jours. On ne parle pas des conversions qu'il opérait.

Ce chef-lieu du département de Vaucluse, possède un préfet au lieu d'un légat, un évêque, au lieu d'un archevêque, un lycée au lieu d'une université. Une société littéraire connue sous le nom d'académie de Vaucluse s'y est formée depuis la révolution. Les voyageurs trouvent à Avignon un cabinet de lecture, une mauvaise salle de comédie, où se succèdent assez fréquemment les troupes ambulantes, de jolies promenades autour de la ville, dont la plus remarquable au bord du Rhône réunit le beau monde et le très beau sexe d'Avignon, plusieurs jolis cafés, plusieurs maisons de bains publics, et la meilleure auberge de France, tant sous le rapport du local, que sous celui du service ; elle

Ire. ROUTE DE PARIS A MARSEILLE. 61

en est devenue la plus fameuse par l'affluence des voyageurs. C'est celle de madame Pierron.

Cette ville comporterait par son enceinte d'une lieue, une population au moins double de celle que nous avons fait connaître. Quoiqu'on y trouve quelques rues très larges, elle est généralement mal percée, mais assez bien bâtie. On y voit même quelques beaux hôtels, entre lesquels celui de Crillon se fait remarquer par son style gothique.

Cette ville tirait autrefois tout son lustre de son clergé et de sa noblesse. Depuis la révolution, elle semble se tourner vers le commerce, et surtout vers celui que sa position favorise le plus, savoir, l'entrepôt des marchandises de Marseille, pour Paris et le Nord de l'Empire. La guerre est l'aliment de ce commerce, le transport de la plus grande partie des marchandises de Marseille destinées pour le Nord se faisant par mer, en temps de paix.

Les productions du pays, consistant dans les vins, la soie, les garences, le kermès, occupent un grand nombre de bras et de négocians dans cette ville. Elle a conservé une partie de ses anciennes fabriques de taffetas, et formé sur le canal de la Sorgue, qui la traverse, d'autres établissemens remarquables, parmi lesquels on distingue un laminoir de cuivre. Il y avait aussi une fonderie de canon, lors de mon passage il y a peu d'années.

Les librairies d'Avignon, autrefois aussi renommées que ses taffetas pour les bas prix, étaient la source des contrefaçons qui infestaient la librairie Française, et l'objet d'un grand commerce, qui ressemble assez à celui de la contrebande, avec la différence que ce dernier fraude le Gouvernement, et l'autre les particuliers.

Les Avignonais ont fait quelques tentatives pour attirer chez eux la foire de Beaucaire. Le plus grand obstacle à cette translation est la profondeur du Rhône, beaucoup moins considérable à Avignon qu'à Beaucaire, où remontent, de la mer, de grosses barques qui ne pourraient arriver jusqu'à Avignon. Les ponts de bois nouvellement construits sur le Rhône et sur la Durance, facilitent les relations de cette ville avec Marseille, Nismes, Montpellier et toutes les autres villes du Midi. Le pont de pierre ruiné, dont on voit encore les piles et plusieurs arches, en face d'Avignon, est reconnu pour moderne, quoique bâti dans le goût des Romains.

Le brave Crillon, le poète Pétrarque, la belle Laure et le peintre Vernet, sont les personnages qui ont le plus illustré Avignon. Le premier y a son tombeau. Le courage de ce guerrier est assez connu par la lettre que lui écrivit Henri IV après la bataille d'Arques : « Pends-» toi, brave Crillon, nous avons combattu à » Arques, et tu n'y étais pas ».

Le second, né et mort en Italie, a séjourné long-temps à Avignon, où il a immortalisé Vaucluse et Laure, en s'immortalisant lui-même.

La belle Laure, sans les soupirs de son illustre amant, eût été inconnue au monde, et ses charmes, embellis sans doute par l'amour et la poésie, seraient, en disparaissant comme tous les charmes sous la faux du temps, rentrés pour jamais dans la nuit de l'oubli.

Le peintre Vernet ne doit son immortalité qu'à lui-même. Qui ne connaît ses tableaux de marine, ses inimitables tempêtes? Mais ce que tout le monde ne connaît pas, ce sont les qualités morales de ce grand artiste, aussi recommandable par ses belles actions que par ses beaux ouvrages (*).

« (*) Vernet, jaloux d'étudier la nature, s'embar-
» quait souvent dans sa jeunesse, et faisait de longs
» trajets sur mer. Notre artiste était à même d'obser-
» ver les scènes variées qu'offre cet élément à l'avidité

Avignon, outre les lignes de poste qui y aboutissent, a encore une grande route sur Tarascon, ville décrite ailleurs (*V. route de Marseille à Beaucaire*); une autre sur Carpentras, la seconde ville du département, capitale, sous les Gaulois, des peuples nommés *Memini* (*Carpentorale Meminorum*), colonie latine sous les Romains, et chef-lieu du comtat sous les papes, pendant qu'Avignon ne l'était que de l'état d'Avignon proprement dit. Située à 3 lieues de distance de cette dernière, enfermée de murs comme elle, et comme presque toutes les villes du comtat, elle est peu-

---

» ou à la curiosité de l'homme. Dans un de ces voyages
» que l'amour seul de son art lui faisait entreprendre,
» les vents se déchaînèrent, la mer se souleva, et le
» vaisseau qui le portait essuya la plus violente tempête.
» Vernet, sans penser au danger, prie un matelot
» de l'attacher aux cordages. Celui-ci lui eut à peine
» accordé sa demande, que la tempête devint plus horrible
» et le péril plus évident; la consternation et l'effroi
» se peignent aussitôt sur les visages à l'aspect des
» vagues irritées, au bruit et aux éclats redoublés de
» la foudre qui déchire les nues. Le jeune peintre paraît
» seul saisi d'admiration, et laisse à tout moment
» échapper ce cri de l'enthousiasme : **A grands Dieux**
» **que c'est beau!** » (*Note extraite des Soirées provençales de M. Bérenger.*)

plée de 12000 habitans, et très commerçante. C'est le principal entrepôt des garences, production orientale introduite dans cette contrée depuis environ un siècle. On y fabrique l'esprit-de-vin et l'eau-forte. Il s'y tient tous les vendredis un marché considérable, qui peut être assimilé à une foire.

Cette ville possède une sous-préfecture, un tribunal de première instance, une cour d'assises, une synagogue, une école secondaire et une bibliothèque publique.

Carpentras s'était rendu célèbre sous le nom de *Forum Neronis* que lui donna Tibère Néron, lieutenant de César, et ce *Forum* ou marché s'est perpétué jusqu'à nos jours. On n'y trouve d'autre vestige de son ancienne splendeur, qu'un faible reste d'arc de triomphe, dont une arcade forme la cheminée de la cuisine épiscopale, devenue celle du concierge des prisons, depuis que l'évêché est devenu lui-même le siége des tribunaux et de la maison d'arrêt. Ce qui subsiste de cet arc annonce un superbe monument : c'est un trophée sur une tige d'arbre; il est composé d'une cuirasse, de deux boucliers, dont l'un à moitié effacé, et de deux faisceaux de piques. A droite et à gauche de cette tige, sont deux statues

Tome V. 5

en bas-relief tellement mutilées, qu'on n'y reconnaît plus que des formes dégrossies. Rien n'apprend à quel sujet ni à quelle époque fut érigé cet arc; et en conséquence, on varie sur son origine, en l'attribuant tantôt à Marius, tantôt à Ænobarbus, et tantôt à Auguste, comme celui d'Orange.

Le palais épiscopal, que certains auteurs vantent comme comparable aux plus magnifiques de Rome, n'est qu'une belle maison. Le portail de cette maison, dont les mêmes auteurs font une description pompeuse, n'a de beau que deux grandes volutes qui supportent un balcon. Celui de la cathédrale ne mérite quelque attention que par les colonnes dont il est orné, et dont l'ancienneté fait tout le mérite. Elles ont été tirées d'un temple de Diane qui existait à Venasque, autrefois ville considérable, (de laquelle est dérivé le surnom de *Venaissin*, donné au Comtat,) aujourd'hui simple bourgade, située à une lieue de Carpentras, à 4 d'Avignon.

L'hôpital est plus justement admiré par son frontispice et par son escalier dont la voûte surtout paraît un chef-d'œuvre. Les voyageurs apprendront avec étonnement que cette voûte qu'ils admirent n'est pas en pierre, mais en bois. C'est un secret que j'ai plutôt surpris qu'obtenu d'un habitant, qui s'est aussitôt repenti de son indiscrétion, comme d'une trahison contre la gloire de son pays. Un aqueduc dans le genre antique, dont l'œil suit au loin les nombreuses arcades, est un monument moderne digne de l'attention des voyageurs. L'eau qu'il fournit à cette ville est reçu dans des fontaines publiques, qui méritent aussi leurs regards.

La position de cette ville est assez agréable : elle domine sur une belle campagne plantée d'oliviers. Les montagnes voisines contiennent des variolites et beaucoup de productions marines. Leurs croupes, dépourvues de végétation, couronnent tristement l'horizon au Nord et au Levant. Le mont Ventoux, qui les domine, élève, d'environ 2000 mètres au dessus du niveau de la mer, sa tête nue et blanchâtre. Cette couleur, produite par un terrain sec et calcaire, fait illusion de loin, de manière à persuader qu'il est toujours couvert par les neiges ; mais il ne les conserve point pendant l'été.

C'est au pied de cette montagne qu'était situé le bourg de Bedouin, qui n'existe plus aujourd'hui que dans le souvenir. Le fanatime révolutionnaire y a renouvelé, à la fin du dix-huitième siècle, les horreurs exercées à la fin du seizième, par le fanatisme religieux sur les bourgs de Mérindol et de Carrières, située dans la même contrée.

La deuxième ville du Comtat est Cavaillon (*Cabellio*), sur la rive gauche de la Durance, à 4 lieues S.-O. d'Avignon. Elle est peuplée de 4 à 5000 habitans, et remarquable par quelques antiquités, dont la principale, renfermée, comme à Carpentras, dans les bâtimens de l'évêché, consiste de même dans un arc de triomphe, mais d'un style bien inférieur. Un joli hôtel-de-ville est l'unique bâtiment moderne qui mérite nos regards à Cavaillon.

Cette ville est la patrie de César de Bus, instituteur de la doctrine chrétienne.

Le territoire produit les excellens melons d'hiver qu'on mange à Avignon, et dont il se fait des envois jusqu'à Paris. Le beurre de Cavaillon a aussi de la renommée. Le principal commerce consiste en soie et en fruits. La fertilité du sol est due au limon déposé par les eaux de la Durance, dont les débordemens détruisent trop souvent les effets de ses arrosages. Elle fera peut-être un jour repentir cette ville d'avoir quitté la colline sur laquelle elle était autrefois bâtie, pour venir se placer sur sa dangereuse rive. Cet immense torrent

Iʳᵉ. ROUTE DE PARIS A MARSEILLE. 69

précipite directement le cours impétueux de ses eaux toujours bouillonnantes contre la ville, et finira par la submerger, si les habitans ne neutralisent ses efforts, en lui opposant une forte digue.

Un petit hermitage, situé sur la cime d'un des rochers escarpés qui dominent Cavaillon, est un des objets de curiosité qu'on y montre aux étrangers.

Vaison, troisième ville et jadis troisième évêché du Comtat, est à 9 lieues N.-O. d'Avignon. C'était la capitale des *Vocontii*, et l'une des principales colonies Romaines, comme l'attestent ses ruines. Peuplée de 1500 habitans, elle est située sur une éminence, près de la rivière de l'Auvèze, et des ruines de l'ancienne *Vasio*, grande cité des Gaules.

Celle d'Apt, (*Apta Julia*) située à la même distance d'Avignon, vers l'Est, sur la rivière du Calavon, avait aussi un évêché; elle conserve également des restes d'antiquités Romaines. C'est une des plus anciennes villes, non-seulement de la Provence, mais même de l'Empire. Son nom d'Apta Julia lui a été donné par Jules-César, qui la trouva propre pour le passage des troupes qu'il envoyait en Espagne contre les enfans de Pompée. Un des ponts qu'il fit construire sur le Calavon subsiste encore à une lieue de la ville, sous le nom de *Pont-Julien*.

En creusant un puits dans la cour du palais épiscopal, en 1684, on a découvert le tombeau et l'épitaphe du cheval Boristhène, que l'empereur Adrien perdit pendant son séjour à Apt. Ce fut pour faire leur cour à ce Prince que les habitans avaient érigé ce mausolée en marbre noir à son cheval favori.

Trois statues trouvées dans la terre au commencement du dix-huitième siècle, et représentant, en un seul groupe, un père, son épouse et leur fille, ont été transportées à Versailles en 1728. L'homme est couvert d'un manteau qui, tombant sur ses épaules, laisse le devant du corps tout nu; la femme est vêtue d'une tunique, elle a un manteau qui la couvre jusqu'aux pieds; la fille, d'environ 9 ans, se tient debout, et appuie la main gauche sur celle de sa mère. Apt est le siége d'une sous-préfecture.

Pernes, petite ville de 3000 habitans, à 4 lieues E.-N.-E. d'Avignon, et à une lieue S. de Carpentras, ne mérite d'être mentionnée que comme ayant vu naître l'illustre Fléchier.

Celle de l'Isle, plus importante par sa population de 4000 habitans, et par son commerce, consistant en soie, garence, tanneries, étoffes et couvertures de laine, est surtout connue par sa situation sur la route de la fameuse fontaine de Vaucluse, qui est à une lieue de cette ville, et à 4 d'Avignon. Il est peu de voyageurs qui ne cèdent à la curiosité de voir cette source, illustrée par les vers et l'amour de Pétrarque. Ils ont à choisir entre deux routes, l'une directe, passant par le beau village de Morières et la petite ville du Thor, l'autre un peu détournée, suivant la route de Marseille jusqu'à Bonpas, ensuite celle de Cavaillon l'espace d'une lieue, enfin diverses chemins communaux jusqu'à l'Isle, où elle se réunit avec la première.

L'Isle est réellement une *île* formée par la Sorgue, qui se répand, en divers rameaux, au milieu des prairies et des vergers dont se compose toute cette partie du Comtat. Enlacée dans les bras azurés de cette jolie rivière, qui, après avoir quitté les arides rochers de Vaucluse, coule sous un ombrage continuel, et sur des gazons d'une éternelle verdure, entourée de prairies, de vergers et de canaux, cette petite ville offre un séjour enchanteur. Nulle part la Sorgue n'a des bords si frais et si rians; nulle part ses eaux limpides ne sont aussi poissonneuses. On ne doit point manquer de se régaler de ses excellentes truites, en relâchant, suivant l'usage de tous les voyageurs, dans la charmante auberge de *Pétrarque* et de *Laure*, située hors de la ville sur la route de Vaucluse. On commande son dîner en passant, et au retour de la fontaine, on trouve un repas presqu'entièrement servi en poisson. On y mange, sous diverses préparations, les plus belles écrevisses, les meilleures anguilles et les truites les plus exquises de France.

Pour se rendre de l'Isle à Vaucluse, on traverse d'abord une plaine couverte de prairies, puis des champs fertiles, plantés de mûriers, puis on trouve des vignes et des oliviers qui croissent sur des débris calcaires. Dans quelques endroits, ces débris sont si abondans que les terres ne sont ni ne peuvent être cultivées. Un quart-d'heure avant d'arriver au village de Vaucluse, on entre dans un vallon tortueux, tapissé des prairies verdoyantes qu'arrose la Sorgue, en coulant elle-même sur des tapis de verdure, formés par les plantes aquatiques qui croissent au fond de son lit.

L'état de mendicité du plus grand nombre des habitans de ce vallon et du hameau de Vaucluse, qui trouvent un de leurs principaux moyens d'existence dans les aumônes des curieux, fait éprouver d'abord un sentiment pénible à la place des sensations douces, des amoureux et poétiques souvenirs qu'on vient chercher dans ce lieu romantique.

La carcasse d'un ancien château, située sur la cime d'un roc en pain de sucre, porte le nom de *château de Pétrarque*, et ajoute à la mélancolie du site. On croit que c'est là qu'il venait pousser journellement ses harmonieux et inutiles soupirs. Dans une maison située au-dessous, on montre deux mauvais portraits de Pétrarque et de Laure. Cette célèbre beauté, fille d'Audibert de Nove, seigneur du village de Vaucluse, était mariée avec un comte de Sade, autre seigneur des environs. On laisse sa voiture dans ce village pour suivre, pendant un quart-d'heure, un sentier étroit et rocailleux, en remontant la rive droite de la Sorgue, jusqu'à sa source principale. On en voit d'autres, chemin faisant, sortir du roc, sous le sentier, et venir en bouillonnant joindre leurs eaux à celles de la Sorgue.

La source proprement dite est dans le fond d'une vaste et profonde caverne, qui s'ouvre en arceau, au pied d'un roc élevé à pic, faisant partie d'une enceinte demi-circulaire et très escarpée, où l'on est également à la naissance de la vallée et de la rivière. C'est cette espèce de rempart naturel qui, en fermant le fond de la vallée, lui a mérité le nom de *Vaucluse*, (*vallis clausa*) vallée fermée.

La caverne ne découvre à l'œil curieux de l'observateur qu'une obscure voûte de roc, et un lac souterrain aussi limpide que paisible, dont il ne peut mesurer ni la profondeur ni l'étendue.

On ne doit visiter la fontaine de Vaucluse que lorsqu'elle est très basse ou dans toute sa hauteur. C'est dans le premier état seulement qu'on peut s'approcher de la caverne, et plonger ses regards dans l'intérieur; on peut même parcourir alors, sans obstacle comme sans danger, le lit naissant de la rivière, en s'élançant ou grimpant sur les rochers énormes dont il est encombré. Ces blocs sont des éboulemens du massif vertical qui entoure et domine l'enceinte. La mousse verdâtre et graminée, qui les tapisse, leur ôte tout le glissant qu'ils auraient sans cela, par leurs formes arrondies, comme tous les rochers soumis au frottement des eaux. Ce n'est que sur ceux où elles glissent qu'elles forment ces tapis de verdure; mais elles blanchissent tous ceux sur lesquels elles se précipitent, en dissolvant leur superficie, et les couvrant d'une farine calcaire. Ce mélange tranchant de deux couleurs également vives, offre un beau contraste à la vue. Au bout de quelques toises, le lit se remplit tout-à-coup d'une eau de cristal, sans qu'on aperçoive les conduits secrets par où elle s'échappe de son réservoir. Bientôt après elle se grossit des nombreuses et nouvelles sources que nous avons remarquées en arrivant, et dans un instant c'est une rivière majestueuse capable de porter bâteau. Elle se divise même au dessus de l'Isle en quatre bras principaux, tous également navigables. Je ne crois pas qu'il existe de source aussi abondante en France : elle serait celle d'un grand fleuve, si au bout de quelques lieues la Sorgue ne se perdait dans le Rhône.

C'est pendant l'hiver, et surtout à l'équinoxe du printemps, époque de la fonte des neiges, que la source de Vaucluse est dans toute sa force et toute sa beauté; alors, elle verse ses eaux par dessus les bords de la caverne, dont elles cachent et surmontent de beaucoup l'ouverture. Un figuier qui a pris naissance dans les veines du rocher, à plusieurs mètres au dessus, est désigné comme la marque de leur plus grande élévation. Elles se précipitent avec fureur contre les blocs entassés qui semblent s'opposer à leur passage. Cette lutte produit un fracas horrible, une longue suite de cascades et une mer d'écume. C'est un mouvement épouvantable et confus qui ressemble au cahos, et rappelle pour ainsi dire les révolutions du monde primitif. Ce bruyant tumulte, joint à la solitude qui règne à l'entour, semble offrir aux passions une sorte de repos. Un bruit aussi confus doit être, pour l'amour comme pour la poésie, le silence universel. Aussi est-ce là que l'amoureux Pétrarque venait soupirer ses vers brûlans, ses immortelles et touchantes élégies, qui ont attendri l'univers entier, excepté l'inexorable Laure.

Quand on a parlé de ces cascades, de l'abondance de cette source, de l'antre d'où elle sort, et de la limpidité de ses eaux, on a tout dit sur la fameuse fontaine de Vaucluse, à laquelle vient d'ajouter un intérêt nouveau le monument élevé dans ce lieu par l'académie d'Avignon.

La montagne ou plutôt la colline qui lui donne naissance, quoiqu'elle offre quelques accidens bizarres, tels que des rochers ressemblant les uns à des colonnes, les autres à des pyramides, et diverses excavations curieuses, n'a cependant rien que de triste. C'est la sécheresse et la nudité de toutes les montagnes de la Provence. Cette colline est d'ailleurs d'une très petite élévation, puisqu'elle n'a pas plus de 80 à 100 mètres au dessus de la source.

Le vallon, aussi aride dans cette partie, aussi dépouillé que la colline, n'offre point de ces réduits mystérieux et ombragés, de ces asiles frais et sauvages que l'imagination se plaît à chercher dans un site aussi célèbre. Que des enthousiastes se battent les flancs pour y voir tout cela, ils n'y trouveront pourtant eux-mêmes l'ombrage qu'en déployant leur parasol, et la fraîcheur qu'en se plongeant dans l'eau. Nous verrons dans le cours de cet ouvrage des sources bien plus intéressantes, quoique moins célèbres. Celle de Vaucluse n'a pour elle que ses belles eaux et Pétrarque. Mais j'entends les échos répéter les soupirs de cet amant poète; j'écoute, je m'attendris et me tais.

Cette fontaine a été si souvent chantée depuis Pétrarque, que nous croirions manquer à l'obligation que nous nous sommes imposée de ne rien omettre de ce qui peut intéresser nos lecteurs, si nous ne rapportions ici les vers que lui a consacrés M. Delille, dans son poème des

Jardins. Ils sont beaux comme le sujet même, et suivant l'expression de Dupaty, ils disent la vérité comme de la prose (*).

« Vaucluse, heureux séjour, que sans enchantement,
» Ne peut voir nul poète et surtout nul amant,

(*) Avant M. Delille, cette fontaine avait été chantée en vers non moins exacts, et peut-être non moins beaux en leur genre, par le Franc de Pompignan, dans son Voyage de Languedoc et de Provence. Pour mettre le lecteur à portée d'en faire la comparaison, nous les rapportons ici :

« Là, parmi des rocs entassés,
» Couverts d'une mousse verdâtre,
» S'élancent des flots courroucés
» D'une écume blanche et bleuâtre,
» La chûte et le mugissement
» De ces ondes précipitées,
» Des mers par l'orage irritées
» Imitent le frémissement ;
» Mais bientôt moins tumultueuse,
» Et s'adoucissant à nos yeux,
» Cette fontaine merveilleuse
» N'est plus un torrent furieux.
» Le long des campagnes fleuries,
» Sur le sable et sur les cailloux,
» Elle caresse les prairies
» Avec un murmure plus doux.
» Alors elle souffre sans peine
» Que mille différens canaux
» Divisent au loin dans la plaine,
» Le trésor fécond de ses eaux.

Iʳᵉ. ROUTE DE PARIS A MARSEILLE. 79

» Dans ce cercle de monts qui, recourbant leur chaîne,
» Nourrissent de leurs eaux ta source souterraine
» Sous la roche voûtée, antre mystérieux,
» Où ta nymphe échappant aux regards curieux,
» Dans un gouffre sans fond cache sa source obscure,
» Combien j'aimais à voir ton eau, qui toujours pure,
» Tantôt dans son bassin renferme ses trésors,
» Tantôt en bouillonnant s'élève, et de ses bords,
» Versant parmi des rocs ses vagues blanchissantes,
» De cascade en cascade, au loin rejaillissantes,
» Tombe et roule à grand bruit ; puis calmant son courroux,
» Sur un lit plus égal, répand des flots plus doux,
» Et sous un ciel d'azur, coule, arrose et féconde
» Le plus riant vallon qu'éclaire l'œil du monde ;
» Mais ces eaux, ce beau ciel, ce vallon enchanteur,
» Moins que Pétrarque et Laure intéressent mon cœur.
» La voilà donc, disais-je ! Oui, voilà cette rive
» Que Pétrarque charmait de sa lyre plaintive.
» Ici Pétrarque à Laure exprimant son amour,
» Voyait naître trop tard, mourir trop tôt le jour.
» Retrouverai-je encore sur ces rocs solitaires
» De leurs chiffres unis les sacrés caractères ! »

 Je m'arrête où commence la fiction. On sait

  » Son onde toujours épurée,
  » Arrosant la terre altérée,
  » Va fertiliser les sillons
  » De la plus riante contrée
  » Que le Dieu brillant des saisons,
  » Du haut de la voûte azurée,
  » Puisse échauffer de ses rayons ».

que Pétrarque a vainement soupiré pour Laure. Tout s'opposait à ses amours, elle était mariée, il était abbé.

Cette dernière circonstance m'a même toujours frappé ; je me suis étonné qu'au siècle où vivait Pétrarque, un ecclésiastique pût écouter librement, avouer et chanter hautement un amour doublement illicite ; je me suis encore plus étonné qu'aucun historien n'en ait fait l'observation, et que la réputation de Pétrarque n'en ait reçu aucune atteinte ; c'est sans doute l'effet du charme de la poésie : la beauté de ses vers a fait tout oublier, tout pardonner. — *Parcouru depuis Paris* 178

§ 57. *D'Avignon à Saint-Andiol*. 5

On parcourt la première moitié de cette distance dans la plus belle partie du territoire d'Avignon. C'est bien une plaine comme tout le Comtat, mais une plaine boisée et rafraîchie tant par les prairies, les bosquets et les avenues de maisons de campagnes, que par les eaux courantes du canal de la Durance. A Bon-Pas où l'on traverse cette rivière ou plutôt ce torrent, était autrefois une chartreuse, dont l'édifice subsiste toujours ou subsistait du moins encore, il y a peu d'années, sur la rive droite. Tous les ponts que l'impétuosité de la Durance a successivement détruits, étaient depuis long-temps remplacés par un bac qui vient d'être remplacé lui-même par un nouveau pont en bois, d'une très belle construction et d'une longueur prodigieuse, qui réunit la délicatesse à la solidité : c'est un chef-d'œuvre en ce genre. La première pierre de la culée droite a été posée en pompe par le préfet de Vaucluse, avec procès-verbal emboîté dans du plomb et enchassé dans cette première pierre, pour que lorsque les eaux ou le temps auront détruit ce nouveau pont, on puisse savoir au moins qu'il fut commencé en l'an 12 de la République française, M. Marie-Antoine Bourdon, étant préfet du département de Vaucluse, et M***. Dupuy étant maire d'Avignon. Si les anciens avaient ainsi songé à satisfaire la curiosité de leurs neveux, ils ne nous auraient pas transmis tant d'énigmes à deviner, dans les monumens qu'ils nous ont laissés. Mais on dirait qu'ils se sont fait d'avance un malin plaisir de nos disputes, puisque leurs inscriptions même, qui sembleraient devoir éclaircir tous les doutes, sont le plus souvent, par leurs abréviations, de vrais logogriphes que chacun interprète comme il veut. On voit du haut de ce pont vers le Sud-

Ouest, le village de Noves, regardé comme la patrie de la belle Laure.

C'est à Bon-Pas qu'on quitte la route de Marseille, pour suivre à gauche celle de Cavaillon, quand on prend cette direction pour aller à Vaucluse.

En traversant la Durance, on entre dans le département des Bouches-du-Rhône. Nous ne quitterons pas le premier sans lui donner un coup-d'œil général.

La grande célébrité du Comtat ressemble un peu à ces vieilles réputations qui viennent on ne sait d'où, et se maintiennent on ne sait comment. Une grande partie de ce territoire tant vanté, n'offre que des sables cailloteux et stériles, qui cependant produisent, en certains endroits, d'excellens vins, tels que celui de la Nerthe, de Châteauneuf du Pape, etc.; mais on sait que les bonnes terres ne sont pas celles qui conviennent le mieux aux bons vins. Les bassins engraissés par le limon du Rhône, de la Durance, de la Sorgue, et des autres rivières ou ruisseaux qui traversent ce département, sont les seules parties vraiment productives, surtout dans le voisinage des villes. Ces territoires privilégiés, parmi lesquels on distingue la banlieue de Cavaillon comme la partie la plus fertile, et celle d'Avignon comme la plus fraîche et la plus riante, n'occupent pas le quart du département.

Les environs d'Avignon rendent à peu près 6 pour 1, année commune ; il n'y a que ceux de Cavaillon qui rendent 7 à 8 : c'est une belle fécondité sans doute ; mais combien de terroirs en France qui produisent au delà de 6 pour 1 ? Les grains que l'on récolte dans ce département ne suffisent pas à sa consommation. Ce déficit est le résultat d'un excès de population. Elle atteint, d'après le rapprochement du territoire et du nombre de ses habitans, la proportion de 1600 individus par lieue quarrée (*). La soie, la garence et le safran forment les principaux produits du sol. Les oliviers y sont rares, et dans un état de faiblesse, même de souffrance, qui prouve qu'ils ne sont pas tout-à-fait dans le climat que la nature leur a destiné. La destruction de la plus grande partie de ces arbres, par le froid, en est une dernière preuve.

La Durance, qui sépare les deux départemens de Vaucluse et des Bouches-du-Rhône, est pour

---

(*) Il est peuplé de 206,000 habitans et divisé en 4 arrondissemens, Avignon, Orange, Carpentras et Apt.

l'un et l'autre un véritable fléau. Elle a la rapidité d'un torrent avec la largeur d'un fleuve; son lit variable comme son volume, est souvent à moitié sec et sillonné seulement par deux ou trois courans d'une eau limoneuse, dont le plus considérable exige toujours un bac. Dans ses violentes crues, elle couvre une vaste étendue de plaine. La ville d'Avignon la voit pénétrer plus souvent dans ses remparts que le Rhône qui coule à ses portes. Cette rivière rachète une partie du mal qu'elle fait par l'utilité des canaux d'arrosage qu'elle fournit. Le mal même que produisent ses inondations n'est pas sans un bien, puisque le limon qu'elles déposent est un véritable engrais, que cependant on ne peut désirer, vu le danger des débordemens, qui entraînent quelquefois les récoltes et les terres, et menacent souvent les villages et les habitans. Une double et forte digue pourra seule, en laissant à ce torrent les issues nécessaires aux canaux d'arrosage, lui fixer son cours dans toute sa longueur, et le forcer à ne couler que pour la prospérité publique.

Nous avons déjà vu sa source au mont Genèvre, en parcourant la deuxième route de Paris à Turin. Dans son cours de cinquante lieues, ce torrent en reçoit un grand nombre d'autres. Il reçoit notamment toutes les eaux du revers

Iʳᵉ. ROUTE DE PARIS A MARSEILLE. 85 lieues.

occidental du mont Viso, dont le revers opposé fournit la source de l'Éridan. Parmi les divers cailloux que charie la Durance, on remarque la variolite et plusieurs espèces de porphyre. La plaine, depuis cette rivière jusqu'à Saint-Andiol, n'offre aucun genre d'intérêt. On traverse, vers le milieu de la distance, le village de Cabanes. Celui de Saint-Andiol n'a de remarquable qu'un assez joli parc attenant au château. — *Parcouru depuis Paris*. 183

§ 58. *De Saint-Andiol à Orgon*. . . . . $2\frac{1}{2}$

Même nature de pays plat. On a devant soi une triste chaîne de montagnes calcaires, qui présentent la forme et la nudité des montagnes du premier ordre, sans en offrir les masses imposantes. Les plus hautes sommités qu'on aperçoit, s'élèvent à peine à 400 mètres au dessus du niveau de la mer. Cette chaîne qu'on nomme les *Alpines*, commence à Orgon et finit près de Tarascon, en courant de l'E. à l'O.

Orgon est une très petite ville de 1500 habitans, située au pied de ces montagnes, non loin de la rive gauche de la Durance et près de l'embranchement de la route de Montpellier à Marseille. Elle a un bureau de poste, et une assez bonne auberge au relais. On y voit un canal qui traverse une montagne d'outre en outre, comme ceux du Languedoc et de Saint-Quentin : c'est un ouvrage tout aussi curieux quoique moins renommé. N'ayant jamais été fini, il ne sert, dans l'état actuel, qu'aux arrosages. — *Parcouru depuis Paris*. 185½

§ 59. *D'Orgon à Pont-Royal*. 4

Même plaine. Au village de Senas, on longe avec plaisir les prairies fraîches et verdoyantes, qui ont remplacé l'ancien parc du château. Cette vue inopinée dans un pays généralement aride a quelque chose de délicieux, je dirai presque de rafraîchissant. Avant d'arriver au relais, on traverse, sur un pont de pierre, le canal de Crapone destiné à l'arrosage de la plaine d'Arles.

Pont-Royal est une maison dont une moitié sert d'auberge, on y voit une jolie fontaine.— *Parcouru depuis Paris*. 189½

§ 60. *De Pont-Royal à Saint-Cannat*. 4

Pays toujours calcaire et peu intéressant. Du haut de la montagne de la Taillade, l'on voit le bourg de Mérindol, fameux par son ancien désastre.

La petite ville qu'on rencontre une lieue avant Saint-Cannat, est celle de Lambesc, peuplée de 2500 habitans : c'était le siége des assemblées provinciales. A 3 lieues O. de cette petite ville est celle de Salon, peuplée de 4 à 5000 habitans, et située sur le canal de Crapone. Le tombeau du célèbre Nostradamus, qu'on voyait dans l'église des Cordeliers, a subi le sort de cette église, c'est-à-dire, qu'il a été détruit. La maison commune conserve avec respect le buste d'un homme plus justement célèbre, le bailli de Suffren, ainsi que les portraits de l'ingénieur Adam de Crapone, auteur du canal qui porte son nom, et de l'infortuné Lamanon, compagnon de Lapeyrouse.

Le commerce de cette ville consiste en huiles et en bêtes à laine. — *Parcouru depuis Paris*. . $193\frac{1}{2}$

---

§ 61. *De Saint-Cannat à Aix*. 4

Même genre de pays, il est plus cultivé, le climat plus chaud, les oliviers et les amandiers plus nombreux. Au sommet de la longue descente qui conduit à Aix, on trouve des carrières de plâtre, et dans ces carrières, des ictyolithes, ou des pierres qui renferment des empreintes de poisson. M. Darluc en donne la description dans son Histoire naturelle de la Provence. On ne tarde pas à voir Aix dans un bassin fermé, d'un côté par la pente méridionale de la colline, qu'on descend; de l'autre, par les revers des arides montagnes qui séparent ce bassin de celui de Marseille.

A quelques lieues vers l'E., s'élève dans les nues la montagne calcaire de Sainte-Victoire, en présentant au Midi une face de roc décharnée, que les éboulemens successifs ont rendue presque verticale. Ils en ont entraîné tout un côté, de manière que ce n'est plus aujourd'hui qu'un quartier de montagne. Sa hauteur est d'environ 1000 mètres au dessus du niveau de la mer. Elle est décrite dans l'ouvrage déjà cité de M. Darluc.

Du côté de l'O., on découvre, à perte de vue, des belles campagnes couvertes d'oliviers. Ce sont ces plantations qui produisent la véritable huile d'Aix. Les collines de ce côté sont assez basses pour mériter le nom de plaine. « C'est » cette plaine, dit M. de Saussure, qui sépare » la chaîne des Alpes de celle des Pyrénées ». Certes, ce n'est point là que les fabricateurs de systèmes, qui ont rêvé la contiguité de ces deux chaînes, ont pu la chercher, mais bien dans les montagnes du Dauphiné et du Vivarais, comme nous avons eu occasion de l'observer déjà, en mentionnant et combattant avec M. de Saussure, cette erreur géologique, qui tend à réunir toutes les montagnes de l'univers en une seule chaîne.

Ire. ROUTE DE PARIS A MARSEILLE.

L'entrée d'Aix ressemble à celle d'un magnifique château. Elle est formée par une grille élégante, devant laquelle passe la route de Marseille. Un large et superbe cours, composé de quatre rangées d'ormes antiques, et bordé de deux haies de maisons, toutes plus belles les unes que les autres, vient, à travers le quartier neuf de la ville, aboutir à cette grille. Il est orné de trois fontaines, dont l'une verse de l'eau chaude tirée de la source thermale, dont nous parlerons bientôt. Le reste de la ville répond à cette magnificence. Toutes les rues larges et bien bâties, plusieurs tirées au cordeau et une foule de beaux hôtels répandus dans les divers quartiers, plus particulièrement dans celui d'Orbitelle, où se trouve le grand cours que nous venons d'admirer, enfin divers ornemens d'architecture, parmi lesquels on remarque fréquemment des balcons supportés par des thermes, tout cet ensemble fait ressembler la ville d'Aix à l'un des beaux quartiers de la capitale : une brillante société y en répandait le ton, et plus de 150 équipages le mouvement. C'était vraiment le Paris de la Provence.

Les 150 équipages sont aujourd'hui réduits à deux ou trois. La ville a perdu, avec ses plus riches habitans, plus de 6,000,000 de revenus annuels, qui se consommaient dans ses murs. Sa population, qui était alors de 25 à 30,000 âmes, n'est aujourd'hui que de 18,000.

Aucune des places publiques d'Aix ne mérite d'être citée. La plus belle, celle de l'hôtel de ville, est petite; la façade de cet hôtel en fait, par son architecture simple, mais de bon goût, le principal ornement. Un autre côté de la même place est embelli par un autre édifice public, le grenier d'abondance, et le centre est décoré d'une fontaine, surmontée d'une colonne de granit antique. La tour de l'horloge qui s'élève à l'un des angles de cette place contre l'hôtel de ville mérite un coup-d'œil. La sonnerie est placée au haut dans une espèce de cage de fer. Cette horloge offrait autrefois une mécanique curieuse qui a un peu souffert.

L'intérieur de l'hôtel de ville renferme quelques antiques dont la description est donnée avec détail par M. Millin. Ceux qui m'ont frappé le plus sont trois urnes trouvées dans les murs de la tour du vieux palais, un bas-relief que les antiquaires ont intitulé : *l'accouchement de Léda*, et une mosaïque qu'on voyait auparavant dans le vestibule des bains de cette ville : on y remarque aussi le mausolée érigé par Frédéric au Marquis d'Argens. Cet hôtel renferme une bibliothèque publique, composée de 60,000 volumes d'un bon choix, et léguée par le Marquis de Méjanès.

La seconde place d'Aix est celle des prêcheurs, dont le milieu est également décoré d'une fontaine; mais beaucoup plus belle que celle de l'hôtel de ville. C'est un obélisque porté par quatre lions, et surmonté d'un aigle, dont l'exécution est justement admirée. Il a les ailes étendues, il s'élance, on croit le voir fondre sur sa proie. Quelques arbres ombragent cette place que devait embellir le nouveau palais de justice. A peine sorti de ses fondemens, cet édifice public, commencé avec une magnificence digne de l'ancienne Rome, a été surpris par la révolution, et il est resté au point où elle l'a trouvée.

Aix est la ville de France la plus riche en fontaines publiques : outre les trois qui décorent son beau cours, un grand nombre d'autres moins remarquables, coulent en différens quartiers, et fournissent en été le moyen de rafraîchir et nettoyer les rues.

On regarde comme une antiquité les bains d'Aix, qui n'ont cependant plus rien d'ancien que leurs eaux découvertes 123 ans avant J. C. par le général Romain Sextius Calvinius, envoyé au secours des Phocéens contre les Salyes.

Il leur donna le nom d'*Aquæ Sextiæ*, d'où sont venus, et le nom d'Aix, et l'opinion qui fait regarder ce général comme le fondateur de la ville. Elle a recouvré en 1704 ces bains qui étaient restés oubliés, et même enfouis en partie pendant plusieurs siècles. Ils sont plus connus par leur origine que par leur vertu. La principale qualité de leurs eaux est d'avoir tout juste le degré de chaleur qui convient le plus à la température du corps, 26 degrés. Ce sont les seuls bains publics de la ville, et l'on ne craint pas de les prendre comme simples bains de propreté. Une pierre antique, trouvée dans les fondations, a été encastrée dans le mur d'une des chambres à baigner. Les antiquaires y reconnaissent un autel du dieu Priape, quoique le dieu et l'autel aient été mutilés au point d'être entièrement effacés, et ils ont consacré cette opinion par les deux vers suivans qu'on lit sur le mur :

Præses phallus abest : erasit barbara dextra;
Sed latet in calidis ipse Priapus aquis.

On peut voir des antiquités plus précieuses et mieux conservées dans le cabinet de M. Desnoyers de Saint-Vincent.

La cathédrale, remarquable par sa porte en bois, d'une sculpture si riche, qu'on la couvre d'une double porte pour la conserver, l'est encore plus par les huit colonnes antiques qui entourent les fonts baptismaux. Elles sont distribuées en forme de rotonde comme elles ont, à ce qu'on prétend, été trouvées, on ne sait d'ailleurs ni ou ni à quelle époque. On voit dans cette église un Saint Thomas peint en 1617, par un artiste Flamand, nommé Finsonius, tableau admiré des connaisseurs et oublié par M. Millin. Il n'a pas oublié de même le tableau du Roi Réné, qu'on voit dans la même église, et qui ne mérite pas moins d'attention, non par son mérite, mais parce que c'est l'ouvrage d'un Roi. Le clocher est une tour octogone très massive, à laquelle M. Millin trouve de la grâce.

Les étrangers ont à Aix la ressource d'un ou deux cabinets littéraires, de deux fort bonnes auberges, de plusieurs beaux cafés, d'un théâtre assez mal bâti, mais souvent occupé par les troupes de Marseille. On ne reconnaît point dans ce chétif bâtiment l'orgueil d'une ville capitale et parlementaire. On le reconnaît un peu mieux dans ses promenades, qui sont, après le grand et magnifique cours que nous avons vu en entrant, celui de la Rotonde, que nous avons laissé à notre droite, sur l'avenue de Marseille, ceux des Récolets et de la Trinité du côté du Nord, remarquables l'un et l'autre par de très-beaux arbres, dont un, qu'on voit devant la porte des Récolets, est le plus beau tremble que j'aie jamais vu; enfin, du même côté, les boulevards qui sont aussi très beaux.

Cette ancienne capitale de la Provence, doit au voisinage de Marseille de n'être aujourd'hui que le chef-lieu d'un arrondissement. Ce même voisinage nuit aussi aux progrès de son commerce, dont quelques fabriques, qui sont peu renommées, et les huiles de son territoire, qui le sont beaucoup, forment les principaux et à peu près les seuls élémens. Ces fabriques consistent dans quelques indienneries et dans une manufacture de velours. Un établissement plus remarquable lors de mon passage était la filature de coton du sieur Reverdi.

Aix a conservé son archevêché : une école de droit a succédé à son université, et le tribunal d'appel à son parlement. Il y a aussi un tribunal de première instance et de commerce.

Le savant Peyresc, le Marquis d'Argens, l'auteur de l'Avocat-Patelin, Brueys, les naturalistes Tournefort et Adanson, le rhéteur Baltazar Gibert, le peintre Jean-Baptiste Vanloo, le musicien Campra, le célèbre médecin Lieutaud, et autres hommes célèbres, étaient originaires de cette ville, qui a vu naître aussi ce Duperrier, à qui Malherbe adressait les belles stances:

« Ta douleur, Duperrier, sera donc éternelle ».

et ce farouche président d'Oppède, dont nous nous sommes rappelés les forfaits à la vue de Mérindol.

Ce fanatique magistrat fit brûler plus de vingt bourgs et villages habités par les Vaudois, et périr plus de 4000 personnes, hommes, femmes et enfans. François Ier. recommanda, en mourant, à son fils Henri II, de faire punir les auteurs de cette barbarie. L'affaire portée au parlement de Paris, occupa cinquante audiences consécutives. d'Oppède plaida lui-même : son début surtout parut toucher l'auditoire. *Judica me Deus et discerne causam meam de gente non sancta.* Il suffisait alors pour avoir raison, de s'appliquer avec un apparence d'à-propos, un passage de l'Ecriture : d'Oppède fut renvoyé absous.

Détruite par les Sarrasins sous le règne de Charles Martel, la ville d'Aix fut rebâtie par les comtes de Provence, dont l'un, Alphonse II, Roi d'Arragon, y fixa sa cour. Béatrix de Savoye, femme de Raimond Bérenger, l'un de ses successeurs, en fit le rendez-vous des plaisirs et des grâces. Le bon Roi Réné, l'un des troubadours de la Provence, et la Reine Jeanne de Laval son épouse, y renouvelèrent le règne de

Saturne et de Rhée, et, pour jouir eux-mêmes quelquefois du bonheur qu'ils répandaient autour d'eux, ils aimaient à s'habiller en bergers, et à conduire un troupeau. Ce prince avait pour les cérémoies religieuses un goût décidé qui lui fit imaginer la bizarre procession de la Fête-Dieu, fameuse en France sous le nom de procession d'Aix.

J'ai vu cette singulière cérémonie. Ce sont des diables, parmi lesquels on distingue le grand diable et la diablesse, qui pour préludes courent les rues dès le matin, la tête chargée de cornes, et le corps couvert de grelots, qu'ils font résonner bruyamment, en sautant et dansant dans tous les carrefours. Une âme attaquée par eux et représentée par un homme vêtu en femme, se réfugie entre les jambes d'un ange, qui écarte ces esprits infernaux à grands coups de croix. Les coups pleuvent aussi sur le dos de l'ange qui finit cependant par rester victorieux, et après la bataille, anges, âmes et démons, tout est réuni pour présenter le chapeau à la ronde, comme après la danse de l'ours; je me trompe, ce n'est point le chapeau, ils n'en ont point, c'est une espèce de têtière ou de masque, qui forme autour de leur tête la plus hideuse enveloppe. Les pieux acteurs de cette religieuse et ambulante comédie étaient les crocheteurs et toute la canaille d'Aix, les mêmes qu'on avait vu jouer des rôles d'un tout autre genre dans les drames révolutionnaires.

Un prince d'amour représenté par un beau jeune homme, s'amalgame on ne sait comment, parmi ces personnages, lorsque la procession commence. Elle est précédée de ce cortége, où l'on voit figurer aussi un Roi, que je prenais pour le Roi Réné, mais que les gens instruits reconnaissent pour le Roi de la Bazoche, et qui est également représenté par un beau jeune homme, coiffé comme un marquis de comédie, couvert d'un manteau court, claque sous le bras, et saluant avec popularité la foule des curieux rangés à droite et à gauche. La farce alors s'exécute avec plus de prétentions et les gambades avec plus de méthode, même avec une sorte de dignité et un sérieux bien risibles pour un observateur du dix-neuvième siècle.

Rien ne m'a paru plus risible aussi que la gravité avec laquelle défilaient, à la suite de cette parade, toutes les autorités de la ville, tout le clergé, et enfin l'archevêque d'Aix (*), portant

---

(*) M. Champion de Cicé, ancien ministre d'état, aussi recommandable par ses talens que par son savoir.

Tome V.

d'un pas lent et respectueux le Saint Sacrement, au milieu des *Pange lingua* adressés à l'Eternel.

Cette mascarade qui ressemble bien plus aux anciennes Bacchanales qu'à une cérémonie chrétiennne, s'est perpétuée depuis le quinzième siècle jusqu'à nos jours, sauf un interrègne de dix ans qu'a duré la révolution. Lors de sa reprise en 1802, elle avait attiré à Aix une foule immense, tant de Marseille que d'Arles et de tous les environs, au point qu'il me fut impossible de trouver à me loger; mais il me fut aisé de passer la nuit dans les bals (*).

Au goût des cérémonies religieuses, le Roi René joignait celui des arts. En sa qualité de troubadour, il cultivait toutes les branches du *gai savoir*. Il faisait des vers et de la musique: on a conservé dans sa procession quelques-unes de ses marches. Il était regardé comme le plus grand peintre de son siècle, du moins en France. Plusieurs de ses tableaux subsistaient encore à l'époque de la révolution. Un seul a survécu à cette crise destructive, c'est celui que nous avons remarqué à la cathédrale. Le Roi René a orné aussi de peintures et de vignettes divers

---

(*) Les kermesses flamandes nous offriront dans la suite des fêtes à peu près de la même nature.

Ire. ROUTE DE PARIS A MARSEILLE.

livres, dont un m'a été montré par l'archevêque. Un autre est conservé à la Bibliothèque Impériale. Ce bon Roi peignait une perdrix, lorsqu'on lui annonça la perte de son royaume de Naples : cette nouvelle ne l'empêcha point d'achever sa perdrix.

Qu'on ne cherche plus à Aix les nombreux chefs-d'œuvre dont les Mignard, les Puget, les Vanloo et autres grands maîtres avaient enrichi cette ville. Une nativité de Mignard et un ange de J.-B. Vanloo, qu'on m'a montrés dans l'église de la Madelaine, étaient, avec les deux tableaux que nous avons remarqués à la cathédrale, tout ce qui a survécu à la dévastation. Quelques-unes des belles façades, ornées de balcons et de thermes, que nous avons remarquées en arrivant, portent l'empreinte du ciseau du Puget.

Le tombeau de Joseph Sec, peut trouver ici sa place à cause de sa singularité. Joseph Sec était un charpentier, qui, parvenu à une fortune considérable, crut que son nom devait parvenir aussi à la postérité, et en conséquence, il s'érigea lui-même, avant de mourir, le mausolée qu'on voit encastré dans une façade de la place du marché aux bestiaux, située hors de la ville. Les inscriptions nous apprennent que c'est pendant la révolution que Joseph Sec se crut un personnage. Il ne tarda pas à prendre sa place dans la nouvelle et dernière demeure qu'il s'était construite.

La forme de ce monument ne manque point de grâce. Les statues et bas-reliefs sont analogues au mauvais goût de cette époque, et les inscriptions à l'ignorante simplicité du bon homme qu'elles concernent et qui en est sans doute l'auteur, comme il l'est du monument.

Le château du Tholonet, la plus jolie maison de plaisance des environs d'Aix, offre aux curieux un site très pittoresque, de belles allées, de belles eaux et un superbe pan de muraille romaine, destinée à les retenir (*). On y trouve les carrières qui produisent cette brèche rougeâtre dont on fait à Aix des tablettes et chambranles de cheminée, des dessus de table et autres ornemens.

Le territoire d'Aix est sec et peu agréable, quoique parsemé de maisons de campagne, surtout dans la partie du couchant. Je préférerais y voir moins de maisons et plus d'arbres. Les

---

(*) On est surpris que M. Millin ne parle point d'une antiquité aussi remarquable dans un ouvrage consacré à ce genre d'observation, quoiqu'il y décrive assez longuement le château du Tholonet.

oliviers abondent, mais ils ne sont encore ici que des nains auprès de ceux que nous verrons à Nice; et d'ailleurs cet arbre n'offre, comme on sait, qu'une verdure grisâtre et un très faible ombrage. Quoique petits et sans vigueur, les oliviers d'Aix fournissent la meilleure huile qu'on connaisse. Elle doit, dit-on, sa supériorité moins à celle des olives qu'au soin particulier avec lequel on la fait. Une des qualités de cette huile est de vieillir sans s'altérer, au lieu que l'huile ordinaire est sujette à rancir.

La quantité des oliviers est bien diminuée depuis quelque temps dans cette contrée. Tous les hivers rudes leur font beaucoup de mal, et en détruisent une partie. Ils périrent presque tous en 1789, et les arbres actuels sont la plupart ou des plantations ou des pousses nouvelles. Les habitans, et surtout les propriétaires, qui n'éprouvent ces pertes que depuis la fin du dernier siècle, sont persuadés et regardent comme une vérité démontrée, que la température a changé.

Quoi qu'il en soit, l'huile d'Aix approvisionne les cuisines de tous les gourmets de France. Le territoire proprement dit, ne suffisant pas à cette immense fourniture, les contrées environnantes viennent à son secours, et ne suffisent pas encore; l'art de nos épiciers fait le reste. Ce pays fournit du vin au delà de sa consommation; on y cultive peu de blé. A quelques lieues de la ville, vers le Sud-Est, il produit de la houille, que les habitans n'ont pas le bon esprit d'employer pour leur chauffage, ou du moins pour leur cuisine. Il n'y a que celle de l'archevêché où ce combustible soit en usage, et cependant le bois est rare dans tout le département. Un habitant m'a observé que ce charbon était de nature fétide. C'est un défaut sans doute, mais non une raison suffisante pour se priver entièrement de cette ressource.

Outre les routes de poste qu'indique la carte, Aix va communiquer avec Arles, par une route de huit lieues, qui est en construction, et qui traverse la fameuse plaine de la Crau.

A quatre lieues O. par S. d'Aix, la petite ville de Berre, peuplée de 1800 habitans, possède d'abondantes salines, qu'elle doit à sa position sur les bords de l'étang de Martigues, et qui lui occasionnent un air mal sain. Son territoire produit une huile excellente, qui se vend pour huile d'Aix.

Saint-Chamas est une autre petite ville, située sur le même étang, à trois lieues N.-O. de la précédente, et peuplée de 2400 habitans. « On

» y voit dans une promenade, un pont sur la
» Touloubre, qu'un citoyen, nommé *Donnius*,
» fit construire du temps des Romains, avec
» deux arcs de triomphe pour éterniser quel-
» qu'évenement. On lit sur le côté qui se pré-
» sente en venant d'Aix, une inscription com-
» mençant par ces mots : *L. Donnius, C. Fla-
» vos*. Ce pont s'appelait le *pont Flavian*, sans
» doute du mot *Flavos*. Les vieillards le nom-
» ment encore ainsi ; mais depuis longues an-
» nées on lui substitue le nom de *Surian*, qui
» est celui d'une illustre famille du pays. De
» pareilles usurpations sont faites pour ajouter
» à l'obscurité de l'histoire ». (Statistique de
M. Michel, pag. 467.).

L'étang de Berre ou de Martigues est une
espèce de petite mer Méditerranée de 10 à 12
lieues de tour, communiquant à la grande par
un très petit détroit, qui traverse et partage la
ville de Martigues. L'étang est traversé et partagé
lui-même par un chemin en chaussée, qu'on dit
avoir été construit en un jour de temps par Caius
Marius, en présence de l'ennemi. Ce qu'il y a
de certain, c'est qu'on l'appelle dans le pays le
Caiou, dénomination qu'on croit s'être formée
du nom de Caius.

Martigues, est une ville de 6000 habitans, la plupart adonnés à la pêche. Elle est composée de trois parties bien distinctes. L'une est bâtie dans l'eau, au milieu du détroit ou canal qui forme la communication de l'étang avec la Méditerranée, et se nomme l'*Isle* : elle doit son origine à des pêcheurs qui s'y établirent dans le dixième siècle. Les habitans s'étendirent ensuite des deux côtés du canal. La partie septentrionale, montueuse et fertile, se nomme *Jonquières*, et l'autre, montagneuse et aride, *Ferrières*.

La pêcherie de l'étang, qui fait la richesse du pays, en fait aussi tout l'intérêt. Le passage périodique des poissons de la Méditerranée dans l'étang est curieux à observer, du haut des ponts établis sur les canaux limpides et peu profonds qui forment le détroit. Ce passage se fait sans obstacle de la part des pêcheurs; ils attendent le poisson dans l'étang, où la plus grande partie se fait prendre; aussi n'en repasse-t-il pas beaucoup au retour. J'ai été deux fois à Martigues, sans pouvoir jouir de ce spectacle, qui y attire tant d'étrangers dans la saison, parce que cette époque n'est pas celle de mon passage. — *Parcouru depuis Paris*. 197½

Ire. ROUTE DE PARIS A MARSEILLE. 105 lieues.

§ 62. *D'Aix au Pin.* 4

On s'élève par une montée peu rapide, mais continue, sur les hauteurs qui séparent le bassin d'Aix de celui de Marseille, et l'on admire en passant les belles plantations et les belles eaux du château d'Albertas, situé sur la droite de la route, presque à mi-chemin de la première distance. Cette fraîcheur plaît et surprend, d'autant plus qu'on est environné d'arides et tristes montagnes. De l'autre côté de la route existe encore le vieux château, abandonné pour celui dont nous venons d'admirer les embellissemens. Ce donjon est adossé contre un roc isolé qui paraît faire corps avec lui, et dont le sommet en plate-forme et les parois à pic m'ont rappelé le fameux roc de Polignac, près de la ville du Puy. Peu après Albertas, les curieux vont voir, à un quart de lieue sur la droite au pied de la petite montagne de Cabriez, une fontaine qui ne coule qu'en été.

Le Pin est un hameau composé de quelques maisons éparses. — *Parcouru depuis Paris.* . . . $201\frac{1}{3}$

§ 63. *Du Pin à Marseille.* 4

Même chemin, toujours sablonneux et presque toujours dégradé, tant par le passage des

énormes et nombreuses charrettes qui le foulent journellement, que par la nature des matériaux calcaires qui servent à son entretien. Le sommet de la longue descente qui conduit à Marseille, se nomme la *Viste*, mot qui signifie *vue* en provençal, et qui se trouve parfaitement adapté à cette montagne, d'après la superbe vue dont on y jouit. (*V. la description de Marseille*).
— *Parcouru depuis Paris jusqu'à Marseille*. . . 205 $\frac{1}{2}$

FIN DE LA 1ʳᵉ. ROUTE DE PARIS A MARSEILLE.

DESCRIPTION
ROUTIÈRE ET GÉOGRAPHIQUE
DE L'EMPIRE FRANÇAIS.

IIe. ROUTE DE PARIS A MARSEILLE,
Par Lyon, Grenoble et Gap.
209 lieues.

	lieues.
Depuis Paris jusqu'à Vizille (v. 2e. r. de Paris à Turin). 47 *paragraphes*.	$148\frac{1}{2}$
§ 48. *De Vizille à Lafrey.*	2

On laisse à gauche, au sortir de Vizille, la route du mont Genèvre, qui suit la Romanche, pour traverser ce torrent sur le beau pont de Vizille, et gravir ensuite, pendant plus de deux heures, la longue côte qui forme toute cette distance. Elle monte directement le long d'une croupe qui fait face à la vallée étroite et profonde, d'où s'échappe la Romanche. On rencontre, chemin faisant, des carrières de plâtre. Au haut de cette côte, on croit atteindre le sommet d'une montagne, et l'on s'étonne d'être dans une plaine qui, bordée à droite et à gauche de deux cimes élevées, offre une véritable vallée. Le village de Lafrey est à l'entrée de de cette haute vallée, dont le fond est occupé par un joli lac. La route en longe la rive occidentale. — *Parcouru depuis Paris*. 150½

---

§ 49. *De Lafrey à la Mure*. 3

Après avoir côtoyé ce lac à gauche, l'espace de deux lieues, par un très beau chemin, le voyageur est surpris d'en côtoyer, immédiatement après, un second qui s'y dégorge, puis un troisième, qui a son écoulement du côté opposé, vers la Mure. A l'aspect de ces trois lacs qui semblent n'en faire qu'un, lorsqu'on ne remarque pas leur séparation, vu surtout qu'ils sont tous les trois beaucoup plus longs que larges, on se croirait au bord d'un superbe fleuve. Trouver des lacs à une hauteur d'environ 1000 mètres au dessus du niveau de la mer, doit paraître bien extraordinaire aux voyageurs qui n'ont point vu ceux des Alpes ou des Pyrénées, et qui ne savent point qu'il en existe à des hauteurs plus que doubles de celle-là. Une chose non moins surprenante, c'est que l'eau de ces trois lacs n'admet point la truite, celui de tous les poissons qui paraît le plus naturel aux eaux des montagnes. On a plusieurs fois essayé d'y en mettre, elle a toujours péri.

Ces trois lacs donnent une idée des sept, connus sous le nom de *Sept-Laux* dont nous avons parlé (*route de Paris à Turin*, art. *Communication*). Ils offrent par trois fois, dans une contrée moins escarpée, moins haute et moins dépouillée, le même spectacle qui se renouvelle sept fois aux Sept-Laux. L'un de ces trois lacs mina la route en 1807, au point d'en engloutir une partie. On l'a refaite plus haut, mais comme il la menaçait encore, on se proposait de la transporter sur l'autre rive.

On rencontre à mi-chemin de la Mure, le village de Pierre-Châtel connu par ses mines de charbon. Elles s'exploitent dans l'intervalle qui sépare ce village du Drac. Au bord de ce torrent est la source minérale de la Motte. Les mines très-abondantes et d'une excellente qualité fournissent à la consommation de Grenoble, de Gap et de tout le pays : la source minérale est à deux lieues de la route, elle offre la particularité remarquable de sourdre au bord et au niveau du Drac, qui la couvre dans ses débordemens. Son accès difficile ne permet d'en prendre les eaux sur les lieux qu'à des buveurs bien déterminés. On prend les bains et les douches au château de la Motte, l'eau y est portée à dos de mulets.

Passé Pierre-Châtel, où l'on arrive par un chemin que dégradent journellement les chariots de charbon, j'ai toujours eu jusqu'à la Mure une bonne route, parce que les transports de ce minéral se dirigent moins de ce côté.

La Mure est un bourg qui ressemble un peu à une ville, et qui prétend même à ce titre. Il a un bureau de poste, une bonne auberge au relais, quelque commerce, consistant dans la fabrication des clous et des toiles d'emballage, avec une population de 1800 habitans. La plaine de la Mure et les deux montagnes qui la dominent à droite et à gauche présentent l'aspect de la fertilité. Plus cultivée en seigle qu'en froment, elle produit de 6 à 7 pour 1. — *Parcouru depuis Paris.* 153½

§. 50. *De la Mure aux Souchons.* 3½

On quitte la plaine presque au départ, pour descendre au fond d'une profonde vallée, par une route tracée en zig-zag sur le penchant de la montagne. Elle était, lors de mon passage, fort étroite, non encore ferrée, ni pavée, sujette aux éboulemens, ainsi qu'au ravins, et d'une pente d'ailleurs très douce, au moyen d'une multitude de tournans, qui, dirigés en divers sens, lui donnent l'air d'un labyrinthe. Quand on jette ses regards en arrière, on croirait revenir sur sés pas, et l'on conçoit à peine que le chemin qu'on voit soit celui qu'on vient de parcourir. Il rejoint la vieille route, qui bien que plus courte est abandonnée à cause de ses rampes rapides et de son mauvais pavé, un moment avant de passer le pont jeté sur le torrent qui roule au fond de cette horrible vallée, et que par dérision sans doute on a baptisé *la Bonne*. Ce pont est d'une élévation très hardie, et d'une belle construction en marbre grossier. Le voyageur observe des marbres bien supérieurs, parmi les cailloux qui roulent sous ses pieds, dans la côte qu'il vient de descendre, et dans celle qu'il va gravir. Cette dernière est moins scabreuse que l'autre, mais non moins sujette aux éboulemens et aux ravins.

En la parcourant on plonge ses regards avec effroi dans le profond étranglement au fond duquel bouillonne le torrent qu'on vient de franchir. Resserré entre deux talus d'argiles noire, il offre par cette couleur lugubre, ainsi que par la hauteur et la coupe presque verticale de ses bords, un aspect affreux qui a quelque chose d'infernal. Cette argile noire se reproduit dans tous les talus de la route et dans ceux de presque tous les torrens qu'elle longe ou traverse.

A mi-côté, on rencontre une mauvaise auberge isolée, et une autre tout aussi mauvaise au sommet, dans le hameau des Terrasses. Le pays est assez cultivé sans être fertile, et produit du seigle pour la nourriture de ses habitans, qui sont très clair-semés. On voit dans les environs de ce hameau beaucoup de prés, de noyers, et d'arbres fruitiers, qui lui donnent un air de fraîcheur; celui où est placé le relais est à une lieue plus loin, et un peu hors de la route à droite. L'on ne doit y chercher d'autre ressource que les chevaux pour relayer. — *Parcouru depuis Paris.* 157

---

§ 51. *Des Souchons à Corp.* . . . . 3 ½

Des chemins remplis de tournans, de pentes rapides et de corniches étroites sans parapets ni barrières, composent cette distance. On voit à quelques lieues vers l'Ouest une montagne isolée, dont la forme est extrêmement frappante. Depuis sa base jusqu'à la moitié de sa hauteur, elle offre la figure d'un cône tronqué. De là jusqu'au sommet, c'est un rocher vertical qui paraît cubique et présente, avec la forme d'un énorme édifice, le volume d'une seconde montagne, superposée sur la première qui lui servirait de base. C'est le *mont inaccessible* connu dans le pays sous le nom de *mont Aiguille*, et placé à juste titre, par les historiens du Dauphiné, au nombre de leurs sept merveilles. Sa hauteur paraît de plus de 2000 mètres au-dessus de la mer. Charles VIII passant à Grenoble, lorsqu'il allait conquérir le royaume de Naples, et entendant parler de cette montagne vraiment extraordinaire par sa forme, y envoya le capitaine de ses écheleurs, qui au moyen des machines à escalader, parvint sur le plateau qui est au sommet. Il y trouva, dit-on, une belle fontaine et un mouton qui avait sept toisons, et qu'on supposa y avoir été déposé par un aigle qui, l'emportant encore agneau, le laissa tomber en cet endroit.

Du même côté, mais bien plus près de la route, au-delà du torrent qu'on domine, et non loin du bourg de Corps où l'on arrive, s'élève une autre énorme montagne, l'Obioux, qu'on a presque toujours en perspective depuis Lafrey. C'est la plus haute de la contrée : elle a près de

3000 mètres au dessus du niveau de la mer ; nous la laissons à droite. On dit dans le pays que c'est un point de remarque pour les marins.

Corps est un assez vilain bourg de 1500 habitans ; il renferme un bureau de poste et quelques auberges, dont une est assez bonne. — *Parcouru depuis Paris*. 160½

§ 52. *De Corp à la Guinguette de Boyer.* 13½

La route côtoie une pente très rapide où elle a de la peine à se maintenir contre les éboulemens. Peu après, l'on entre dans le département des Hautes-Alpes (*). On ne tarde pas à voir,

---

(*) Le département de l'Isère que nous quittons est un des trois qui ont été formés de l'ancienne province du Dauphiné. La rivière qui lui a donné son nom le traverse du N.-E. au S.-O., et le divise en deux parties N. et S., peu différentes l'une de l'autre quant à l'étendue, mais très différentes pour la richesse territoriale et industrielle, ainsi que par la population. La partie N., que paraît former à peu près les deux tiers de sa superficie totale, renferme plus des trois quarts de sa population. Cette partie, qui s'étend jusqu'aux portes de Lyon, est celle dont nous avons parcouru la lisière en nous rendant de cette ville à Valence, et le centre en nous rendant de la même ville à Grenoble ; c'est là que sont réunis, avec les terroirs les plus productifs, les lieux les plus considé-

à peu de distance sur la gauche, le village d'Aspre, où se débouche la vallée de la Séverèse, connue sous le nom de *Val-Godmar*, ensuite, du même côté, la maison ou château de M. des Herbays, aux soins duquel cette plaine doit son canal d'arrosage et sa fertilité. Bientôt après on aperçoit, sur la droite, le Drac, encaissé dans un lit très profond, et si étroit qu'en certains endroits un homme leste pourrait le franchir d'un saut. Un pont vieux, mais hardi et pittoresque, le traverse et conduit au village de Lesdiguières. L'illustre connétable que ce nom rappelle, y avait un château qu'il n'habitait point, mais qu'il

---

rables et les villes les plus industrieuses de ce département ; c'est là que le bourg de Voirons fait un commerce de plusieurs millions sur les toiles, que celui de Rives, également renommé pour les toiles, l'est encore par ses forges, ses fers, ses aciers et sa papeterie, la ville de Bourgoin par ses farines, celle de la Côte-Saint-André par ses liqueurs, celle de Vienne par ses mines et ses diverses fabriques.

La partie S. du même département en renferme les plus hautes montagnes, et peut en être considérée comme la zone glaciale quant à la température : elle est presque toute entière dans les Alpes ou les monts secondaires qui s'en détachent. Les pâturages, dont les meilleurs comme les plus renommés sont ceux des montagnes de Sassenage, et les mines, dont les plus

8*

choisit pour son séjour de prédilection après sa mort. C'est là que furent transportés, suivant ses

précieuses sont celles de Chalence, et les plus considérables celles d'Allevard, forment, avec les bois qui n'abondent qu'en certains cantons, les principales ressources de cette haute partie de l'ancien Dauphiné. Elle produit aussi du blé et du chanvre dans les vallons, et dans tous les terrains susceptibles de culture.

Le chanvre est avec les toiles, dont il fournit la matière première, le produit le plus important de ce département, qui fournit aussi une grande quantité de fer et d'acier, et en quelques parties beaucoup de de soie, de froment, de blé de Turquie, de vin et d'huile de noix; l'on y recueille des marons et fruits de toute espèce.

Il renferme dans son enceinte la plus grande partie des anciennes merveilles du Dauphiné, que nous avons toutes décrites à mesure qu'elles se sont présentées à nous. On en porte communément le nombre à sept; mais quand on prend la peine de les compter, on en trouve huit qui sont:

La Grotte de N.-D. de la Balme;
La Fontaine ardente;
La Tour sans venin;
Les Cuves de Sassenage;
Les Pierres ophtalmiques;
Le Mont inaccessible;
Le Pré qui tremble,
Et la Manne de Briançon.

Ces dernières sont hors du département.

A la place de ce faux merveilleux prôné par les

dernières volontés, du fond de l'Italie où il mourut, et son corps, et le beau mausolée qui a été placé depuis dans la cathédrale de Gap.

anciens historiens du Dauphiné, nous y avons observé une foule de curiosités naturelles, qui suffiraient pour en faire, sous ce rapport, une des plus intéressantes parties de l'Empire, si elle ne l'était déjà par la variété de ses productions et par l'industrieuse activité de ses habitans. C'est cette industrie, disent-ils, qui leur a fait attribuer, par des voisins jaloux de leur supériorité en ce genre, une extrême finesse qui est peinte dans certain proverbe sous les traits de la fourberie, et qui n'est peut-être autre chose qu'un esprit fécond en ressources.

Les habitans de l'Isère ne sont pas seulement spirituels, ils sont encore réfléchis et profonds; ils sont aussi d'une trempe généralement énergique, et l'ont prouvé à diverses époques. Leur parlement a souvent montré du caractère. Tout le pays en a montré lors de la révolution. Il a fourni nombre d'orateurs aux diverses assemblées nationales, surtout à la constituante. L'énergie physique est la compagne ordinaire de l'énergie morale; dignes héritiers des Allobroges, ancien peuple dont ils faisaient partie, les habitans de l'Isère sont fortement constitués, et d'un naturel guerrier. Aussi fournissent-ils à nos armées de beaux et bons soldats.

Ce département renferme 470,000 habitans distribués dans quatre arrondissemens, qui ont pour chef-lieu Grenoble, la Tour-du-Pin, Saint-Marcellin et Vienne.

Les curieux ne trouvent plus à Lesdiguières, depuis la translation de ce tombeau, qu'un château dévasté et les restes des corps embaumés tant du connétable que de plusieurs autres seigneurs de la même famille, au nombre de sept.

Ce bourg est tristement situé dans la plaine fertile, mais non ombragée du Drac, à peu de distance de la rive gauche de ce torrent, et au pied d'une montagne aride qui ne paraît produire que des ravins et des éboulemens. Le connétable a bien fait de n'habiter ce pays qu'après sa mort.

La route que nous suivons eût été plus courte par Lesdiguières; elle eût évité trois ponts et une montée rapide. On doit, m'a-t-on assuré, lui donner cette direction. La plaine ou le bassin qu'elle traverse actuellement sur la rive droite du Drac, n'est pas plus ombragée, ni même plus intéressante, quoique très fertile en grains, que celle de la rive opposée. Les montagnes qui s'élèvent à droite et à gauche n'offrent pas plus d'intérêt que la plaine, malgré la variété de leurs formes; elles montrent presque partout une attristante nudité.

Avant d'arriver à la Guinguette, où est situé le relais, on passe à Chauffeyer, où il était autrefois. Vis-à-vis de ce village on distingue, sur

IIe. ROUTE DE PARIS A MARSEILLE. 119 lieues.

la rive opposée, les combles reluisans du château de Lesdiguières, peu après on traverse le Drac pour en côtoyer ensuite la rive droite. — *Parcouru depuis Paris.* 164

---

§ 53. *De la Guinguette à Brutinel.* . . . . 2 ½

 Même route plate, même vallée spacieuse, fertile en grains et sans ombrage ; aux trois quarts de la distance, on voit à gauche, au delà du torrent, Saint-Bonnet, berceau de Lesdiguières. On montre encore le vieux château où il naquit. Ce bourg, peuplé de 1500 habitans, est très commerçant, et le pays très fertile en grains. Le produit ordinaire du froment s'y élève à 10 pour 1. Brutinel est un hameau : on y trouve une assez bonne auberge au relais. Je souhaiterais aux voyageurs qui s'y arrêteront d'y trouver aussi les charmantes sœurs du maître de poste. C'est, sous l'habillement grossier des paysannes de ces montagnes, que j'ai vu les deux plus belles personnes qui se soient offertes à mes regards dans tout mon voyage. Leur tournure jointe à leur physionomie aussi distinguée que gracieuse, me permettait à peine d'en croire mes yeux, lorsque mes informations m'ont appris que, filles d'un ancien procureur de Grenoble,

elles avaient reçu dans cette ville une éducation analogue à leur état, qu'elles avaient connu l'élégance des toilettes, les modes, la parure, et qu'elles venaient de quitter tout cela pour se vouer dans les montagnes à la condition de simples villageoises, parce que leur fortune extrêmement réduite, les condamnait à renoncer au beau monde pour lequel elles étaient nées. Elles ont fait ce noble sacrifice avec un courage bien rare à cet âge; l'aînée n'avait que 23 ans. Loin d'avoir rien ajouté au costume de leur village, elles l'avaient au contraire adopté dans toute sa simplicité. Telles devaient être, me disais-je, en contemplant ces deux charmantes personnes, les bergères dont les charmes en enflammant les chantres de la Grèce et de l'Aunie, ont fait éclore la poésie pastorale. En me permettant cette digression, j'ai compté sur l'indulgence et la sensibilité de mes lecteurs.
— *Parcouru depuis Paris.* . . . . 166$\frac{1}{2}$

§ 54. *De Brutinel à Gap.* . . . . 3$\frac{1}{2}$

Cette distance consiste dans une montagne à gravir et à redescendre. Elle est connue des habitans du pays sous le nom de *Montagne de Gap*, et des géographes sous celui de *Montbayard*. Son élévation est d'environ 1200 mètres au dessus du niveau de la mer. Des jalons plantés d'intervalle en intervalle indiquent la route aux voyageurs en hiver, quand la neige ne permet pas de la reconnaître. On met un peu plus d'une heure pour parvenir à la sommité. L'on ne commence à voir la ville de Gap, qu'en commençant à descendre, et l'on ne la perd plus de vue, jusqu'à ce qu'on y arrive, pendant plus d'une heure de marche. Ce passage ou col est une des parties les plus abaissées de la ramification des Alpes que nous avons vu se prolonger sur la rive gauche du Drac jusqu'à l'Isère, et sur celle de l'Isère jusqu'au Rhône. Le sommet, dans la partie où la route le franchit, s'arrondit en dos d'âne, comme les montagnes ordinaires de l'intérieur.

Avant de descendre à Gap, il convient de rejeter un coup d'œil sur le chemin extraordinaire que nous venons de parcourir. Il suit le revers occidental des Alpes, à dix ou douze lieues de la chaîne centrale, en traversant avec les torrens qu'elle vomit, les chaînes secondaires qu'elle projette dans cette direction.

Une observation qui ne doit pas paraître indigne de l'attention des géologues, est que si les deux torrens principaux que nous avons franchis sont la Romanche et le Drac, les deux croupes les plus élevées que nous avons gravies, sont celles qui bordent la rive gauche de ces deux torrens, savoir les deux montagnes de Lafrey et de Gap.

Quoique cette dernière, la plus haute des deux, s'abaisse à l'endroit du passage jusqu'à 1200 mètres, elle reprend quelquefois la hauteur des crêtes supérieures, dans sa prolongation le long du Drac, et dans les nombreux rameaux qui s'en détachent. Ces rameaux s'éparpillent confusément, dans l'intervalle compris entre le Drac, l'Isère et la route de Valence à Gap.

L'argile domine dans la contrée qu'on vient de parcourir, et cette nature de sol, qui offre souvent la triste perspective des talus décharnés par les éboulemens, présente néanmoins dans les terres bien assises, l'aspect de la culture, et en certaines parties, des récoltes abondantes; mais nulle part ces coteaux rians, ces paysages romantiques et variés qui précèdent ailleurs la chaîne centrale des Alpes. On doit juger, d'après ce tableau, que la route de Grenoble à Gap, quoiqu'au milieu des montagnes, n'est pas aussi intéressante qu'on pourrait s'y attendre.

Le principal produit des diverses plaines que nous avons rencontrées est le blé-seigle. Il rend généralement de 6 à 7 pour 1. Les labours se font partie avec des bœufs ou des vaches, partie avec des mulets. Ce pays fait un certain commerce en chevaux; la plupart des cultivateurs en sont marchands.

La ville de Gap occupe le milieu d'un vaste bassin, en forme d'entonnoir très évasé. Si le voyageur s'attendait à voir un beau pays et une belle ville, il serait bien déçu; mais il s'attend plutôt à voir un pays affreux autant que rebelle à la culture, et il se trouve encore trompé, en découvrant une plaine fertile et parsemée de grands noyers, signe infaillible de la bonté du terrain. Les coteaux qui l'entourent, frappés de nudité en bien des parties, sont, dans d'autres, entièrement tapissés de vignes, signe non moins infaillible de la douceur de la température.

Cette ville s'annoncerait bien, si le bâtiment des casernes, qui se présente comme un corps avancé, était fini, au lieu d'être livré à l'abandon et au délabrement. A cet édifice près, on croit voir un bourg, et en pénétrant dans l'intérieur, on ne croit pas s'être mépris de beaucoup : on est dans une ville de 5 à 6000 habitans, la plupart misérables. De vieux remparts ruinés, des rues étroites et bordées de masures, parmi lesquelles on ne distingue aucun bâtiment vraiment remarquable, voilà Gap.

On s'étonne de voir, dans une ville aussi dépourvue d'embellissemens, un superbe mausolée; celui des Lesdiguières. Il est exécuté en albâtre. C'est le chef-d'œuvre de Jacob Richier, le plus habile sculpteur de ce temps-là. On voit, au dessus et au dedans, des reliefs représentant les principaux combats où s'est distingué le connétable. Tous ses enfans y sont aussi, sous des figures d'anges. Les curieux peuvent se donner le plaisir d'essayer son gantelet, sa lance, sa cuirasse et son casque suspendus à côté de son mausolée.

Le commerce de Gap est très circonscrit : il roule sur les laines, la chamoiserie, la chapellerie, la mégisserie, les huiles et les amandes; il est un peu alimenté par quatre foires, dont la plus considérable commence le 11 novembre, et dure huit jours. Cette ville possédait un évêché qui a été supprimé. Elle passe pour très ancienne, on la regarde comme le *Vapincum* mentionné dans l'Itinéraire d'Antonin ; son histoire moderne ne nous présente qu'un fait mémorable, et ce fait est un désastre : elle fut saccagée et brûlée en 1692, par le Duc de Savoye, Victor Amédée. Aux étroites et vilaines rues, aux vieilles et vilaines maisons qui la composent, on juge qu'elle n'a été que réparée et non rebâtie, à la suite de cette catastrophe.

Lorsqu'on m'a demandé à mon retour à Grenoble ce que j'avais vu à Gap, j'ai répondu : « un mausolée et un préfet ». Ce préfet était M. de Ladoucette, aussi ardent ami du bien que fécond en ressources pour l'opérer. Il a voulu signaler son séjour dans ce département par d'importantes améliorations. La ville commençait à prendre une face nouvelle. Les murailles délabrées, les vieilles masures qui l'entouraient, lors de mon premier passage, avaient fait place, quelques années après, à une promenade en forme de boulevard. Entre autres édifices qu'il a construits ou restaurés, on remarque un muséum de peinture auquel il ne manque que des tableaux et des amateurs. On ne peut se dissimuler que son zèle améliorateur et admirateur des arts, l'a entraîné trop loin, et que la petite ville, pour ne pas dire le gros bourg de Gap, n'avait pas plus besoin d'un muséum que d'une académie, qu'il y a également fondée.

Le département lui doit le rétablissement de la ligne de poste que nous venons de parcourir, et qui était détruite depuis long-temps, faute de travail suffisant pour en alimenter les relais. Il a sollicité et obtenu un service de malles de Paris à Gap. Le même département lui doit encore, aussi bien que la France et l'Italie, deux nouvelles routes de communication entre ces deux parties de l'Europe qui n'en font plus qu'une. Je veux parler de la route de Paris à Turin par Grenoble, et de celle d'Espagne en Italie par Gap, lesquelles se réunissent à Briançon en une seule, qui franchit les Alpes, à deux lieues de là, sur le mont Genèvre.

La première est décrite au tome 2 de cet ouvrage, comme 2e. route de Paris à Turin.

La seconde, à peine commencée lors de mon dernier passage dans cette contrée, part du Pont Saint-Esprit, traverse, entre ce relais et celui de Gap, un pays de montagnes calcaires, entremêlées de quelques plaines, et les trois villes de Bolène, de Nyons et de Serre. Nyons, la plus importante des trois par sa population de 2500 habitans, ainsi que par sa sous-préfecture et son tribunal civil, l'est encore par son commerce en divers genres, par la fertilité de son territoire, par ses mines de houille, ses eaux minérales, sa caverne, son pont romain sur l'Aigues et son vent Pontias (*).

(*) La principale singularité de ce vent, presque toujours nocturne, est de souffler de l'E. à l'O. au dessous du détroit où est placé le pont, et de l'O. à l'E. au dessus.

IIᵉ. ROUTE DE PARIS A MARSEILLE.

A une lieue Sud de cette route et autant de Gap, on voit une des merveilles du Dauphiné, le *Pré qui tremble*, ou la *Motte tremblante*. C'est une île flottante qui va et vient dans un petit lac, au moindre souffle des vents, telles qu'on en voyait naguères près de Saint-Omer, et qu'on en voit encore dans le lac de la Solfatara près de Tivoli.

Sur la même route, deux lieues au delà de Veynes, assez joli bourg de 15 à 1800 habitans, et une lieue avant Serre, la moins remarquable des trois villes dont nous venons de parler, on passe près des ruines de celle de *Mons-Seleucus*, qu'on a ainsi baptisée d'après un seul passage de l'histoire où ce nom est mentionné, sans qu'il soit expliqué si c'est celui d'une ville ou d'une montagne; et je ne vois pas pourquoi l'Empereur Julien, lorsqu'il dit, en parlant de l'usurpateur Magnence, *vix ad montem Seleucum pervenerat*, n'aurait pas plutôt voulu désigner une montagne qu'une ville; c'est encore à l'infatigable préfet, qui a pris à tâche de changer la face de ce département, qu'est due cette découverte. On dirait que le trouvant avec raison trop petit pour ses grandes vues, et ne pouvant l'étendre en ligne horizontale, il voulait l'agrandir au moins en ligne perpendiculaire, comme pour se donner un département à deux étages. Les travaux qu'il a fait exécuter ont exhumé la plus singulière ruine de ville antique que j'aie jamais vue. Au lieu de ce désordre, de ces décombres, confusément amoncelés et dispersés, de ces édifices inégalement renversés ou détruits, je n'ai vu que de petits murs qui, dégagés d'un terrain d'alluvion dont ils étaient couverts, s'élèvent à peine à hauteur d'appui, dans l'état de fouille qui en a déchaussé les fondations. Mais dans leur état naturel, ils sont à fleur de terre comme s'ils avaient été rasés et entraînés uniformément. Ils offrent, avec peu d'épaisseur, des plans réguliers, des alignemens recherchés, et une parfaite *horizontalité*. Toutes ces constructions, suivant l'expression du rapport fait à l'institut par la commission de la classe des beaux arts, paraissent d'un même jet, ce qui ne se trouve que bien rarement dans les découvertes des villes antiques.

Ces circonstances réunies sembleraient exclure l'idée d'une ville ruinée, pour lui substituer celle ou d'un simple camp retranché, ou d'une ville nouvelle, dont la construction uniforme aurait été interrompue, dès les fondemens, par quelque événement désastreux, tel que l'irruption d'un torrent ou d'une armée; mais les nombreux monumens de toute espèce qu'on y trouve, les débris d'ustensiles et de poteries, les bronzes, les médailles, etc., vient d'un autre côté, redonner du crédit au sentiment adopté par les antiquaires, et les jeter dans une mer d'incertitudes. Laissons-les errer dans cette mer sans rivage, à la pâle lueur des conjectures, et bornons-nous à la connaissance des faits, parmi lesquels il ne faut pas oublier qu'on a cru reconnaître dans ces ruines, ou plutôt dans ces fondations, une place, un temple et une usine ou fourneau, et que le village qu'on voit près de là, s'appelle *Mont-Saléon*, ce qui paraît venir à l'appui de l'opinion qui a donné à cette ville le nom de *Mons-Seleucus*.

Le prolongement de la même route de l'autre côté de Gap, s'abaisse au bout de quatre lieues dans la vallée de la Durance, et côtoie ensuite cette rivière sans discontinuer, en la franchissant quatre ou cinq fois, notamment à Embrun et à Mont-Dauphin ou Mont-Lion, les deux seules ville qu'elles traverse.

La première, peuplée de 2500 habitans, jadis siége d'un archevêché, aujourd'hui d'une sous-préfecture et d'un tribunal civil, est une ville de guerre de la troisième classe, assez bien bâtie, et traversée par une belle rue. On y remarque la cathédrale, le palais archiépiscopal, et la maison centrale de détention, établie dans l'ancien séminaire, et pouvant contenir 1300 détenus. Des jardins de l'archevêché, on jouit d'une vue magnifique.

La deuxième, est une ville de guerre de seconde ligne et de première force, qui bat à-la-fois quatre vallées : située sur un plateau, elle domine la route qui passe au pied. Entre les deux villes, on a traversé le riant et frais village de Châteauroux, dont les maisons sont tellement entremêlées de vergers et d'arbres de toute espèce, qu'on croirait voir un jardin anglais. Entre Mont-Lion et Briançon, on trouve les deux houillères de Chantelouve et de Saint-Martin, et entre ces deux houillères, la mine de plomb argentifère d'arguilières, autrefois exploitée par les Romains, qui en ont laissé la preuve sur les parois des galeries, où l'on lit encore plusieurs noms latins. Près du grand village qu'on laisse à droite, est le hameau de Cervières, où s'est conservée la danse dite le *Bacchu-ber*, sorte de pyrrhique Gauloise qui se danse à neuf, onze ou treize personnes armées d'épées. L'élévation de Gap au dessus de la mer, est d'environ 800 mètres. — *Parcouru depuis Paris.* 170

II.º ROUTE DE PARIS A MARSEILLE. 131 Lieues.

§ 55. *De Gap à la Saulce* (*). 3½

La route descend beaucoup, jusqu'aux trois quarts de la distance, où elle gagne les bords de la Durance. Un peu avant, on laisse, à une portée de carabine, sur la gauche, le château gothique et ruiné de Tallard, ainsi que le bourg de ce nom, peuplé de 1200 habitans.

La Saulce en a 5 à 600. Le territoire de ce village est un marais défriché dont la fertilité s'élève à 7 ou 8 pour 1. Les collines paraissent de nature marneuse. On y fait un vin blanc connu sous le nom de *Clairette*, et comparé, par les habitans, au Champagne. Le noyer et l'amandier font une partie essentielle de la culture. Sur la rive gauche de la Durance, en face de la Saulce, est une mine de cuivre dont la qualité était estimée, et dont l'exploitation n'en a pas moins été abandonnée par la compagnie Parisienne qui l'avait entreprise. — *Parcouru depuis Paris.* 173½

§ 56. *De la Saulce à Rourebeau.* 3½

Le bassin de la Durance s'évase et les montagnes s'abaissent ; les arbres dominans sont

---

(*) Passé Gap, les relais ne sont plus montés.

9*

toujours l'amandier et le noyer, dans certaines parties c'est le chêne : on y voit beaucoup d'arbres de cette espèce qui sont très vieux, sans être très gros ; ce qui semble prouver ou que le sol n'est pas aussi fertile qu'il le paraît, ou que ce n'est pas celui qui convient à cet arbre.

Rourebeau est un hameau peu important par lui-même, mais beaucoup par son commerce, consistant dans l'entrepôt et l'expédition des amandes que produit cette contrée ; elles se vendaient, lors de mon passage, 82 francs le quintal. Le pays produit aussi beaucoup de froment, quoique sa fertilité ne s'élève pas au dessus de 4 pour 1. Vers le milieu de la distance, on entre dans le département des Basses-Alpes. — *Parcouru depuis Paris* 177

§ 57. *De Rourebeau à Sisteron*. 3½

Même plaine qui se rétrécit progressivement jusqu'à Sisteron : à un quart de lieue, on traverse le village du Poët, où le relais serait mieux placé qu'à Rourebeau. Une colline boisée règne à droite, dans la dernière moitié de cette distance.

On passe la rivière du Buech, sur un pont très hardi, en arrivant à Sisteron, ville de 4000 habitans, siége d'une sous-préfecture et d'un tribunal civil, jadis d'un évêché détruit par la révolution, et supprimé par le concordat.

Ancienne ville de guerre, Sisteron conserve encore une vieille citadelle qui fut la prison du célèbre roi de Pologne, Casimir, prince destiné à donner au monde le double spectacle de tous les caprices de l'inconstance humaine et de toutes les vicissitudes de la fortune. Cette ville n'a d'ailleurs rien de remarquable, pas même sa cathédrale, qui n'offre à la curiosité des voyageurs qu'un beau tableau, celui du maître-autel. Il est d'un des Vanloo qui ont habité la Provence. Les habitans font un commerce peu considérable en laines et en amandes.

La position de cette ville n'est pas aussi dépourvue d'intérêt que son intérieur. La Durance, qui coule dans un large bassin, pour ne pas dire une plaine, avant et après Sisteron, y arrive entre deux côtes escarpées, qui la reçoivent à quelques lieues au dessus, et ne l'abandonnent qu'à quelques lieues au dessous, après l'avoir resserrée dans cette ville entre les deux rochers du Fort et de la Beaume, qui ont dû exercer le pinceau de plus d'un peintre. Celui de la Beaume surtout est très pittoresque. Leur base forme la double culée d'une haute arcade, sous laquelle passe la Durance. Une très jolie promenade embellit l'avenue de la porte d'Aix. La hauteur perpendiculaire de Sisteron, au dessus du niveau de la mer est, d'après Papon, de 260 toises (*).

A 2 lieues N.-E., près du village de Saint-Geniés de Dromont, dans la plus âpre et la plus sauvage des solitudes, un rocher conserve encore une inscription célèbre, rapportée par M. de Villeneuve, dans son Voyage des Basses-Alpes, et par M. Millin dans son Voyage du midi de la France. Trop longue pour pouvoir être transcrite ici, elle porte en substance que *Dardanus*, personnage illustre, et *Nevia Gallia*, noble et illustre dame, ont procuré au lieu de Théopolis l'usage des routes, en taillant les deux côtés de la montagne, et lui ont donné des portes et des murailles. Cette

---

(*) En jugeant par comparaison, il est difficile de croire cette hauteur exacte, si l'on songe que celle du lac de Genève (la plus souvent vérifiée, la mieux constatée peut-être de toutes les hauteurs), n'a été déterminée qu'à 188 toises. Comment supposer que la Durance, à Sisteron, soit beaucoup plus haute que le Rhône au sortir du lac de Genève, avant sa perte qui s'opère au milieu des cataractes, où il roule de chûte en chûte l'espace de plusieurs lieues.

inscription existe sur une surface plane et perpendiculaire, à un mètre et demi d'élévation au dessus du chemin. Ce lieu de Théopolis occupait, à ce qu'on croit, une hauteur voisine connue dans le pays sous le nom de *Théoux*, sur laquelle sont bâtis aujourd'hui la chapelle et l'hermitage de N.-D. de Dromont. On n'y en trouve plus que de faibles vestiges, notamment deux tours. On a découvert tout près de là un fourneau, des tombeaux, des ossemens, des médailles, des lampes sépulcrales, etc.

Le Dardanus, dont parle l'inscription, était véritablement un personnage assez illustre, quoique le dictionnaire historique ne le mentionne pas. Il fit arrêter à Mayence, et décapiter à Narbonne, par ordre du tyran Constantin, le compétiteur de ce prince, Jovin, et fut mis à mort lui-même dans la suite par ordre d'Honorius, ainsi qu'il est dit dans la Chronique de Prosper et les Extraits d'Olympiodore.

Saint Jérôme et saint Augustin en disent beaucoup de bien, et Sidonius Apollinaris beaucoup de mal ; ce dernier s'exprime ainsi sur son compte : « On détestait dans Constantin
» son inconstance, dans Jovin, sa faiblesse,
» dans Jérôme sa perfidie, chaque vice dans

» chacun d'eux ; mais tous ensemble dans la
» personne de Dardanus ».

Papon explique cette diversité de sentimens en disant que saint Augustin et saint Jérôme ne jugaient Dardanus, avec qui ils étaient en correspondance, que par ses lettres, et que Sydonius le jugeait par ses actions, dont il était le témoin.

Il y avait dans le territoire de Dromont une mine de plomb et d'argent qui a été abandonnée à l'époque de la révolution. On y exploite des carrières de plâtre. Ce territoire, comme celui de Sisteron et comme toute cette partie de la France, est de nature calcaire. Il produit des truffes, d'assez bon vin, un peu de grain dans la proportion de 4 à 5 pour 1, de très beaux noyers, beaucoup d'amandiers, quelques oliviers, et nourrit du gibier en abondance. — *Parcouru depuis Paris*. . . . . $180\frac{1}{2}$

§ 58. *De Sisteron à Peyruis*. 4
§ 59. *De Peyruis à Manosque* (*). 5

La route continue à cotoyer à gauche la Du-

(*) Nous avons vu que cette route n'a plus de relais passé Gap, quoique encore indiquée comme ligne de poste. Toujours roulante jusqu'à Sisteron, elle paraît,

rance, à droite les collines (car les montagnes ici ne méritent pas d'autre nom) qui règnent le long de cette rivière. Elle traverse vers les deux tiers ou les trois quarts de la première distance le hameau de Châteauneuf, qui pourrait un jour avoir un relais.

Peyruis est un village où l'on trouve à loger en cas de nécessité. Son nom latin de *Vicus Petronii* a fait croire à M. Bouche que c'était la patrie de Pétrone. Vers le quart ou le tiers de la seconde distance, on traverse le hameau de Brillane, où pourrait un jour être placé un relais, si celui de Peyruis paraissait offrir de trop longs trajets; et vers le milieu, on laisse, à deux lieues sur la droite, la petite ville de Forcalquier; anciennement *Forum Neronis*. M. Millin pense qu'elle a reçu le nom moderne

---

d'après la même indication, se diriger de là par Digne, tandis que sa direction véritable est par Manosque, celle de Digne n'étant qu'une communication, qui non-seulement allonge de près du double (25 lieues et demie au lieu de 14), mais est encore très difficile avant cette ville, et tout-à-fait impraticable au delà, pour les voitures, comme nous le verrons à l'article des communications. Ainsi la ligne de poste, si jamais elle se termine, ne pourra l'être que par la direction que nous avons adoptée.

de Forcalquier (*Forum calcarum*) à cause de la chaux qu'on y trouvait et dont on y faisait commerce. « Rien de plus noir, dit-il, et de » plus triste que cette petite ville peuplée » d'environ 2000 habitans ». C'est le siége de la sous-préfecture et du tribunal civil.

Depuis Sisteron jusqu'à Manosque, on voit de loin, sur la droite, la montagne de Lure, dont la chaîne court de l'Est à l'Ouest, dans un espace de 8 à 10 lieues, et va se terminer au mont Ventoux, dans le département de Vaucluse. Papon porte sa hauteur à 900 toises au dessus du niveau de la mer. Ainsi les points culminans de cette chaîne, en sont les deux points extrêmes, ce qui est tout le contraire dans l'ordre ordinaire de la nature. Il ne faut pas confondre ce nom de *Lure* avec celui de *Lurs*, bourg connu par une ancienne abbaye de bénédictins, et situé sur un plateau qu'on a également en vue dans la même partie de route, mais à une bien plus petite distance, sur la droite au delà de Peyruis.

A mesure que nous avançons vers le midi de la Provence, l'olivier devient plus fréquent. A Manosque la terre en est presque couverte, surtout le coteau au pied duquel est située cette ville. Elle était jadis au sommet. La peste la dépeupla dans le onzième siècle, et en chassa les habitans qu'elle avait épargnés. On voit encore sur ce sommet une tour, quelques décombres et quelques masures qui ont conservé le nom de *Vieux-Manosque*.

La ville moderne est loin d'être une ville neuve. Ses rues et ses maisons sont en général si anciennes qu'elles doivent dater de la fondation. Elle possède cependant d'assez belles promenades. Sa population de 5 à 6000 habitans est double de celle de Digne, chef-lieu du département, et presque triple de celle de Forcalquier, chef-lieu de l'arrondissement. On ne conçoit point d'après cela qu'elle n'ait obtenu, ni préfecture, ni sous-préfecture. Si le système de centralité parlait en faveur de Digne pour le chef-lieu du département, le même système parlait en faveur de Manosque pour le chef-lieu de l'arrondissement.

Les habitans de Manosque sont tous livrés à l'agriculture. Ils ne récoltent de blé que pour leur consommation, mais ils exportent une grande quantité d'huile et de vin. C'est un des cantons de la Provence qui fournissent ces deux denrées le plus abondamment. Les noyers sont assez communs dans ce territoire où l'on cultive

140   SUD-EST DE L'EMPIRE FRANÇAIS.

aussi l'amandier et le mûrier. On y exploite des mines de charbon de terre, mais on n'en fait usage que pour les fours à chaux et pour les forges. — *Parcouru depuis Paris.* . . . . . 189½ lieues.

§ 60. *De Manosque à Saint-Paul.* 5
§ 61. *De Saint-Paul à Peyrolles.* 3
§ 62. *De Peyrolles à Aix.* 3½

Même plaine jusqu'à une montagne couverte de chênes-verds qu'on franchit pour arriver à Mirabeau : elle était, au temps des brigandages, redoutée des voyageurs. La route, en la gravissant le long de sa pente orientale, domine à gauche la vallée, qui n'est nulle part, ni plus belle ni plus riche, et la vue s'étend jusqu'aux Alpes. La perspective n'est pas sans intérêt, quoique bien moins étendue, en descendant à Mirabeau, lieu qui n'est pas si important que son nom est célèbre, ayant été porté par l'un des hommes les plus extraordinaires que la France ait produits. Ce n'est qu'un vieux château, une auberge et quelques chaumières. Ce vieux château a été habité plus ou moins de temps par l'homme extraordinaire dont on vient de parler. Les anecdotes de sa vie politique, littéraire et morale, en un mot, de sa vie publique (car il n'a presque pas eu de vie privée), sont connues de tout le monde; mais on aimerait à connaître comment il vivait dans son village, au milieu des vassaux de son père. La curiosité des lecteurs à cet égard sera, comme la nôtre, peu satisfaite. Tout ce que nous avons pu découvrir, c'est que la Provence n'avait pas de gentilhomme plus impérieux, d'habitant moins populaire. Mon aubergiste me raconta qu'il lui arrivait souvent de maltraiter les paysans, de distribuer des bastonnades et quelquefois d'en recevoir ; dans ces derniers cas, il applaudissait au brave qui lui avait donné une leçon, et donnait lui-même par là une nouvelle preuve de la bizarrerie de son caractère. Il n'était pas plus estimé dans son village que dans l'Europe.

Mirabeau et Saint-Paul sont, pour le voyageur, un même lieu, n'étant séparés l'un de l'autre que par la largeur de la Durance, dont le bassin est, en cet endroit, resserré par deux montagnes. On la traverse dans un bac, regardé avec raison comme le plus sûr de tous ceux qui sont établis sur cette rivière.

Ce passage de la Durance conduit d'un département dans l'autre : nous sommes actuel-

lement dans celui des Bouches-du-Rhône (*).
Saint-Paul est un lieu aussi peu considérable que

(*) Le département des Hautes-Alpes, l'un des trois qui ont été formés de l'ancien Dauphiné, est à peu près tout entier dans les montagnes dont il porte le nom, et sur leur revers occidental, qu'il embrasse dans une longueur de 30 lieues, sur une largeur de 12, depuis celui de l'Isère jusqu'aux Basses-Alpes, et depuis celui de la Drôme jusqu'à celui du Pô, dont le sépare la chaîne centrale, dominée par le Mont-Viso. Il est traversé dans sa longueur par la Durance.

C'est un des plus petits et peut-être le plus petit de l'Empire, en étendue comme en population. Cette dernière atteint à peine le nombre de 120,000 habitans distribués sur trois arrondissemens qui ont pour chefs-lieux Gap, Embrun et Briançon.

Une partie du tableau que nous avons fait du département de l'Isère, et surtout de la partie méridionale, qui en est la plus haute et la plus froide, s'applique à celui-ci. On a calculé que la moitié de la surface de ce département est occupée par les rochers et terres arides, et que les terres ensemencées n'en occupent pas le tiers.

Sur la route de Grenoble à Gap, nous avons observé que les labours se font avec des bêtes à corne, et sur celle de Gap à Marseille, avec des mulets.

Dans quelques cantons, notamment dans celui de Briançon, nous eussions pu voir la charrue du pauvre conduite par des ânes. Quelquefois il n'en a qu'un, et

IIᵉ. ROUTE DE PARIS A MARSEILLE. 143

Mirabeau. Sa situation au bord de la rivière, et au pied d'une montagne escarpée, est assez

---

il double alors son attelage de sa propre personne, plus souvent de celle de sa femme.

Nous terminerons le tableau de ce département par l'aperçu général qu'en donne son ancien préfet, M. de Ladoucette.

« Des vallées que les torrens principaux ont for-
» mées, qu'ils arrosent et ravagent; les vallons et les
» gorges qu'on y voit aboutir en tout sens, et qu'ont
» creusées des torrens secondaires qui vont grossir les
» premiers; les montagnes d'où toutes ces eaux vaga-
» bondes s'échappent avec fracas, et qui, s'élevant
» graduellement en amphithéâtre, grandissent pour
» ainsi dire depuis l'ancienne Provence jusqu'au Mont-
» Genèvre; sur leurs pentes, ici des champs ou des
» vignobles, là quelques forêts et des groupes de bois,
» trop souvent des terrains arides et des crevasses ra-
» vinées; sur les plateaux, de vastes plaines émail-
» lées de mille et mille fleurs, la chaîne des hautes
» montagnes couronnée par des glaciers, où sont en-
» tassées, à des profondeurs immenses, des neiges
» presque éternelles, au dessus desquelles des pointes
» de rocs nuds et décharnés paraissent s'élancer comme
» pour atteindre les cieux, tous les aspects, toutes les
» expositions, tout ce qu'il y a de plus varié et de
» plus monotone, de plus imposant et de plus sim-
» ple, de plus curieux et de plus extraordinaire, de
» plus romantique et de plus sauvage, enfin de plus
» beau et de plus horrible : voilà les Alpes ».

pittoresque. Se trouvant sur l'ancienne ligne de poste de Digne à Aix, il a eu jadis un relais.

La route, après ce village, suit la rive gauche de la Durance, en côtoyant le pied des montagnes qui la bordent. Peyrolles est un autre village où était un autre relais : il est situé dans une plaine aussi belle que fertile, dont le produit moyen est de 9 à 10 pour 1, et il renferme un fort joli château appartenant à madame de Boisgelin. Une lieue plus loin, on traverse encore un village, celui de Meyrargue, jadis connu par un château très fort qui a joué un rôle dans les troubles de religion. Peu après, on aperçoit des restes d'un aqueduc antique, qui sans doute conduisait les eaux à Aix, et l'on quitte les bords de la Durance, pour franchir la triste chaîne calcaire qui sépare ce bassin de celui d'Aix. Le sommet de la colline offre un plateau cultivé. On y laisse à droite un joli chemin vicinal, qui conduit à Pertuys, petite ville située à une demi-lieue au delà de la Durance, et un peu plus loin à la Tour-d'Aigues, dont le magnifique château, déjà fort dégradé par un incendie, a été ruiné de fond en comble dans la révolution. Les débris qui en restent ont fait juger à M. Millin que

Iʳᵉ. ROUTE DE PARIS A MARSEILLE.

l'architecture approchait de celle du palais du Luxembourg à Paris. Après cet embranchement, on descend à Aix à travers d'assez agréables coteaux couverts de vignes et d'oliviers. (*V. pour le reste de cette route, la* 1ʳᵉ. *de Paris à Marseille.*)

FIN DE LA 2ᵉ. ROUTE DE PARIS A MARSEILLE.

———

Tome V.

DESCRIPTION

DE

LA VILLE DE MARSEILLE.

Une lieue avant d'arriver à Marseille, du haut de la montagne de la Viste, on découvre tout à coup cette superbe cité, rangée en croissant autour de son port, qui ne se montre que par les mâtures. C'est un magnifique coup de théâtre : à gauche s'ouvre un riche bassin entièrement couvert de maisons de campagne, qu'on nomme *Bastides* dans le pays, et dont on porte le nombre à plus de 5000 (*) : à droite se déploient une immense rade parsemée de navires, une longue suite de côtes diversement découpées, les îles d'If, de Pomègues et de Ratoneau, enfin la mer à perte de vue. En jouissant de ce beau spectacle, on s'abaisse insensiblement, et après avoir longé quelques instans la rade, on arrive à Marseille par le faubourg d'Aix. Les petits moulins à vent qu'on observe dans divers jardins

---

(*) Des exagérateurs l'ont porté jusqu'à 10,000.

de ce faubourg, font mouvoir les pompes ou les roues d'arrosage, qu'on fait tourner ailleurs avec des chevaux.

L'entrée de Marseille est remarquable, comme celle d'Aix, par un superbe cours. Il n'est pas aussi majestueux que celui de cette dernière ville, mais il frappe davantage, à cause du mouvement continuel qui y règne. C'est moins une promenade, qu'une rue spacieuse, dont le milieu forme une allée couverte, et se prolonge en ligne droite jusqu'au centre de la ville. L'allée finie, la rue se retrécit, en conservant toutefois une belle largeur, et se prolonge encore, dans la même direction, jusqu'à l'autre bout de la ville, sous le nom de *rue de Rome*. Je ne sais pourquoi cette superbe rue n'est point célèbre comme tant d'autres, qui ne le méritent pas davantage, ni même autant; mais elle est sans contredit la plus belle de France et peut-être de l'Europe (*). Rien de comparable au coup d'œil qu'elle offre, surtout

---

(*) La fameuse rue de *Tolède* à Naples lui est bien inférieure, quoique supérieure à la rue non moins fameuse du *Pô* à Turin; la beauté irrégulière des magnifiques rues *Balbi*, *Nuova* et *Novissima* de Gênes, est d'un genre si différent, que n'offrant aucune ressemblance, elles ne peuvent souffrir aucun parallèle.

les dimanches et fêtes, lorsque les habitans vont chercher dans les allées du cours, qui occupent la moitié de cette ligne, le délassement de leurs travaux de la semaine.

Le quartier situé entre le cours et le port est la vieille ville. Le reste, formant les deux tiers de Marseille, compose la ville neuve. Toutes les rues de cette dernière partie sont larges, droites et bordées de trotoirs, toutes les maisons bien bâties, et quelques-unes portent l'empreinte du ciseau de l'immortel Puget, et du beau siècle de l'architecture Française. Si Nanci passe, à juste titre, pour la plus jolie ville de France, Marseille peut en être regardée comme la plus belle.

Sur trois salles de spectacle, celle du grand théâtre mérite seule d'être citée. Elle est à peu près dans le genre de celle de l'Odéon à Paris, et placée de même en face d'une rue neuve qui lui sert d'avenue. C'est dans cette large rue, qui ne le céderait à aucune autre, si elle était plus longue, que sont situées les deux meilleures auberges de Marseille.

L'étranger trouve dans cette ville la ressource des traiteurs à la carte, mais en petit nombre, et bien inférieurs à ceux de Paris. Il y trouve aussi de fort beaux cafés, des bains publics et une place de fiacres. Un commencement de cabinet d'histoire naturelle, où j'ai remarqué, parmi les pièces anatomiques, une tête humaine d'un volume prodigieux (*); un muséum encore mal ordonné, lors de mon passage; une bibliothèque publique de 60,000 volumes, dans le bâtiment du Lycée; un jardin des plantes dans l'enclos des Chartreux, et un observatoire, construit par les Jésuites dans le siècle dernier, sont des ressources offertes aux divers amateurs.

Cet observatoire est un des établissemens dont peut se glorifier Marseille. Le bâtiment est simple et le local admirable. La vue dont on jouit du haut de la plate-forme est d'un genre unique : le port, la ville, la campagne et la mer, forment quatre tableaux différens, qu'un seul regard peut embrasser à-la-fois. Le port, hérissé de mâts et de cordages, ressemble à une forêt que l'hiver a dépouillé de ses feuilles, et la campagne à un immense jardin dont les carrés sont représentés par les enclos et bosquets des innombrables bastides qui l'embellissent.

(*) Cette grosse tête était celle d'un notaire nommé *Borgini*, qui mourut, âgé de 54 ans, à Marseille, vers le milieu du 17e siècle. Elle ressemblait, par sa forme applatie du sommet, à celle de l'astronome de Lalande, qui, comme on sait, ressemblait elle-même à celle de Socrate.

L'arsenal, vanté dans plusieurs descriptions, n'a jamais été remarquable que par une salle d'armes, qui n'existe plus. Cette ville possède une académie distinguée. Elle renferme, avec la préfecture des Bouches-du-Rhône, un tribunal civil, un tribunal de commerce et un tribunal de prud'hommes, qui a le pouvoir d'ordonner en dernier ressort sur le fonds, la forme et l'ordre de la pêche. Les membres en sont pris dans la communauté des pêcheurs, composée de cinq ou six cents personnes, qui les élisent annuellement le jour de Saint-Etienne. L'origine de cet utile et singulier établissement, dont la durée prouve le mérite, se perd dans la nuit des temps. Ainsi toutes les contestations concernant la pêche sont rayées à Marseille, grâce à cette pacifique institution, de la grande liste des matières à procès. Plusieurs autres articles de cette funeste liste ne pourraient-ils pas en être retranchés de même par des institutions semblables, et diminuer ainsi le domaine de la chicane (*)?

Les hôpitaux sont en grand nombre à Marseille. Les églises, surtout depuis la révolution, n'offrent rien à la curiosité du public.

(*) Que ceux qui exploitent ce domaine pardonnent ce vœu à ceux qui sont condamnés à l'ensemencer.

VILLE DE MARSEILLE.

L'édifice le plus distingué est l'hôtel de ville, situé sur le port, construit par le fameux Puget, et orné, sur la façade, d'assez beaux reliefs en marbre blanc. Il est aisé de juger qu'ils ne sont pas de ce grand artiste. L'écusson des armes de France, qu'on voyait au dessus de la porte, et qui était un de ses chefs-d'œuvre, peut seul avoir causé l'étonnement qu'on attribue au chevalier Bernin, lorsqu'appelé en France par Louis XIV, il s'écria, dit-on, à l'aspect de cet édifice : « Quand on a de pareils artistes, on » n'a pas besoin de ceux de l'Italie ». On lui attribue la même exclamation pour la colonnade du Louvre. La couronne royale qui surmontait l'écusson, fut remplacée pendant quelques années par un bonnet de liberté, qui a été depuis remplacé à son tour, par la couronne impériale. Cette façade, d'une architecture noble et riche, satisfait la vue, sans exciter l'admiration. Le rez-de-chaussée est consacré à la bourse, qu'on désigne à Marseille sous le nom de *Loge*. En face de la première rampe de l'escalier, est la statue de Pierre Bayon, qui, pour avoir, du temps de la ligue, ôté la vie au consul Casaux, chef de ligueurs, reçut de la ville qu'il avait délivrée l'honneur d'une statue de marbre, avec cette inscription : *à Pierre Libertat*, nom que cette famille a porté depuis. Henri IV l'ennoblit et lui accorda plusieurs autres avantages qui ont été confirmés par les Rois ses successeurs. La grande salle du conseil renferme deux tableaux peints par Serre, Marseillais, et représentant la peste qui ravagea Marseille en 1720. Celle de Milan, rendue par Pujet dans un bas-relief, qu'on voit à la Consigne, mérite bien autrement l'attention des connaisseurs, aussi bien qu'un tableau de David, connu dans les arts sous le nom de la *peste de Saint-Roch*, et regardé comme le chef-d'œuvre de ce grand peintre.

Le Lazaret situé sur la côte, à deux cents pas N.-O. de la ville, passe pour le plus beau de l'Europe : il n'offre cependant rien de curieux à voir extérieurement. On s'en fait une idée en se figurant un vaste enclos, tel que celui d'une chartreuse. L'intérieur ne peut être visité : la plus sévère police en interdit l'entrée au public.

Les équipages des vaisseaux qui sont en quarantaine la subissent avec une rigoureuse exactitude, et plus ou moins longue suivant l'exigence des cas. Les vivres qu'on leur porte sont déposés à l'entrée, dans un lieu destiné *ad hoc*, et la monnaie qu'ils remettent en paiement est reçue dans le vinaigre. On n'y peut voir ses amis et ses parens, qu'avec un permis, à travers une double barrière qui, séparée par une grille, ne permet aucun contact. A ces précautions s'en joignent d'autres qui les précèdent, et dont la première consiste à faire mettre en station tous les vaisseaux arrivés du Levant, dans le port de l'île de Pomègue, situé on ne peut plus heureusement en face de celui de Marseille, et à les soumettre à l'inspection journalière d'un bureau de santé dont ils reçoivent les ordres. Toute violation de la quarantaine est punie de mort.

« Enfin les dispositions sont si bien prises, » (dit M. Michel d'Aiguières dans sa Statisti-» que,) que l'abord d'un vaisseau pestiféré » n'inspire plus la moindre crainte. Cela est si » vrai qu'on a vu un bâtiment ayant la peste à » bord, repoussé de tous les ports de la Médi-» terranée, être reçu sans difficulté à Marseille, » au moyen des précautions que son état exi-» geait, et que les dispositions existantes per-» mettent de prendre » (Statistique des Bouches-du-Rhône, par Michel d'Aiguières). Pareille chose a eu lieu, lorsque la fièvre jaune ravageait l'Espagne. On sent, que la même rigueur a dû être appliquée à cette contagion plus redoutable que la peste même, en ce qu'elle se communique, dit-on, par l'air, tandis que la peste ne se communique point sans contact.

Ce fut la dernière peste de Marseille, celle

de 1720, dont nous avons vu le tableau à l'hôtel de ville, qui provoqua l'établissement de ce lazaret, ainsi que les soins et la surveillance dont on use aujourd'hui. Elle détruisit 40 à 50,000 habitans, c'est-à-dire, la moitié de la population. On connaît le zèle de l'évêque de Marseille, Belsunce; mais tout le monde ne connaît pas celui de quelques autres citoyens, qui ne montrèrent pas moins de dévouement. Les deux échevins Estelle et Moustier, exposèrent plus souvent leur vie que ne peut le faire le guerrier le plus intrépide dans le cours de plusieurs campagnes. Le chevalier Rose déploya, dans les services qu'il rendit à cette malheureuse ville, un zèle non moins courageux. Le chef d'escadre Langeron, reçut avec joie du régent le commandement de Marseille.

Trois médecins de Montpellier, après la mort ou la fuite de tous ceux de Marseille, se rendirent dans cette ville pestiférée; et se montrèrent si actifs et si désintéressés, que leurs noms *Chicoineau*, *Deydier* et *Verni*, méritèrent d'être associés à ceux qu'on vient de faire connaître.

Une mesquine colonne de granit, est l'ornement monotone adopté pour la plupart des fontaines publiques de cette ville. Elles sont moins

VILLE DE MARSEILLE.

belles et moins nombreuses que celles d'Aix, quoique les rues y soient beaucoup plus arrosées, au point qu'on a quelquefois de la peine à franchir les ruisseaux. Une de ces colonnes porte un buste de l'Empereur Napoléon, assez bien exécuté; il ne lui manque que la ressemblance. Cette fontaine et la plupart des autres servent à l'embellissement des nouveaux boulevards, dus aux soins du préfet Charles Delacroix.

Une extrémité de ces boulevards aboutit à la montagne Bonaparte, rocher naguères décharné et presque inaccessible, aujourd'hui entouré de rampes sablées et ménagées avec art, qui conduisent sans fatigue au sommet, d'où l'œil embrasse toute l'étendue de la ville, du port et de la rade. Cette perspective remplace celle de Notre-Dame de la Garde, pour ceux qui ne veulent pas prendre la peine de gravir cette dernière colline, plus haute et plus éloignée que la montagne Bonaparte. Une légère couche de sol pierreux recouvre celle-ci; on l'a parsemée de jeunes pins, qui, s'ils prospèrent, joindront à l'agrément de la vue, celui de l'ombrage, et changeront en un bosquet gracieux un roc aride. La seule promenade fréquentée est celle des allées Meillan, enfermées entre deux haies de maisons, qui ne lui laissent que peu d'air, et point de vue. Elles réunissent le beau monde de Marseille tous les dimanches et fêtes : on sait qu'il n'y a que ces jours pour la promenade dans les villes de commerce. Le cours est plus particulièrement la promenade du peuple. Le port est celle de tout le monde et de tous les jours.

L'affluence continuelle des marins et des négocians étrangers ou nationaux qu'on y voit à toute heure, la variété des costumes, des mœurs et des langages; la multitude des vaisseaux, des chaloupes et des batelets, enfin le mouvement prodigieux qui règne, tant sur le quai que dans le port (lorsque le commerce est libre), offrent un tableau des plus animés. Le roi Réné, qui passait à Marseille la plupart des hivers, aimait à se promener au soleil sur ce quai, qui, étant exposé au Midi, se trouve à l'abri des vents : c'est pour cela qu'on l'appelait *la cheminée du roi Réné*.

Quand on le parcourt, surtout au moment de la bourse, on ne trouve pas exagéré le tableau qu'en fait Lefranc de Pompignan, dans son Voyage de Languedoc et de Provence.

> Vous y voyez, soir et matin,
> Le Hollandais, le Levantin,
> L'Anglais sortant de ces demeures
> Où le laboureur, l'artisan,

N'ont jamais vu pendant trois heures
Le soleil par quatre fois l'an.
Là, tout esprit qui veut s'instruire
Prend de nouvelles notions;
D'un coup d'œil on voit, on admire
Royaume, république, empire,
Et l'on dirait qu'on y respire
L'air de toutes les nations.

Je puis attester que cet air n'est pas très suave. Aux bouffées de pipe, de vin, d'eau-de-vie et de malpropreté dont on y est gratifié sans cesse par les marins et porte-faix qui forment la plus grande partie de cette foule, d'autant plus pressée que le quai est très étroit, se mêle l'exhalaison infecte des eaux du port qui reçoivent les immondices de la ville, et ne se renouvellent point, n'ayant aucun mouvement de fluctuation. Ainsi le grand calme, qui fait la sûreté du port de Marseille, occasionne la fétidité de l'air. Ce qu'il y a d'étonnant, c'est que les négocians qui le fréquentent ou l'habitent sont accoutumés à ces exhalaisons, au point de ne pas s'en apercevoir. Ce qu'il y a de plus étonnant encore, c'est qu'elles n'influent pas sur la santé. Le curage du port, auquel on travaille sans cesse, dans des espèces de galères, ne contribue pas peu à cette mauvaise odeur.

Il a été question d'élargir le quai, en abattant le rang de maisons qui forme la façade. Cet élargissement favoriserait, avec la circulation de l'air, celle du public, et les arts n'auraient rien à regretter de cette façade : elle n'offre aucun genre de mérite, surtout aux voyageurs qui ont vu celle du port de Bordeaux. L'hôtel de ville dont nous avons parlé étant reculé de beaucoup, se trouverait alors sur le nouvel alignement, dans l'attente duquel fut déterminé sans doute l'emplacement qu'il occupe.

Les Marseillais préfèrent à toutes les promenades celle de mer, et les étrangers ne résistent guères aux instances des nombreux patrons qui leur offrent, à l'envi et au prix le plus modique, leurs batelets pour ces petites excursions maritimes. La plus curieuse à faire est celle du château d'If. On traverse le port dans sa longueur, qui est de 500 toises, sur une largeur de 200. Son étroite enceinte se prolonge en ovale, et paraît s'enfoncer dans la ville (*). Il peut contenir environ 900 vaisseaux.

(*) Depuis mon passage, j'ai lu dans les journaux du commencement de 1812, que ce port a été mis à sec par la retraite subite de la mer. Les habitans, accourus au

Les frégates n'y arrivent qu'avec beaucoup de peine. L'entrée est fermée par une chaîne, et resserrée entre deux rochers, sur lesquels s'élèvent le fort Saint-Jean à droite, et le fort Saint-Nicolas à gauche. Le premier, qui subsiste toujours, a été la prison du duc d'Orléans et du plus jeune de ses fils, qui, en s'évadant par une fenêtre, se cassa la cuisse : le second fort, converti par Louis XIV en citadelle, moins pour défendre la ville que pour la contenir, a été, en grande partie, démoli par les habitans, comme un monument de servitude.

Le château d'If occupe une des trois îles ou roches qui s'élèvent en face et à une lieue du port, presque au milieu de la rade dont elles défendent l'entrée. Ces trois îles sont celles de

---

bruit de ce désastre, contemplaient avec effroi cette vase noire et fétide sur laquelle reposaient, diversement couchés sur leurs flancs, tous les navires du port. Chacun attendait avec anxiété les suites de ce dérangement de la nature, lorsqu'enfin, au bout d'une demi-heure, on a vu revenir en mugissant, dans le port, l'élément qui l'avait abandonné, se précipiter avec une fureur, non moins effrayante que sa retraite, contre les quais, les inonder et menacer la ville, puis se calmer, rentrer dans ses limites, remettre tous les bâtimens à flot, et s'arrêter au même niveau qu'auparavant.

Pomègues, de Ratoneau et d'If. Nous avons déjà parlé de Pomègues, où se stationnent les vaisseaux en quarantaine : c'est la seule qui ait un port. Quant à celle de Ratoneau, la moins importante des trois, l'on apprend du patron, pendant la traversée, une anecdote historique qui, si elle est vraie, mériterait une mention dans l'histoire de France : elle n'est rapportée que dans celle de Provence, par Papon.

Un des invalides chargés de la garde du fort s'en rendit maître, raconte-t-on, dans le dernier siècle, s'en déclara roi, et fit ensuite contribuer les bâtimens. Il le défendit à lui seul pendant quelques temps. On ne le prit, ajoute-t-on, que par surprise, en profitant du sommeil de Francœur ; c'est le nom de cet étrange conquérant qui se baptisait, avec complaisance, *Francœur, roi de Ratoneau*. On ajoute encore que Louis XIV voulut voir ce confrère détrôné, qui sans doute n'était qu'un cerveau dérangé. En s'amusant de cette histoire vraie ou fausse, on arrive en moins d'une demi-heure à l'île d'If, la première des trois : elle est aussi la plus importante à cause de son château ; mais elle n'a ni port, ni mouillage. Les batteries qui l'entourent sont la principale défense de la rade; les tours et bâtimens qui s'élèvent au dessus servent de prison d'état. Le poète voyageur, que j'ai déjà cité, a fait sur ce château une tirade très plaisante, qui en achevera la description :

>Nous fûmes donc au château d'If :
>C'est un lieu peu récréatif,
>Défendu par le fer oisif
>De plus d'un soldat maladif,
>Qui, de guerrier jadis actif,
>Est devenu garde passif.
>Sur ce roc taillé dans le vif,
>Par bon ordre, on retient captif,
>Dans l'enceinte d'un mur massif,
>Esprit libertin, cœur rétif
>Au salutaire correctif
>D'un parent peu persuasif.
>Le pauvre prisonnier pensif,
>A la triste lueur du suif,
>Jouit pour seul soporatif,
>Du murmure non lenitif,
>Dont l'élément rébarbatif
>Frappe son organe attentif.
>Or, pour être mémoratif,
>De ce domicile afflictif,
>Je jurai, d'un ton expressif,
>De vous le peindre en rime en if.
>Ce fait, du roc désolatif
>Nous sortîmes d'un pas hâtif,
>Et rentrâmes dans notre esquif,
>En répétant d'un ton plaintif :
>Dieu nous garde du château d'If!

Tome V.

« La course la plus intéressante à faire à
» Marseille, dit M. de Saussure, pour un ama-
» teur des beautés naturelles, est celle de N.-D.
» de la Garde, à un quart de lieue au Midi
» de la ville. C'est une colline peu élevée, d'où
» cependant on découvre une grande étendue
» de terre et de mer, et l'on y signale l'arrivée
» des vaisseaux, ainsi que leur départ. — La
» vue du haut de la plate-forme qui couronne
» cette colline est vraiment magnifique. —
» C'est un des plus beaux aspects maritimes
» que j'aie eu le bonheur de voir ». (*Voyage
de Saussure, chap.* 255, §. 1516.)

Cette vue est une répétition de celle que nous avons déjà embrassée, dans une perspective plus éloignée, du haut de la montagne par laquelle nous sommes arrivés à Marseille, et dans un horizon plus rapproché, du haut de l'observatoire et de la montagne Bonaparte. M. de Saussure a raison de dire que c'est une colline peu élevée; mais il a omis d'en donner la mesure, lui qui marchait toujours le baromètre à la main. Je ne pense pas qu'elle atteigne la hauteur de 150 mètres au dessus du niveau de la mer, et MM. Chapelle et Bachaumont l'ont vue avec le microscope des poètes, lorsqu'ils disent en prose que « Si ce fort com-

» mandait à tout ce qu'il voit au dessous de
» lui, la plupart du genre humain ne vivrait
» que sous son plaisir ». Comment cette plaisanterie hyperbolique a-t-elle pu être répétée par le froid Piganiol, qui, en la transportant mot pour mot dans sa description, ne cite pas même son auteur. La fiction est du domaine de la poésie, mais elle devrait bien rester au moins dans son territoire. Les mêmes poètes ont décrit en vers, avec plus d'exactitude et non moins de gaîté, le fort qui était au sommet :

> C'est Notre-Dame de la Garde,
> Gouvernement commode et beau,
> A qui suffit pour toute garde
> Un suisse avec sa hallebarde
> Peint sur la porte du château.

Ce fort n'est plus une méchante masure comme du temps de Chapelle. Les réparations qu'on y a faites en ont entièrement changé l'aspect.

C'est sur cette hauteur, aujourd'hui si décharnée, qu'était située la forêt formidable et sacrée, si bien décrite dans la Pharsale de Lucain. Quoique la poésie ne fasse pas foi en matière d'histoire, cependant comme elle conserve toujours à chaque pays et à chaque peuple le caractère qui leur est propre, Lucain n'aurait pu placer une forêt célèbre dans un pays aussi dénué d'arbres que la Provence moderne, sans blesser les convenances et les vérités géographiques que la fiction est toujours obligée de respecter. Ce serait comme si l'on plaçait de hautes montagnes dans la Beauce, et de vastes plaines dans la Suisse. Ce passage donc vient à l'appui de toutes les probabilités qui font présumer que les montagnes de cette partie des Gaules étaient autrefois boisées, et que les collines actuelles n'en sont plus que les carcasses, dépouillées de leur sol par les éboulemens, après que le sol a été lui-même dépouillé, par les barbares, des forêts tutélaires que conservait la religieuse vénération des Gaulois.

La beauté de ces forêts contribua sans doute, avec l'heureuse position de la rade de Marseille, à déterminer le choix des Phocéens, peuple maritime qui sentait le prix des forêts, et que la nudité des montagnes eût sans doute repoussé loin de ces bords. Ils y débarquèrent, suivant Justin, dans la première année de la 45e. olympiade, répondant à l'an 599 avant Jésus-Christ, sous la conduite de Protis, à qui le roi de la contrée, Nanus, accorda la main de sa fille Gyptis, avec la permission de s'établir sur le territoire où ils ont fondé Marseille.

Les mêmes avantages qui avaient déterminé le choix des Grecs fixèrent, dans la suite, l'ambition des Romains, qui s'y établirent, après être venus porter à la colonie Grecque un secours qu'elle avait imploré contre les naturels du pays.

Quelque temps après, Jules-César ayant voulu forcer les Marseillais d'abandonner la neutralité qu'ils observaient entre son parti et celui de Pompée, ils se mirent en état de lui résister, et soutinrent un siége mémorable contre toutes ses forces réunies. Ils ne se rendirent enfin qu'après avoir perdu deux batailles navales ; mais ils trouvèrent dans César un vainqueur magnanime qui n'abusa point de sa victoire, et sut respecter la grandeur de Marseille dans son infortune.

On cherche inutilement, soit dans l'enceinte, soit dans les environs de cette cité, la plus ancienne des Gaules, des vestiges du séjour qu'y ont fait les Grecs et les Romains. Cette destruction universelle atteste les ravages des barbares qui s'y sont succédés, après la dissolution de l'empire. Les entrailles de cette terre classique ont seules conservé quelques monumens ; l'on y a découvert en divers temps des statues, des urnes, des médailles, et notamment une espèce d'obélisque de 7 à 8 pieds de haut, qu'on croit être le célèbre Gnomon de Pythéas, avec lequel ce célèbre astronome avait fixé l'obliquité de l'écliptique.

Il n'est point de ville dont l'antique splendeur soit plus constatée, et dont les antiques monumens soient plus détruits. Strabon la décrit comme une des plus anciennes de son temps. « Je ne t'oublierai point, Massilia (s'écrie Ci-
» céron dans son oraison pour Flaccus), toi,
» dont la vertu est à un degré si éminent,
» que la plupart des nations te doivent céder,
» et que la Grèce même ne doit pas se com-
» parer à toi ». L'académie de Marseille était devenue la rivale de celle d'Athènes. Pline l'appelle la *reine des sciences*, et Tacite l'*école des sciences et des mœurs*.

Rien ne détermine l'ancienne étendue de Marseille, les ravages ayant fait disparaître avec tous ses édifices, jusqu'aux fondations de ses remparts. Son étendue actuelle paraît moindre que celle de Bordeaux et de Lyon. Sa population est cependant plus forte, s'il faut en croire l'état donné par son premier préfet, qui la porte à 111,130 habitans.

Marseille ancienne a produit plusieurs grands hommes. Les principaux sont les deux navigateurs astronomes, Pithéas et Eutimène, tous deux contemporains d'Alexandre, tous deux connus par un grand voyage maritime, l'un vers le Nord, l'autre vers le Sud; et les deux médecins Démosthène et Crinias; le premier, antérieur d'un siècle à notre ère, est cité par Galien et suivi par Asclépiade dans la cure du charbon; le second, contemporain de Néron, fut réputé l'un des plus savans médecins qui eussent encore paru dans le monde. Il avait acquis tant de richesses, qu'il légua en mourant, au rapport de Pline, 100 sexterces pour refaire les murailles de la ville.

Marseille moderne a produit le romancier du 15e. siècle, Honoré Durfé, auteur de l'Astrée, le père Plumier, l'un des plus fameux botanistes du 17e. siècle, le fameux Puget, architecte, sculpteur et peintre du même siècle, le prédicateur Mascaron, le père Croiset, le grammairien Dumarsais, le chevalier Paul, l'historien de Marseille Ruffi, et le poète Dulart, auteur des Merveilles de la nature, ouvrage assez médiocre et pourtant assez connu. La littérature, dont cette ville a été le berceau, y est aujourd'hui généralement négligée; les troubadours, pères de la poésie française, y ont laissé peu d'héritiers. Les Marseillais paraissent sacrifier tous les arts à celui de la navigation, et toutes les sciences à celle de l'astronomie, favorisée chez eux par un bon observatoire et par un ciel toujours serein. Le concierge de cet observatoire, nommé *Pons*, est lui-même un observateur des astres. Il a découvert plusieurs comètes, et a obtenu, pour récompense des services qu'il a rendus à la science, une gratification de 600 francs.

Marseille a toujours fleuri par le commerce maritime : le temps nous a ravi ses lois nautiques; mais on en retrouve des traces dans ses statuts municipaux du treizième siècle. On évaluait, avant la guerre de la révolution, l'étendue de ses affaires à 12,000,000 par mois, et l'on assure qu'elles ont quelquefois été jusqu'à 20,000,000. Les seules Echelles du Levant, dont ce port faisait le commerce exclusivement à tous les autres ports de France, à cause de son lazaret, en tiraient tous les ans 24,000,000 de marchandises en draperies, soieries, dorures, denrées coloniales, etc., et y importaient pour 26,000,000 des diverses productions de l'Asie et de l'Afrique, d'après les calculs publiés par M. Volney, à la fin du dernier volume de son Voyage en Egypte et en Syrie. La guerre présente a réduit les affaires de cette place au point qu'on n'en peut calculer facilement l'état actuel. Les Marseillais s'attendent à partager le commerce du Levant avec les Génois, depuis la réunion de ce peuple à la France.

Les fabriques de savon forment, depuis longtemps, la branche la plus importante du commerce de cette ville, et méritent d'être visitées. On doit voir aussi travailler le corail, objet doublement curieux, en ce que nos côtes ne produisent cette substance marine que dans le golfe de Lyon, et qu'on ne la fabrique en France qu'à Marseille.

Les salaisons de toute espèce, telles qu'olives, ton mariné, etc., les figues et raisins secs, les préparations des vins pour le transport, les tanneries, plusieurs filatures de coton, des manufactures de porcelaine et de faïence, sont, avec quelques raffineries de sucre, les autres branches de l'industrie Marseillaise, dont les expéditions maritimes procurent, en temps de paix, les principaux débouchés.

Quant aux mœurs de cette ville, nous aimons à croire qu'elles ne ressemblent pas au portrait qu'en fait l'estimable auteur des Soirées provençales. « Je le dis à regret, s'écrie-» t-il, notre patrie, asile antique des mœurs,

» est aujourd'hui le séjour du luxe et de la
» licence. Le luxe y confond tous les rangs, la
» licence y est effrénée. Père de famille garde-
» toi d'envoyer là ton fils, si son innocence et
» sa santé te sont chères ! »

« En général, dit-il ailleurs, la jeunesse de
» ce pays est, non-seulement débauchée, mais
» plus dépravée encore qu'on ne le remarque
» dans toutes les villes maritimes. Certains
» quartiers regorgent de filles perdues. Les en-
» virons de la comédie sont le réceptacle
» d'une légion de prostituées. Les portes et les
» fenêtres en sont garnies à toutes les heures
» du jour et de la nuit ». (Soirées Provençales
12e. lettre.)

Si les mœurs sont dépravées à Marseille, elles sont dures et presque féroces dans les campagnes. C'est là que règne dans tout son excès la brutalité provençale ; des physionomies rudes, des regards fauves et menaçans, des chapeaux tricornes retapés à la Souvarow, placés de travers sur la tête, et ne saluant jamais, des costumes analogues ; voilà le portrait du bon peuple des campagnes de ce département. Si Théocrite, Virgile et Gesner n'avaient point vu d'autres modèles, ils n'auraient assurément ni songé à chanter ni réussi à peindre, avec des couleurs aussi fraîches, la vie agricole et les mœurs pastorales.

« Nos paysans des environs d'Aix, de Mar-
» seille et de Toulon, dit encore l'auteur des
» Soirées provençales, sont une race d'hommes
» brutale et dure à l'excès. N'attendez d'eux
» aucun acte de complaisance et de bonté.
» Ils vous verraient vous égarer et prendre un
» chemin dangereux, qu'au lieu de vous indi-
» quer votre route, ils riraient méchamment
» de votre erreur. Si la soif vous presse dans
» ces routes brûlantes et poudreuses, gardez-
» vous de cueillir une grappe. Je ne réponds
» pas qu'un coup de fusil ne vous étende au
» pied du cep ».

Le ton et les manières du peuple provençal répondent à son extérieur. Il a la parole dure comme le regard, et l'action comme la parole. On se tromperait néanmoins si, jugeant tout le peuple de cette contrée sur une apparence aussi défavorable, on concluait du général au particulier. Sous ces physionomies rudes et peu prévenantes, on est souvent étonné de trouver de très bonnes gens, de la probité, de la franchise et même de la douceur dans le caractère. La dureté n'est pas dans tous les cœurs, quoiqu'elle soit sur presque toutes les physionomies.

Ce peuple a plus de rapport qu'on ne pense avec celui de Paris, que je trouve parfaitement décrit dans les Essais de Saint-Foy.

« Les hommes du peuple, dit-il, se parlent
» toujours comme s'ils allaient se battre. Cela
» les accoutume à une rudesse de manières,
» qui ne fait pas un grand effet, même quand
» elle est sérieuse, et qu'il y entre de la colère.
» Une femme ne s'alarme pas de s'entendre
» dire les gros mots par son mari. Elle y est faite
» en temps de paix comme en temps de guerre.
» Le mari de son côté n'est point surpris d'une
» réplique brutale. Ses oreilles n'y trouvent
» rien d'étrange ».

Cette ressemblance n'est pas complette, elle porte moins sur les mœurs que sur les manières, c'est-à-dire, sur le fonds que sur la forme.

Quelques observateurs ont attribué le caractère Marseillais à l'influence du mistral, en faisant provenir la violence de l'un de la violence de l'autre. Ce qu'il y a de certain c'est que le peuple est plus dur dans la Provence occidentale, où ce vent souffle avec le plus de force, que dans la partie opposée.

Ce mistral, que nous avons déjà mentionné en parcourant la première route de Paris à Marseille, est un vent du Nord-Ouest qui règne pendant la plus grande partie de l'année dans la Provence, principalement le long du Rhône. Il n'en existe pas de plus impétueux. Les plus gros arbres en sont quelquefois renversés, et on les voit tous inclinés du côté opposé à sa direction. Ses tourbillons remplissent les rues et les chemins d'un nuage de poussière, auquel il faut s'accoutumer quand on veut habiter ce pays; et cette poussière est d'autant plus épaisse dans les grandes routes que les matériaux calcaires dont elles sont garnies, se brisent par leur nature en une poudre extrêmement subtile, que le moindre souffle fait envoler. Aux premiers jours du printemps j'ai vu la feuille partout poudreuse et comme grésillée, les gazons desséchés, la verdure entièrement flétrie : c'était l'image de l'hiver.

Ce vent a donné lieu à bien des recherches, et les savans, qui expliquent tout, ont voulu le soumettre à leurs systèmes. Mais ce sera toujours un problème à résoudre, tant que la cause des vents sera cachée dans les secrets de la nature. Le mistral dura 14 mois de suite en 1769 et 1770, sans qu'on puisse expliquer ce phénomène. Les Provençaux appellent ce vent leur sauveur, parce qu'il suspend en été l'effet des chaleurs et purifie l'atmosphère, comme ils se consolent du mal que fait la Durance par le bien que procurent ses canaux d'arrosage. C'est composer sagement avec la nature. Ils n'en ont pas moins consacré ce vent et cette rivière comme deux fléaux dans le proverbe suivant :

.... Trois fléaux en Provence,
Le parlement, le mistral, la Durance.

Les anciens habitans de cette contrée ont eu pour le mistral la même déférence que les modernes. Sénèque dit qu'ils s'en réjouissent, parce qu'ils lui doivent la sérénité du ciel sous lequel ils vivent. Auguste lui éleva un temple, pendant un séjour qu'il fit dans les Gaules. Ce vent, dont la présence produit l'hiver au milieu de l'été, comme son absence fait jouir de l'été au milieu de l'hiver, ne manque jamais de souffler après la pluie, dont il détruit aussitôt l'effet, et il ne l'amène jamais, comme les vents violens du Sud ou de l'Ouest. Il dessèche la terre malgré sa froidure ; et dès qu'il a cessé, les campagnes sont en proie aux ardeurs d'un soleil qu'aucune ombre ne tempère. Aussi les fontaines et les prairies n'y sont-elles pas moins rares que les forêts, aussi ce beau ciel sans nuage, tant vanté, n'est-il qu'un ciel brûlant, et le pays un sol brûlé.

Mais de tous les fléaux de cette contrée, celui dont l'étranger s'accommode le moins, est cette quantité de moucherons auxquels l'homme est en proie pendant les saisons chaudes. Je veux parler des cousins. En certains endroits et à certaines heures du jour, l'air en est obscurci : les bois et les bords de la mer sont leur séjour de prédilection. Point de repos, point de sommeil possible sur une pelouse ombragée ; à peine est-il permis de s'asseoir un instant pour se délasser, sans être aussitôt assailli de ces bataillons ailés. On ne les évite point en fuyant la campagne. Ils pénètrent dans les maisons, quelques précautions qu'on prenne, et s'établissent de préférence dans les chambres à coucher et les alcoves. On a beau tenir les fenêtres presque toujours fermées, et se condamner ainsi à un air étouffé, en ne le renouvelant point, on n'en est pas moins assassiné nuitamment par ces ennemis altérés du sang humain. On passe les nuits à se défendre contre leurs attaques, dont on est toujours averti par un petit bourdonnement qui leur est propre, et que l'habitude apprend à distinguer de celui des mouches dont il diffère peu. Si, malgré cet obstacle au sommeil, on finit par s'assoupir, on se réveille avec le visage tout bosselé des boutons que laisse chaque piqûre.

Les habitans vivent encore en paix avec ce fléau, comme avec le mistral. Ce qui prouve combien l'habitude est une seconde nature. On n'a qu'un moyen de s'en garantir, c'est d'entourer son lit d'un rideau de gaze qu'on appelle *cousinière*. On en fait usage dans toutes les maisons des riches et dans toutes les bonnes auberges. Le tissu léger de cette enveloppe, en laissant un passage libre à l'air nécessaire pour la respiration, empêche les cousins d'arriver jusqu'à leur pâture.

On connaît ces moucherons dans tous les pays; mais nulle part ils ne sont aussi nombreux, aussi piquans, aussi venimeux que sur la côte de la Méditerranée, depuis Agde jusqu'à Nice. La saison de l'automne où ils approchent de leur fin est celle où ils sont le plus insupportables.

Un insecte plus redouté, mais heureusement moins commun, qui infeste aussi cette contrée, est le scorpion. On en trouve souvent dans les appartemens, et quelquefois jusques dans les lits. Ces divers fléaux de la Provence trouvent plus naturellement leur place à l'article de Marseille qu'ailleurs, parce que c'est dans cette ville qu'ils sont le plus ressentis par les voyageurs, soit à cause qu'ils y sont plus dominans, soit à cause qu'on s'y arrête beaucoup plus que dans toute autre ville.

Quelqu'agréable donc que paraisse ce séjour à ceux qui ne le jugent que par les plaisirs et les diverses ressources qu'ils y trouvent, on voit qu'il ne saurait l'être pour un amateur des climats tempérés, des belles promenades, de la fraîcheur, de l'ombrage, je dirai même de la belle nature; car la beauté du bassin de Marseille est bien plus l'ouvrage de l'art que de la nature : d'ailleurs il ne se voit point de la ville, mais seulement des points élevés que nous avons indiqués; et ce coup d'œil est autant déparé que circonscrit par le croissant très rapproché des montagnes environnantes, dont les croupes nues et blanchâtres fatiguent la vue et attristent l'âme. Leur aspect n'offre pas même la beauté des contrastes, beauté qu'on ne doit attendre que des vraiment belles horreurs, des cimes majestueuses, lancées avec hardiesse, des escarpemens pittoresques, et de cette teinte sauvage et rembrunie que nuancent à-la-fois, sur les hautes montagnes, la verdure des mousses et des sapins, la blancheur des neiges éternelles et des cascades écumantes.

Les montagnes de Marseille n'offrent aucune

Tome V.

de ces intéressantes variétés, ni aucune autre couleur que le gris uniforme de la roche calcaire, ou d'un sol appauvri par la privation de toute humidité et de toute végétation. Leur hauteur moyenne n'est pas de plus de 6 à 700 mètres au dessus du niveau de la mer. La plus haute de toutes, le Pilon du Roi, a été estimée à 500 toises; mais on pourrait révoquer en doute la précision de cette mesure.

La ville enfermée, avec son territoire et ses bastides, entre la mer et cette chaîne demi-circulaire, humant à-la-fois les vapeurs fétides de son port, et les réverbérations brûlantes que lui réfléchissent ces collines desséchées, respire un air étouffant, quand le mistral ne souffle point, et un air glacial lorsqu'il souffle : ce qui force souvent à prendre, quitter, et reprendre plusieurs fois dans la même journée les habits d'hiver et d'été.

Les innombrables bastides, qui embellissent les environs de Marseille, et qui forment de loin un effet admirable, peut-être unique en ce genre dans l'univers, ne sont pas aussi belles à voir de près. Le bassin qu'elles occupent n'est rien moins qu'agréable à parcourir, à cause de la poussière qui recouvre les chemins, et des murs de clôture qui bornent et semblent emprisonner la vue de toute part.

VILLE DE MARSEILLE.

Le château Borelli, situé à une lieue Sud de Marseille, sur le bord de la mer et à l'embouchure de l'Huveaune, mérite d'être visité. Il passe pour un des plus beaux de France, mais il ne me paraît pas soutenir cette réputation ; c'est un grand bâtiment qui n'est beau extérieurement que de sa simplicité ; il l'est intérieurement par sa distribution, son élégance et sa galerie de tableaux.

Dans la même direction, une lieue au delà, on va voir la grotte ou baume de Roland, la plus considérable de cette contrée, qui en renferme encore d'autres, moins remarquables et moins à portée de Marseille.

Cette ville n'a et ne peut avoir, par sa position, d'autre grande route que celles de Paris et de Toulon, qui lui fournissent, par leurs divers embranchemens, la communication avec les autres villes du département et de l'Empire.

FIN DE LA DESCRIPTION DE MARSEILLE.

ROUTE

DE MONTPELLIER A GRENOBLE,

PAR LE PONT SAINT-ESPRIT, VALENCE ET SAINT-MARCELLIN.

78 lieues et demie.

lieues.

Depuis Montpellier jusqu'au Pont Saint-Esprit (*v.* 1re. route de Paris à Montpellier).

10 *paragraphes*................................. 31½

Depuis le Pont Saint-Esprit jusqu'à Valence (*v.* 1re. route de Paris à Marseille).

6 *paragraphes*................................. 22

§ 17. *De Valence à Romans*................. 4

Le chemin, plat comme la contrée, est assez beau, quoique caillouteux, et le pays peu fertile, quoique bien cultivé.

On remonte la rive gauche de l'Isère jusqu'à Romans, qui est situé sur la rive opposée. Le faubourg du Péage par lequel on aborde cette ville n'en est séparé que par le pont de l'Isère, et n'est cependant pas compris dans la population, quand on ne la porte qu'à 7000 habitans; elle est de près de 10,000, quand on l'y comprend.

Le motif de cette distinction est qu'il se trouvait autrefois enclavé dans le diocèse de Valence. Cette dernière ville, un peu supérieure à celle de Romans en étendue, mais non en population, jouissait, par son évêché, sa noblesse et son université, d'une prépondérance dont sa voisine se vengeait par la prééminence du commerce.

L'oisiveté que nous avions remarquée à Valence nous rendit plus frappante l'activité qui règne à Romans. « Lorsqu'on passe à Valence » (nous disait un homme du pays), on croirait » que toute la ville est endormie; à quel- » qu'heure du jour qu'on passe à Romans, » toute la ville paraît sur pied ». Rien n'est plus vrai.

Le commerce de Romans, très inexactement indiqué dans l'Itinéraire de l'Empire Français, dont nous avons si souvent relevé les erreurs, ne roule que sur les productions du pays, qui sont la soirie, les laines, les huiles de noix. On y fabrique de bonnes liqueurs, et l'on y cultive d'excellens melons qui s'exportent à Grenoble et ailleurs.

Ces productions sont d'ailleurs assez abondantes, et le commerce par conséquent assez considérable. Le territoire fournit aussi du vin et du blé, mais pas au delà de la consommation. Certaines parties produisent encore des truffes noires en grande quantité, et en bonne qualité.

La ville n'est point belle, et n'offre d'autre intérêt que son activité, ni d'autre établissement que son tribunal de commerce. Une seule et chétive promenade qu'on a décorée du nom de *Champ de Mars*, forme tout son embellissement. Cette ville offre aux voyageurs deux bonnes auberges, et deux maisons de bains publics.

Indépendamment de la route de poste qui la traverse, un grand chemin établit sa communication avec la ville de la Côte Saint-André, par le bourg Saint-Antoine, qui renferme une belle église gothique. — *Parcouru depuis Montpellier*. . . . . 57 ½

---

§ 18. *De Romans aux Fories*. 3

Terrain toujours plat et caillouteux, toujours médiocre et bien cultivé. Il s'améliore au village de Saint-Paul, situé à mi-chemin. Là, le produit des terres non ombragées est de 8 pour 1, tandis qu'il est en général bien moindre dans la banlieue de la ville, où quelques parties seulement rendent sur le pied avantageux de 8, 10, et jusqu'à 12 pour 1. Inégalement fertile, cette plaine est partout également ombragée par les noyers, les mûriers et les treillages. L'uniformité du terrain déguisée par cette variété de verdure, est encore rompue par l'aspect continuel des montagnes qui règnent de l'autre côté de la vallée, et qui forment une des plus longues ramifications des Alpes.

On retrouve l'Isère en descendant l'étroite rampe qui conduit aux Fories, village situé au bord de cette rivière, qu'on voit de là couler avec majesté dans un profond encaissement. A gauche, on côtoie le talus prolongé, d'une côte rapide, qu'il a fallu escarper à une grande hauteur pour faire la route. Ce talus offre des bancs de grès, disposés en couches alternativement molles et dures, dans lesquels on remarque des parties stalactisées sous les formes les plus bizarres. On croit y voir des têtes, des bustes, divers corps d'animaux, des fruits, etc. La figure la plus commune, présente des espèces de globes composés et bosselés d'une infinité d'autres : ils paraissent appartenir à la famille des oolithes. Pour en définir parfaitement la forme, on serait tenté de créer le mot de *Polysphère*. Dans une de ces pierres, brisée sous le marteau d'un des ouvriers chargés de l'empierrement de la route, fut trouvée une dent de requin, dont la racine seule était pétrifiée. Je l'ai achetée et conservée.

On entre dans le département de l'Isère, un moment avant d'arriver aux Fories, lieu dépourvu d'auberges, où l'on trouve cependant à loger chez le maître de poste, en cas de nécessité. — *Parcouru depuis Montpellier*. 60½

§ 19. *Des Fories à Saint-Marcellin*. 3

Au commencement de cette distance, on traverse le ruisseau de Saint-Antoine, ainsi nommé du bourg de ce nom, où il prend sa source. Sur ses bords, une lieue et demie au dessus du pont où on le traverse, sont des mines de charbon bitumineux de qualité médiocre. Ce ruisseau, avant la construction du pont, offrait, par ses crues violentes, de grandes difficultés, au point même d'intercepter quelquefois la route. On la voit, en continuant à remonter la rive droite de l'Isère, devenir de plus en plus caillouteuse, pendant que le pays devient de plus en plus beau. Les cailloux n'encombrent ainsi les chemins, que parce que les propriétaires riverains les y jettent pour déblayer leurs champs.

Une lieue avant Saint-Marcellin, on laisse sur le bord de l'Isère le village de la Sône, renfermant une filature de soie, chef-d'œuvre de

ROUTE DE MONTPELLIER A GRENOBLE. 185 lieues.

mécanique de Vaucanson, une aciérie, et une papeterie appartenant à M. Jubié. La situation de ce village est très pittoresque.

Saint-Marcellin est une petite et assez jolie ville de 4000 habitans, siége d'une sous-préfecture et d'un tribunal civil. On l'a nouvellement entourée d'une plantation d'arbres en forme de boulevard. Sa situation dans les belles campagnes de l'Isère est ce qu'elle a de plus beau. Elle fait un certain commerce en soie, en vin, en huile de noix et en marrons, qui font partie de ceux qu'on mange à Paris sous le nom de *marrons de Lyon*. Elle possède une filature de coton et une faïencerie. — *Parcouru depuis Montpellier* . . . . $63\frac{1}{2}$

§ 20. *De Saint-Marcellin à la Laigrerie* 3

Même nature de pays, même progression de beauté. Pendant que les coteaux qu'on longe forment des amphitéâtres toujours plus riches et plus variés, les montagnes qui bordent la rive opposée acquièrent insensiblement plus d'élévation et de hardiesse. Filles des Alpes, elles commencent à décéler ici, par un air de famille, leur noble origine. La vallée se développe à la vue par intervalles. La terre disparaît sous la verdure des prairies, des vergers, des bosquets, des noyers, des châtaigniers et surtout des treillages attachés à des arbres placés de distance en distance, et se communiquant d'un arbre à l'autre en forme de guirlande. Le mûrier devient moins commun : condamné à être deux fois par an dépouillé de sa feuille, la première pour la nourriture des vers à soie, la seconde pour celle du menu bétail, il figurerait mal dans ce magnifique paysage.

Le chemin devient excessivement caillouteux, mais on est distrait de ce désagrément par le tableau qu'on a sous les yeux. On voyage sur une terrasse continuelle, dont la beauté n'est surpassée que par celle de la vallée qu'elle domine, et qu'on perd souvent de vue pour la revoir ensuite avec un nouveau plaisir. Un quart-d'heure avant d'arriver à la Laigrerie, on voit un joli monticule se détacher avec grâce de la colline qu'on longe à gauche, et déployer de l'autre côté de la route sa surface conique, entièrement tapissée de vignes, de treillages et de bosquets depuis sa base jusqu'au sommet. Sur sa cime en plate-forme s'élevait le joli château de Vinai. Ce n'était point un château moderne et somptueux; sa forme simple et gothique faisait un bien plus heureux effet dans cette ravissante contrée. Rien de plus beau que la perspective

ROUTE DE MONTPELLIER A GRENOBLE.

qu'il offrait aux voyageurs dont il captivait les regards. Ils ne le verront plus : vendu par M. de Taillerand Périgord, il vient d'être démoli par les acquéreurs. C'était une espèce de belvéder élevé sur la vallée. De là, mes yeux ont embrassé, avec un long développement de cette superbe vallée, les diverses sinuosités de la colline dont ce monticule forme comme un corps avancé, et les pentes escarpées et bocagères des hautes montagnes qui bordent la rive opposée de l'Isère. On traverse au pied de ce monticule le bourg de Vinai, où l'on trouve un entrepôt aux lettres et point de bonne auberge. On peut loger au besoin dans celle du maître de poste de la Laigrerie, hameau dépendant de Vinai, et situé entre ce bourg et celui de l'Albeng, à un quart de lieue de l'un et de l'autre. — *Parcouru depuis Montpellier.* . . . . $66\frac{1}{2}$

§ 21. *De la Laigrerie à Tullins.* 3

Le bourg de l'Albeng est dépourvu de bonne auberge, comme celui de Vinai, et muni de même d'un entrepôt de lettres. On croit avoir admiré tout ce qu'un paysage peut offrir de plus frais et de plus riant; mais on voit avec autant de surprise que de ravissement le pays s'embellir encore. C'est à Tullins qu'il semble atteindre le dernier degré de beauté que puisse offrir la nature. Les bords de la Loire, ceux du lac de Genève, les belles campagnes de l'Italie m'ont plu, comme à tous les voyageurs, mais les bords de l'Isère près de Tullins, m'ont enchanté. C'est une diversité de sites et de cultures, un luxe de végétation, une immense quantité d'arbres de toute espèce et de toute beauté, enfin, une suite de tableaux qui semblent appeler le pinceau du peintre : et plus d'un sans doute a taillé ses crayons à la vue de ces objets, que ma plume décrit si imparfaitement.

Un pays aussi beau ne peut manquer d'être un pays riche, c'est ce qui a donné lieu au proverbe Dauphinois : *si le Dauphiné était un mouton, Tullins en serait le rognon.* Le grain n'y rend pas ordinairement plus de 4 à 5 pour 1, mais les treillages qui ombragent et décorent les champs, en ôtant au cultivateur une partie de sa récolte en blé, l'en dédommagent avec usure par la vendange qu'il en retire. Ce vin fait néanmoins racheter la quantité par la qualité, qui est en général mauvaise, quoique certains propriétaires réussissent à la rendre bonne, à l'aide de la supériorité du cru et de la manipulation ; c'est une double récolte que porte à-la-fois le même sol.

ROUTE DE MONTPELLIER A GRENOBLE. 189

Des cerisiers étêtés sont les échalas auxquels on lie ces treillages, qu'on ne doit pas confondre avec les hautins, que nous verrons plus loin. Les treillages, comme les hautins, sont ce qu'on appelle dans le pays les vignes hautes, pour les distinguer des vignes ordinaires. Les terres non ombragées rendent de 10 à 12 pour 1.

La population de Tullins est de 3,500 habitans. Cette ville assez mal bâtie et très mal percée, n'a de beau que sa position. Elle a éprouvé, il y a quelques années, un genre d'inondation qui tient à un fléau assez rare de la nature : un nuage creva tout entier et tout-à-coup directement au dessus. Plusieurs maisons furent écrasées par la chute d'une aussi considérable masse d'eau, d'autres furent inondées, et les rues devinrent pendant quelques heures autant de torrens. Les usines que l'Itinéraire donne à cette ville en sont à un quart de lieue. Nous allons les voir dans le hameau de Fure, en parcourant la distance suivante. — *Parcouru depuis Montpellier.* . . . . 69 !

§ 22. *De Tullins à Voreppe.* 5

On descend insensiblement dans la vallée : elle conserve toute sa beauté, mais on ne jouit plus de la perspective qu'elle offre, on jouit de la vallée elle-même. L'ombrage qui règne partout embrasse la route, au point de la couvrir par intervalles d'un berceau de verdure. La médiocre hauteur des arbres qui supportent les treillages fait ressortir la majestueuse élévation des noyers et des châtaigniers, qui acquièrent dans ces coteaux et cette vallée une vigueur extraordinaire. Le dernier y produit une excellente qualité de marrons qui se vendent à Lyon, sous le nom *de marrons de Saint-Marcellin*, et à Paris, sous le nom *marrons de Lyon*.

Le noyer y dispute à cet arbre le prix de la beauté. Je ne l'ai vu nulle part aussi majestueux, aussi groupé, aussi impénétrable aux rayons du soleil. Nulle part il ne m'a paru autant mériter le titre de roi des arbres que je me plais à lui donner, au préjudice sans doute de beaucoup d'autres qui pourraient réclamer à juste titre la supériorité. Qu'on pardonne cette prédilection au charme particulier que ce bel arbre a toujours eu pour moi. Qu'on pardonne ce charme au sentiment que nous éprouvons tous pour les lieux qui ont été les théâtres des jeux de notre enfance, à ce sentiment qui fut la source des larmes de joie, dont l'Indien d'Otahiti mouilla l'arbre de ses forêts, en le revoyant pour la première fois au jardin des plantes de Paris.

Route de Montpellier a Grenoble. 191 lieues.

Le noyer était l'arbre dominant dans l'héritage de mes pères. Je ne puis le voir sans émotion, sans songer aux riantes campagnes, aux fraîches prairies qu'il ombrageait dans la vallée trop attachante et trop peu connue de Salles-Contaux... Mais n'anticipons pas sur les descriptions.

A un quart de lieue de Tullins, on rencontre le hameau de Fure, situé sur la rivière de ce nom; il renferme une fabrique d'acier, une de cuivre et un battage de chanvre. Un quart de lieue plus loin, on trouve le village et le beau château de Vourey, et au milieu de la distance, on traverse le bourg de Moirans caché et comme enseveli sous les arbres. — *Parcouru depuis Montpellier.* . . . . 74$\frac{1}{2}$

(*Pour Voreppe et le reste de la route jusqu'à Grenoble, V. la 2ᵉ. de Paris à Turin.*)

FIN DE LA ROUTE DE MONTPELLIER A GRENOBLE.

ROUTE

DE MARSEILLE A BEAUCAIRE,

PAR ORGON ET TARASCON.

28 lieues.

                                                            lieues.

Depuis Marseille jusqu'à Orgon (*v.* 1re. *route de Paris à Marseille*).

5 paragraphes.............................. 20
§ 6. *D'Orgon à Saint-Remy.* 4

Plaine continuelle, bornée à peu de distance à gauche par la triste chaîne des Alpines, dont la complète nudité fait ressortir la beauté des campagnes qui s'étendent à droite. On les voit couvertes de prairies, de vergers et de jardins dans le territoire de Saint-Remi, l'un des meilleurs de la Provence.

    Cette petite ville, peuplée d'environ 3000 habitans, ne possède aucun établissement public, et n'offre aucun intérêt par elle-même, ni aucun autre agrément que sa position et la promenade en forme de boulevard qui l'entoure. Elle a vu naître l'astrologue Nostradamus, dont la célébrité a surpassé celle de bien des grands

ROUTE DE MARSEILLE A BEAUCAIRE.

hommes, et le compilateur Expilly, à qui nous ne disputerons pas le rang honorable qu'il occupe dans la république des lettres ; mais ceux qui lui ont assigné ce rang, n'ont certainement pas été condamnés, comme nous, à lire sa volumineuse Description de la France, sous la forme de dictionnaire.

Ce qui fait le véritable relief de cette ville, que l'Itinéraire Français se contente de nommer comme un lieu sans intérêt, est le double monument des Romains que les siècles et les barbares y ont respecté. Ce précieux reste d'antiquité consiste dans un arc de triomphe et un mausolée qui s'élèvent à 3 ou 4 mètres l'un de l'autre, sur un petit plateau situé à un quart de lieue S. de la ville. Un chemin commode y conduit les voyageurs en poste, soit à l'arrivée, soit au départ, moyennant le paiement d'une demi-poste en sus de la course.

L'arc de triomphe ne subsiste que jusqu'au dessus de l'archivolte. Il est d'une petite proportion, et n'a qu'une arcade peu élevée ; mais il était chargé d'ornemens. De chaque côté sont deux colonnes cannelées, qui ont perdu leurs chapiteaux et une partie de leurs fûts ; mais on juge qu'elles étaient d'ordre Corynthien.

Dans chaque entre-colonnement, est un

Tome V.

groupe de deux figures qui tiennent au mur, et qui paraissent représenter des captifs de l'un et de l'autre sexe. Sur huit, il n'y en a que deux dont les têtes soient conservées. Les pilastres, dont les chapiteaux servent d'imposte à l'arc, sont doriques. La voûte et l'archivolte sont couvertes de reliefs, de rosaces, fleurons, feuillages, raisins, pommes de pin, etc.

On a recouvert ce monument d'une maçonnerie en forme de toiture pour en assurer la conservation.

Le mausolée, placé au midi de l'arc de triomphe, est l'antiquité la mieux conservée, et en même temps l'un des plus beaux morceaux en ce genre que j'aie jamais vu, non-seulement en France, mais même en Italie. Trois parties placées en étage l'une sur l'autre le composent et forment ensemble un tout de 5o pieds de haut au dessus d'un socle carré, construit en grosses pierres de taille.

La première partie est une base de forme carrée, comme le socle qui la supporte, mais un peu plus petite, et ornée, sur ses quatre faces, de reliefs dont les figures sont grandes comme nature. M. Millin les trouve bien dessinées, mais il lui paraît impossible de les expliquer. M. l'abbé Lamy n'a pas craint d'aborder cette explication. Il distingue sur la face du Nord, un combat de cavalerie, sur celle du Couchant, un combat d'infanterie, sur celle du Midi, un champ de bataille après une action, sur celle du Levant le triomphe des vainqueurs.

La seconde partie est composée d'un bâtiment, carré comme la base qui le supporte, mais un peu plus petit, et percé à chacune de ses faces de jolies arcades dont les ceintres portent sur des pilastres sans base. Quatre colonnes cannelées à chapitaux Corynthiens occupent les quatre angles. Au dessus est une frise ornée d'arabesques.

La troisième partie est une petite rotonde composée de dix colonnes Corynthiennes et cannelées, reposant sur un socle rond, et supportant un entablement également circulaire, qui supporte lui-même une petite coupole de forme parabolyque. Sous cette coupole, on voit à travers les colonnes deux statues debout. La tête manque à toutes deux. On prétend qu'un voyageur avide de curiosités, et peu délicat sur les moyens, a fait scier et enlever, durant la nuit, ces deux têtes, et qu'elles sont aujourd'hui dans quelque cabinet d'Angleterre.

M. Millin pense que ces deux monumens furent consacrés au même personnage, dont on aura placé le tombeau près de l'arc triomphal, destiné à rappeler ses victoires. L'inscription qu'on lit sur la frise du mausolée, côté du N.-E. second étage: *Sex. L. M. Juliei. L. F. parentibus suis*, indique un monument de la piété filiale. Les abréviations ont été remplies ainsi par le savant abbé Barthélemy! *Sextus Lucius Marcus Julii Caii Filii parentibus suis*. Mais quel était ce Julius Caius dont les enfans érigeaient un si magnifique monument? Les anciens historiens ne nous l'apprennent pas; et les conjectures hypothétiques des savans modernes nous l'apprennent encore moins. Il paraît qu'il a existé, près de ces monumens, une ville dont on a découvert, en fouillant les terres voisines, plusieurs vestiges. On y trouve encore fréquemment des urnes, des médailles, des lacrymatoires, des pierres gravées et autres restes d'antiquités.

Cette ancienne ville, dont Saint-Remy paraît occuper la place, devait être le *Glanum Livii*, mentionné dans l'Itinéraire d'Antonin, et porté sur la table de Pewtinger. Ainsi, les deux monumens que nous venons de voir sont, selon toutes les apparences, des restes de l'ancienne *Glanum*.

M. Millin cite, entre autres inscriptions, celle qu'on conserve dans la maison commune de

Saint-Remy, et qu'il regarde, avec raison comme très précieuse, parce que c'est le seul monument de ce genre, où l'on trouve le nom de *Glanum*. Il la fait connaître dans le tome 3 de son ouvrage. Elle est trop indifférente d'ailleurs, et trop longue pour pouvoir être rapportée dans le nôtre.

Le cabinet de M. de Lagoy, l'un des plus recommandables habitans de Saint-Remy, mérite d'être vu pour la riche collection des dessins qu'il renferme, parmi lesquels sont quelques originaux de Raphaël et de Michel-Ange, ainsi que pour un médailler qui n'est pas moins riche. — *Parcouru depuis Marseille.* 14

§ 7. *De Saint-Remy à Tarascon.* 4

Même plaine dont la beauté et la fertilité croissent à mesure qu'on avance. Son produit moyen en froment est de 7 pour 1. Les prairies abondent plus que jamais, en approchant de Tarascon, ville de 10 à 11000 habitans, remarquable par son agréable position sur la rive gauche du Rhône, directement en face de la ville de Beaucaire, placée sur l'autre rive, et par son antique château, ancienne habitation des Comtes de Provence. On l'appelle vulgairement dans le pays : *Château du Roi Réné;* soit que ce prince ait plus honoré cette ville de sa présence que son prédécesseur le Comte de Provence, Louis II, fondateur du château; soit que le nom *du bon Roi Réné* ait effacé celui de tous ses prédécesseurs et successeurs dans le cœur des Provençaux. Plusieurs de ses édits sont datés de Tarascon. Il s'y occupait de fêtes, de vers et de galanteries. Parmi différens tournois donnés dans cette ville, on doit distinguer celui que ce Prince y célébra en 1449, avec toute sa cour (*).

Le château de Tarascon est en fort bon état et fait l'ornement de la ville, quoique transformé en prison. Il est bâti en belle pierre de taille, fortifié à la manière gothique, et surmonté d'une plate-forme d'où l'on jouit d'une très belle vue sur le bassin du Rhône. Elle se prolonge jusqu'à l'île de la Camargue.

Dans l'église de Sainte-Marthe, il faut voir le tombeau de la Sainte de ce nom. Elle y est représentée couchée. C'est un beau monument en marbre. Les voyageurs qui ne veulent rien négliger pourront voir encore, dans cette église, ce qu'on appelle *la Tarasque*. C'est une figure grotesque

---

(*) On en trouve, dans le voyage déjà cité de M. Millin, les intéressans détails.

ROUTE DE MARSEILLE A BEAUCAIRE.

qui représente un dragon, non d'après la forme que donnent les anciens à cet animal fabuleux, mais d'après celle que lui donnent les légendaires.

Le corps est en bois recouvert d'une toile peinte. Je supprime les accessoires de son costume pour faire connaître, en peu de mots, l'histoire de ce monstre, dont le nom est regardé par le vulgaire comme l'étymologie de celui de *Tarascon*, ce qui doit être l'inverse de la vérité, car *Tarascon* était connu des anciens qui sont loin d'avoir connu la Tarasque, monstre absolument moderne. Comme presque tous ceux dont Hercule et Thésée délivrèrent la terre, celui-ci dévorait l'espèce humaine. Il se tenait dans le Rhône, entre Arles et Tarascon. Sainte-Marthe vint à bout de le dompter, en lui passant adroitement son voile autour du cou, et le conduisit ainsi garotté dans la ville de Tarascon. Les habitans la reçurent en triomphe; et en reconnaissance d'un si grand bienfait, ils promènent deux fois par an dans les rues, le jour de sa fête, et le second jour de la Pentecôte, l'image effroyable de ce fléau de leurs ancêtres.

La Sainte avait détruit le monstre. La révolution le détruisit, pour ainsi dire, une seconde fois, en faisant disparaître son image; mais elle a reparu depuis, triomphante de tous ses ennemis, et la cérémonie se renouvelle, comme auparavant, au milieu des acclamations populaires et de l'allégresse générale.

Tarascon fait peu de commerce depuis la réunion d'Avignon, réunion qui a transporté dans cette dernière ville l'entrepôt de Lyon et de Marseille. Cependant les abondans produits de son territoire, en grains, vins, eaux-de-vie, soie, etc., lui procurent quelque commerce d'exportation et même d'industrie. Il y a des filatures de soie, des fabriques d'eau-de-vie et des tonnelleries.

Tarascon a vu naître Privat de Molières connu, entre autres ouvrages, par son système des petits tourbillons; le jésuite Berthet connu par des dissertations sur différens sujets et par diverses poésies, et la Visclède, connu aussi par diverses poésies, ainsi que par plusieurs discours académiques, et en outre par l'extrême naïveté de son caractère, qui, joint à la diversité de ses productions, l'a fait surnommer le *Fontenelle de la Provence.*

Cette ville est le siége de la sous-préfecture et du tribunal civil de l'arrondissement, double avantage que lui jalouse vivement la ville d'Arles, dont l'ancienneté, l'étendue et la population semblaient lui mériter, sur sa rivale, la préférence que celle-ci a obtenue sur elle. Le voyageur frappé de cette espèce de passe-droit, n'en peut trouver le motif que dans la facilité des communications qu'offre la ville de Tarascon, tandis que celle d'Arles en est entièrement privée. Mais c'était une injustice, ou si l'on veut un malheur de plus qu'éprouvait cette dernière de n'avoir pu, avec une population de près 20,000 âmes, obtenir une seule grande route. C'est ainsi que souvent une injustice en entraîne une autre, et comme par la raison contraire, un acte de justice peut aussi en amener un autre : le siége de la sous-préfecture placé à Arles, aurait pu contribuer à procurer à cette ville les communications qu'elle est si fondée à réclamer (*).

Elle n'était abordable, lors de mon passage, que par des chemins de traverse, dont le meil-

---

(*) Les personnes qui pourront, en lisant cet article, l'attribuer à quelque autre sentiment que l'amour de la vérité qui dirige toujours notre plume, apprendront avec surprise que nous n'avons jamais eu d'autre rapport ni direct ni indirect avec la ville d'Arles, que d'être allés visiter les antiquités qu'elle renferme, et que nous n'y avons conservé aucune connaissance, pas même celle du citoyen obligeant qui nous servit d'indicateur.

leur, celui de Tarascon, est aussi le plus court. Il est d'environ trois lieues (*). C'est celui par lequel nous y sommes arrivés. Il parcourt une plaine des plus riches et des plus belles, surtout aux approches d'Arles, où elle produit le terme moyen de 9 à 10 pour 1.

On trouve, dès le premier aspect, cette cité célèbre bien déchue de son ancienne splendeur : des rues étroites et désertes, des maisons vieilles et mal bâties, sont loin d'annoncer ce qu'elle fut autrefois. Cette ville, qui n'a pu obtenir de nos jours une sous-préfecture, a cependant été le siége d'un préfet Romain, et la métropole des Gaules; elle put même espérer un instant d'être celle du monde, d'après l'affection que lui portait Constantin, dans le temps où il cherchait à fonder une nouvelle Rome ; affection dont il lui donna des preuves signalées en la décorant d'un palais impérial, et en y faisant divers séjours. Elle fut ensuite la capitale de ce royaume d'Arles qui s'éleva au milieu des ruines de l'empire romain et des révolutions du moyen âge, et devint le séjour des souverains de cette nouvelle monarchie.

On y foule à chaque pas les débris de son

(*) On travaille à ouvrir une route d'Aix à Arles.

antique magnificence. L'église de Saint-Honorat, l'hôtel de ville, l'archevêché, le couvent de la Miséricorde, et diverses maisons particulières conservent une grande quantité d'inscriptions, de reliefs, de fragmens, de colonnes, etc., etc.

Les monumens les mieux conservés qu'elle offre encore au voyageur avide d'antiquités et de souvenirs, sont :

1°. Un amphitéâtre dont les gradins sont détruits, dont l'arène est encombrée de mâsures, et dont, malgré tant d'outrages, l'enceinte qui subsiste presque en entier, donne encore une grande idée.

2°. Dans le jardin de la Miséricorde, des restes de théâtre, dont il ne subsiste que deux colonnes de marbre jaspé, qui soutenaient sans doute l'avant-scène, ou peut-être les portiques, et cinq arcs, dont deux seulement sont entiers; les trois autres ont été murés et forment ce qu'on appelle dans le pays, la tour de Rotland.

3°. Dans l'abbaye du Saint-Suaire, des restes d'un bâtiment considérable qui n'offre plus que quelques fragmens de colonnes et de corniches, et un beau pavé en mosaïque.

4°. Dans des maisons particulières, au bord du Rhône, près de Saint-Jean, des colonnes de granit et de marbre blanc, de grandes pierres et des canaux de plomb, qu'on regarde comme les ruines du palais de Constantin.

5°. Un obélisque de granit antique qui décore la place de l'Hôtel de Ville, seul monument de ce genre que possède la France. S'il y existe quelques autres obélisques, ils sont modernes et en plusieurs pièces. Celui d'Arles était d'un seul morceau, mais il fut cassé en deux dans sa chute : il a environ 50 pieds de haut et 5 de diamètre à la base.

L'hôtel de ville, qui forme un des côtés de cette place, est un beau bâtiment moderne construit sur les dessins de Mansard. Il renferme un superbe vestibule, dont on admire la voûte extrêmement surbaissée. C'est sous les portiques de ce vestibule et sur les reposoirs de l'escalier que sont réunis les divers morceaux d'antiquité conservés dans cette maison. On y remarque un torse, une colonne milliaire qui formait le premier mille d'Arles à Marseille, et une copie en plâtre de la Vénus trouvée dans cette ville en 1684, donnée par les habitans à Louis XIV, restaurée par Girardon, placée dans la galerie de Versailles, et actuellement au musée Napoléon, sous le nom de *Vénus d'Arles*. On voit encore une multitude de tombes, de sarcophages et d'inscriptions, hors de la ville, dans un terrain qu'on nomme Champs-Elysées, en langue du pays Æliscamps, mot dérivé de *Ælisii Campi*.

La cathédrale est un édifice gothique très médiocre, dont on remarque le portail extrêmement chargé de statues et de sculptures.

Cette ville, privée comme nous l'avons dit de la sous-préfecture et du tribunal civil, n'a obtenu qu'un tribunal de commerce, et a perdu son archevêché. Elle n'est pas sans commerce, mais elle n'en fait aucun de remarquable. Les saucissons d'Arles ont de la réputation : c'est la plus fameuse des productions industrielles de cette ville. Le quai du Rhône offre une espèce de petit port de mer où abordent des bâtimens côtiers.

La population d'Arles, portée par les recensemens à 18,600 habitans, renferme beaucoup de jolies femmes, vantées surtout pour la tournure et la mise. C'est la tournure et la mise des Tarasconaises auxquelles les Arlaisiennes ont donné le ton : leur ville, déchue sous tant d'autres rapports, étant toujours la métropole du goût et le centre de l'élégance provençale.

Il n'est point de pays en France où l'on remarque autant de traces des usages et des mœurs antiques. On y voit encore les courses d'hommes et de chevaux, ainsi que le combat du taureau.

Arles est la patrie de divers troubadours qui ont illustré la cour du roi Réné, des auteurs dramatiques, Morand et Patrat, du graveur Balechou et de l'ingénieur Savérien, auteur des Dictionnaires d'architecture et de mathématiques, et de l'Histoire des progrès de l'esprit humain.

Pour se procurer la vue des campagnes d'Arles, il faut monter au haut de la tour de l'hôtel de ville. On y voit la bifurcation du Rhône, dont l'œil suit au loin les deux immenses bras, déployés autour de la Camargue, ce *delta* du Rhône, fameux comme celui du Nil par sa fécondité. Cette île est renommée aussi par les nombreux troupeaux de bœufs et de chevaux qui paissent en liberté dans ses vastes et gras pâturages. La vie sauvage qu'ils mènent leur donne des mœurs farouches qui les rendent difficiles à dompter. Ils portent tous la marque du propriétaire auquel ils appartiennent : il n'a pas d'autre moyen de les reconnaître. La pointe de cette île, en face de la ville, est occupée par un bourg ou faubourg appelé *Trinquetaille*.

Un joli pont en bois, bordé de trottoirs et de siéges, formait la communication d'Arles avec ce faubourg : les eaux du Rhône l'avaient entraîné lors de mon passage, il est rétabli depuis. Du haut de la même tour, on observe le contraste frappant de la plus heureuse abondance et de la plus complette stérilité, l'une dans le territoire de la ville et le long du Rhône, l'autre dans la fameuse plaine de la Crau, éloignée d'une lieue.

La partie fertile de cette contrée fait payer cher aux habitans les richesses qu'elle leur prodigue, par les vapeurs malfaisantes qu'exhale son sol limoneux entremêlé de stagnations et de marais.

La plaine de la Crau est une vaste stratification de cailloux qui occupent une surface d'environ 40 à 50 lieues carrées. On a beaucoup disserté sur les causes de cette espèce de phénomène géologique. Les plus sages discoureurs, du nombre desquels s'est rangé l'historien de la Provence, Papon, ont attribué ces dépôts à la Durance, qui, d'après leur système, aurait autrefois passé par là. Je ne sais pourquoi ce système aussi simple que raisonnable a trouvé de nombreux antagonistes, comme si les rivières, et surtout les torrens, n'étaient pas sujets à changer de lit, tandis qu'il suffit d'une génération pour voir opérer des déplacemens considérables de cette nature (*).

(*) Combien de ponts deviennent inutiles sous nos yeux, parce que les rivières ont pris un autre cours! J'en ai vu un en Italie, construit par les Romains sur le Taro, rivière qui coule actuellement bien loin de ce pont, dont les piles ruinées restent debout au milieu des champs, comme pour fournir, après un laps de 2000 ans, un échantillon des changemens auxquels sont sujets, à la longue, les cours des rivières et par conséquent leurs bassins, et par conséquent aussi les bassins des mers, et par conséquent enfin le globe lui-même.

Les cailloux de la Crau ne sont pas ceux dont l'origine doit le plus nous embarrasser, puisque nous avons, pour les expliquer, une rivière qui n'en passe qu'à 3 lieues, et qui non-seulement a pu, mais a dû même avoir, dans le principe, cette direction, évidemment plus naturelle vers la mer que le cours qu'elle a pris depuis vers le Rhône. L'impétuosité capricieuse de la Durance qui sappe continuellement ses rives, en y déposant une immense quantité de cailloux reconnus de la même nature que ceux de la Crau, semble transformer cette probabilité en certitude.

Si tous les cailloux roulés qu'on trouve sur la surface de la terre s'expliquaient par une analogie aussi simple, ils n'auraient pas autant exercé l'imagination, autant embarrassé la science, autant enfanté de systèmes, qui n'ont rien prouvé que notre propre faiblesse.

Des cailloux plus dignes de nos recherches sont ré-

ROUTE DE MARSEILLE A BEAUCAIRE.

Cette plaine va éprouver un autre changement.

Les eaux de la Durance, livrées à elle-même, l'ont couverte des cailloux qu'elles charrient : les mêmes eaux, contenues dans des canaux d'irrigation, vont la féconder en la couvrant de leurs dépôts limoneux. Cet heureux effet commence à s'opérer, et doit, par ses accroissemens successifs, finir par rendre à l'agriculture cette vaste surface dont les produits suffiront peut-être à combler le déficit annuel qu'éprouve le département des Bouches-du-Rhône pour sa consommation en grains (*).

---

pandus, les uns libres, les autres en poudingue, sur la surface des plateaux, des collines et des montagnes. Que l'historien de la Provence, qui nous a si facilement expliqué l'origine des cailloux de la Crau, nous explique pareillement celle des cailloux que nous verrons à 200 mètres environ au-dessus de la mer, dans une autre partie de la même province, sur le dernier plateau que nous avons passé en allant de Digne à Riez (*V. ci-après communication de Digne à Aix*); qu'il nous donne l'origine de ceux que nous avons trouvés sur les plateaux du département de l'Isère, notamment sur la montagne de la Frette, à 600 mètres au-dessus de la mer, enfin sur le mont Genèvre à la hauteur de 2000 mètres. (*V. 2e. route de Paris à Turin.*)

(*) Le lecteur verra sans doute avec plaisir l'opinion

De la plaine de la Crau, revenons à la ville d'Arles, dont il ne nous reste plus autre chose à dire, sinon que les divers monumens qu'elle

de M. de Lamanon sur cette plaine caillouteuse : nous la puisons dans l'éloge de ce savant par M. Ponce, autre savant bien fait pour l'apprécier. « Convaincu, » dit-il, que la plaine de la Crau avait formé autre- » fois un lac, il veut en acquérir la certitude phy- » sique : il recueille un caillou de chacune des es- » pèces qui se rencontrent dans cette vaste plaine ; il » en trouve dix-neuf sortes distinctes. Alors remon- » tant les bords de la Durance jusqu'à sa source, près » des frontières de la Savoie, il observe qu'au dessus » de chaque embranchement des rivières qui viennent » se perdre dans la Durance, le nombre des cailloux » qu'il rencontre, et dont il tient les échantillons, di- » minue. Il remonte alors le cours de chacune de ces » petites rivières, et trouve sur leurs rivages le prin- » cipe de chacun des cailloux dont est semée la plaine » de la Crau. Il obtient alors la preuve incontes- » table que cette plaine fut jadis un lac formé par la » Durance et par les rivières qui viennent mêler leurs » eaux aux siennes ». (*V. de la Pérouse, édition in-8°.*)

Cette nouvelle opinion qui, fondée sur des preuves positives, attribue aux eaux de la Durance les cailloux de la Crau, vient à l'appui de la nôtre, dont elle ne diffère qu'en ce qu'elle suppose de plus un lac qui nous paraît bien moins probable que des atterrissemens successifs.

ROUTE DE MARSEILLE A BEAUCAIRE. renferme doivent y être réunis dans un muséum (projeté par M. le préfet Thibaudeau), et de la ville d'Arles à celle de Tarascon, dont il ne nous reste qu'un mot à dire aussi, savoir : qu'outre les routes de poste qui y aboutissent, elle a un grand chemin sur Avignon. (*V. pour la ville de Beaucaire, la route de Paris à Beaucaire.*)

FIN DE LA ROUTE DE MARSEILLE A BEAUCAIRE.

COMMUNICATION

DE SISTERON A DIGNE,

Formant la route de Paris à Digne.

10 lieues.

	lieues.
§ 1. *De Sisteron à l'Escale*.	4
§ 2. *De l'Escale aux Grillons*.	3
§ 3. *Des Grillons à Digne*.	3

On côtoie d'abord, non sans peine et sans danger, sur des corniches étroites, la Durance qui offre constamment un talus à gauche, un précipice à droite, et presque toujours l'impossibilité de croiser, si l'on avait le malheur de rencontrer une autre voiture (*).

On parcourt ensuite des plateaux tantôt cul-

(*) Comme je ne puis point parcourir toute la France dans une même année, et qu'il s'en est écoulé quatre ou cinq depuis que j'ai pris mes notes et fait mes observations locales sur cette route, elle pourrait avoir été réparée depuis, sans que les voyageurs puissent me taxer d'inexactitude. Ils doivent trouver au contraire une exactitude scrupuleuse dans le soin que je prends de les en avertir.

tivés en vignes, tantôt plantés de chênes. Le pays a quelque chose de sauvage. La route traverse deux torrens larges et caillouteux qui se jettent dans la Durance. Ils n'avaient point de pont lors de mon dernier passage en 1806. Aux deux tiers de la distance, le village de Vollone offre un site agréable par les vergers et les prairies qui l'entourent. Le trajet en était difficile à cause de son mauvais pavé. L'Escale qui avait jadis un relais, est un village de même nature, mais pas aussi bien situé, au sortir duquel, le voyageur aperçoit en face, sur le penchant de la montagne qui borde la rive gauche de la Durance, une longue série d'éminences pyramidales dites les *Rochers des Mées*. Ils tirent leur nom d'un bourg situé entre ces rochers et la Durance.

Nous n'avons cessé de côtoyer cette rivière en traversant les torrens qu'elle reçoit. On s'attend à en traverser un autre, vers lequel la route paraît se diriger; mais parvenue sur ses bords, elle tourne au N. N. E. pour en remonter la rive droite jusqu'à Digne. C'est la Bléone, dont on va fouler fréquemment et péniblement le large lit de gravier, après avoir passé d'abord un autre torrent, presque aussi large et non moins caillouteux, qui s'y réunit, ensuite le village de Malijay, où l'on remarque un beau château, et celui des Grillons où l'on ne remarque rien.

On se trouve insensiblement dans les Alpes, dont la chaîne n'offre point de vallée plus complettement ravagée. Large de plus d'un quart de lieue, cette vallée sert toute entière de lit à la Bléone. On ne peut s'empêcher de déplorer une pareille dévastation, quand on songe qu'une digue opposée au torrent convertirait cette immense stratification de cailloux en immenses vergers, et qu'en donnant à cette digue une largeur et une solidité qui en assureraient la durée, il serait possible d'y pratiquer la route.

Le voyageur déplore aussi la triste situation de Digne, qu'il découvre, à 3 lieues de distance, au bout de cette triste vallée; mais il cesse de la plaindre, quand il approche, en la voyant entourée de vergers et de prairies, que l'éloignement ne lui permettait pas d'apercevoir, et dominée par des vignobles et des plantations d'oliviers. C'est ici que finit cette culture méridionale, repoussée par le climat montagneux des trois vallées supérieures qui viennent aboutir à Digne. Quelques maisons de campagne, désignées ici comme à Marseille, sous le nom de *Bastides*, embellissent le paysage.

On est près d'une demi-heure à traverser les prairies et les vergers qui entourent cette ville. Ils continuent de même au delà de Digne, de manière que la vallée de la Bléone est cultivée une demi-lieue au dessus, et une demi-lieue au dessous de cette ville.

On se demande comment une vallée aussi dévastée peut tout-à-coup devenir aussi riche et aussi riante, toujours en présence de son ennemi, qui n'est pas ici moins redoutable qu'ailleurs, puisque, recevant en cet endroit deux autres torrens, ce sont trois adversaires à combattre, au lieu d'un. Honneur à la famille Sièyes à qui sont dues les digues conservatrices de cette partie de la vallée.

Pendant qu'elles contiennent le torrent dans son lit, des saignées pratiquées avec art, en épanchant ses eaux limoneuses sur les cailloux qui formaient tout le fond de la vallée, les ont couverts à la longue d'une couche de vase, qui est susceptible de la plus riche culture, sitôt qu'elle acquiert une épaisseur de quelques pouces. La succession de ces dépôts a élevé la couche presque partout à 1 pied. C'est à cette profondeur qu'on trouve ordinairement les cailloux; et un pied de couche végétale suffit, comme on sait, non seulement pour donner toutes les productions céréales, graminées et légumineuses, mais encore pour les arbres fruitiers et autres, dont plusieurs poussent même leurs racines jusques dans les cailloux.

La continuation des mêmes travaux dans le reste de la vallée, lui ferait restituer de même par le torrent toutes les usurpations dont elle est le théâtre et la proie.

La position de Digne, tant au pied que sur le penchant de l'un des deux contreforts qui séparent les trois vallées creusées par les trois torrens dont on vient de parler, est aussi agréable que singulière. Cette ville s'annonce bien par la promenade plantée de superbes ormes qui lui sert d'avenue et par quelques jolies façades qui s'y font remarquer.

Mais son intérieur n'offre que des rues escarpées et tortueuses, des maisons vieilles et mal construites, pas une place, pas un bâtiment remarquable, pas même une cathédrale, quoiqu'il y ait un évêché. L'église qui porte ce titre est une vraie chapelle, et cette chapelle est l'unique paroisse de la ville. Le palais épiscopal, devenu celui de la préfecture, en est la plus belle maison, et cette maison n'a rien que d'ordinaire.

Les nouveaux dictionnaires géographiques

traitent Digne d'ancienne et belle ville. Pour ancienne c'est incontestable ; Pline et Ptolémée lui assurent ce titre, en la mentionnant sous le nom, l'un de *Dina*, l'autre de *Dinia;* mais pour belle, on vient de voir que ces *renovateurs* de dictionnaires ne la connaissent pas plus que les premiers éditeurs. Les voyageurs y trouvent une assez bonne auberge.

Siége de la préfecture des Basses-Alpes, elle renferme les établissemens qui en sont inséparables, une école secondaire et 3000 habitans. Elle ne fait d'autre commerce que celui de l'expédition des fruits que produit abondamment son territoire ; ses prunes sont particulièrement recherchées à Marseille.

Un village voisin de Digne, nommé Champtercier, a été le berceau du fameux Gassendi.

L'objet le plus intéressant qu'offrent les environs de cette ville est la fontaine thermale qui coule à une demi-lieue vers l'E., dans la plus méridionale des trois vallées, qui y aboutissent. La chaleur des eaux est de 38 degrés au thermomètre de Réaumur ; mais elle varie, suivant la température de l'atmosphère. Elles ont un goût un peu salé, et répandent une odeur tant soit peu bitumineuse.

Les bains en sont salutaires pour les rhumatismes froids, les rhumatismes goûteux, la gale, les dartres, paralysies, blessures, ulcères, etc., en un mot pour toutes les maladies où il faut diviser la lymphe. La maison des bains est un bâtiment isolé et fort simple, adossé à un roc calcaire noirâtre et vertical, du pied duquel sort la fontaine thermale. Il est infesté de cette espèce de serpens sans venin qui se trouvent communément autour des eaux chaudes. On les voit tomber, et souvent deux à deux, dans la saison des accouplemens, du haut du rocher qui paraît être leur repaire.

La vallée est d'une largeur moyenne et d'un médiocre intérêt. Celle du Mardaric qui vient de l'E. entre celle-là et celle de la Bléone, est très étroite, ainsi que le lit du torrent qui l'a creusée, et qui n'en est que plus dangereux.

Celle de la Bléone vient du Nord. Très cultivée, comme on l'a déjà dit, aux approches de Digne, elle reprend au bout d'une demi-lieue toute sa nudité, et le torrent tout son empire, qu'il n'a partagé que forcément avec l'homme dans ce court intervalle. Il règne ici d'une montagne à l'autre, au point que je n'ai pu le remonter plus haut, n'ayant trouvé qu'un chemin impraticable.

La montagne de Saint-Vincent, qui sépare

cette vallée de celle du Mardaric sa voisine, abonde en cornes d'ammon, belemnites, trochites et surtout en astroites, dont la forme tantôt étoilée, et tantôt pentagonale, paraît indiquer des vertèbres de poisson. Cette montagne, de nature calcaire, comme toutes celles de la même contrée, ne tient pas à la grande chaîne, de sorte qu'on peut la tourner en allant par une vallée, et revenant par l'autre. Une troisième vallée forme la séparation, qui, par un accident bien étrange, et peut-être unique dans les Alpes, fait de cette montagne une espèce d'île étrangère au système général.

La vallée du Mardaric et celle de la Bléone, conduisent également à Barcelonnette, en franchissant quelques plateaux peu élevés, avant d'arriver dans cette petite ville située à 12 lieues N. E. de Digne, sur la rive droite de l'Ubayne. Capitale de la haute vallée, à laquelle elle a donné son nom, elle est aujourd'hui le siége d'une sous-préfecture des Basses-Alpes et d'un tribunal civil. C'est la plus jolie ville du département.

Elle fut bâtie en 1230 par Raymond Bérenger, comte de Provence, qui la nomma ainsi, en mémoire de ce que ses ancêtres étaient venus de Barcelone s'établir dans cette province. Son élévation au dessus du niveau de la mer est d'environ 600 toises. On y trouve une société beaucoup meilleure qu'on ne s'y attendrait dans une pareille contrée. Elle y fait le commerce des moutons, et l'on y fabriquait, avant la révolution, de grosses étoffes, principalement pour l'usage de la marine.

La vallée de Barcelonnette est connue à Paris par ces joueurs de vielle qui viennent, dans la saison des longues nuits, y montrer la lanterne magique.

Cette vallée conduit au col de l'Argentière, qui est à 4 lieues de Barcelonnette. On arrive à ce col par une pente insensible, et l'on descend en Italie par une autre pente, qui n'est guères moins douce. C'est le col le plus bas et le plus facile des Alpes. La température y permet la culture du seigle.

Des deux vallées de la Bléone et du Mardaric, que nous avons dit conduire également à Barcelonnette, la dernière était celle qui offrait, lors de mon passage, le chemin le plus praticable, mais seulement pour les chevaux. La carte de Belleime l'indique comme déjà construite. Je ne la trouve pas dans la classification du décret impérial du 16 décembre 1811. Nul doute d'après cela que ce ne soit une erreur.

C'est par une erreur semblable que la même

carte porte la route de Digne à Nice par Castellane et Grasse. Elle n'a jamais existé que dans le vœu des pays intéressés, lesquels ne sont ni assez considérables, ni assez riches pour faire les frais d'une route départementale aussi dispendieuse, ayant assez de l'entretien de celles qui existent. Cette route serait d'ailleurs incontestablement la plus directe de Paris à Nice, mais elle serait aussi la plus difficile, soit à faire et entretenir, soit à parcourir à cause de la nature extrêmement montueuse des localités.

La ville de Castellane, située sur la rive droite du Verdon, et peuplée d'environ 2200 âmes, est le siége d'une sous-préfecture. Elle commerce en fruits et en laines. Son nom ancien était *Salinæ*, à cause d'une source d'eau salée qui est dans son territoire à un quart de lieue de distance. Cette source coule avec tant d'abondance, qu'elle fait tourner un moulin.

Dans le même arrondissement et la même vallée, à 8 lieues plus haut, la petite ville fortifiée de Colmars, située au milieu des Alpes, au pied de la chaîne centrale, mérite d'être mentionnée à cause de l'étymologie de son nom, *Collis Martis*, qui prouve son ancienneté, quoiqu'elle ne soit pas nommée dans les auteurs anciens, et plus encore à cause de la fontaine intermittente qui existe dans son voisinage. Son écoulement, qui est de la grosseur du bras, s'annonce par un léger murmure. Il a lieu quatre fois par heure, pendant sept minutes, après quoi il y a cessation totale, pendant six, sept ou huit minutes. L'histoire de cette fontaine se trouve dans les œuvres de Gassendi. — *Parcouru depuis Sisteron jusqu'à Digne*. 10

FIN DE LA COMMUNICATION DE SISTERON A DIGNE.

COMMUNICATION
DE DIGNE A AIX,
PAR RIEZ.
24 lieues (*).

	lieues.
§ 1. *De Digne à Mezel*............	3
§ 2. *De Mezel à la Bégude*.........	3
§ 3. *De la Bégude à Riez*..........	4

Après avoir côtoyé pendant quelques temps la montagne argileuse qui règne le long de la rive gauche de la Bléone, on la gravit vers le milieu de la première distance pour la redescendre en suivant obliquement la pente opposée qui est couverte d'oliviers.

Mezel est un bourg sans intérêt, comme la vallée où il est situé. On y traverse sur un pont le torrent d'Asse qui la ravage, pour côtoyer ensuite la montagne qui en borde la rive gauche jusqu'à la Bégude. On trouve dans ce hameau une assez bonne auberge,

---

(*) Cette route était, lors de mon passage, absolument impraticable pour les voitures.

ancienne propriété de feu l'amiral Villeneuve, moins connu par sa vie que par sa mort tragique. On a traversé un quart de lieue avant ce village, celui d'Estoublon, *Stablo*, nommé par Grégoire de Tours parmi les lieux que les Lombards dévastèrent au sixième siècle.

On continue à côtoyer, mais en la gravissant, la même montagne après la Bégude, l'espace d'une demi-lieue, à travers une forêt d'arbustes, de genèvriers, de buis et de genêts, entremêlés de quelques pins rabougris, après quoi on tourne à gauche, laissant en face la route directe d'Aix à Digne par Valensole, bourg de 2000 habitans, et l'on gagne, en quelques minutes, un vaste plateau couvert de cailloux roulés, qui présenterait le plus triste aspect, s'il n'était parsemé de noyers, et surtout d'amandiers. Pour faire prospérer ces derniers, les propriétaires cultivent ce sol pierreux ou plutôt ce cailloutage, et doublent à peine leur semence, mais ils doublent, par ce moyen, la récolte des amandes. On rencontre vers le milieu de la distance le village de Puy-Moisson où fut découverte, il y a quelque temps, une belle urne d'albâtre.

Le plateau s'abaisse et s'améliore, en approchant de la vallée du Colostre, torrent moins dévastateur que ceux que nous avons vus jusqu'ici. On parcourt une demi-lieue dans cette vallée, avant d'arriver à Riez, petite ville bâtie sur la rive gauche du torrent. Elle est de la même grandeur et de la même population que Digne, aussi mal percée, et dans une situation moins agréable. Elle a perdu son ancien évêché, et n'a obtenu ni sous-préfecture, ni tribunal. Il n'y a aucun commerce, ni d'autre industrie que quelques tanneries et mégisseries. On a converti en promenade une allée dépendante jadis de la maison épiscopale.

L'unique intérêt de cette ville consiste dans les antiquités qu'elle renferme. S'il en est une partie d'enfouie, telles qu'une mosaïque découverte il y a quelque temps, et recouverte par le propriétaire du fonds, faute de moyen, dit-on, pour continuer les fouilles, il en est d'autres qui présentent encore des ruines imposantes, telles que les quatre superbes colonnes d'ordre corinthien, qu'on voit au bord d'un chemin et d'une prairie, à une portée de fusil de la ville, et qui paraissent avoir appartenu à un perystile. Non loin de là, au milieu des champs, est une rotonde composée de huit colonnes du même ordre : elle avait été convertie, avant la révolution, en église consacrée à Sainte-Claire. On ne connaît pas plus l'ancienne destination des unes que des autres, les diverses conjectures qu'on a faites étant dépourvues de fondemens solides; mais elles sont toutes d'un très beau granit Egyptien, et très bien conservées, aux acanthes des chapitaux près, qui sont un peu frustes.

Une autre rotonde semblable s'élevait sur la colline qui domine la ville; il n'en reste que les bases et quelques tronçons. C'est au milieu de ces dernières qu'a été trouvée la pierre votive qu'on voit enchâssée dans la maçonnerie de la fontaine publique de la ville.

Ces monumens annoncent la splendeur et l'étendue de l'ancienne capitale des Reii nommée dans Pline *Alebece*. Les entrailles de la terre doivent y recéler des richesses nombreuses. Les habitans ne paraissent pas s'occuper assez des antiquités de leur pays pour faire les fouilles nécessaires. Ils l'ont prouvé en laissant enfouir de nouveau la mosaïque dont on vient de parler.

Riez est la patrie de l'abbé Abeille, moins connu par ses odes, ses épîtres, ses tragédies et ses opéras d'un style faible, que par le premier vers de sa tragédie de Coriolan :
Vous souvient-il, ma sœur, du vieux roi notre père?
auquel un plaisant du parterre voyant l'actrice hésiter, répondit :
Ma foi, s'il m'en souvient, il ne m'en souvient guère.

Le territoire abonde en oliviers et surtout en vignes.

A 2 lieues E. N. E. de Riez, la petite ville de Moûtiers offre un site très pittoresque. On y remarque la chapelle de Saint-Beauvezest, entre deux montagnes escarpées, séparées par un espace d'environ 150 pieds, et réunies par une chaîne de fer qui s'étend d'un sommet à l'autre, ayant au milieu une grande étoile, sur laquelle on a débité beaucoup de fables. Suivant l'opinion la plus reçue, c'est un vœu fait au temps de la chevalerie, par un paladin qui avait une étoile pour armoiries.

La ville de Moûtiers, en latin *Monasterium*, est ainsi appelée, comme tous les lieux qui portent le même nom, à cause d'un couvent auquel elle doit son origine. Cette petite ville renferme une faïencerie, la seule du département. — *Parcouru depuis Digne* 10

§ 4. De Riez à Gréoux. 5

Nous allons passer, en sortant, près de la rotonde, et continuer à suivre la vallée du Colostre. A mi-chemin, on trouve le village d'Allemagne dominé par un beau château semi-gothique. Ici la scène change : la vallée se retrécit, les collines s'exhaussent et se revêtent de forêts ; la vue fatiguée jusque-là de la nudité triste et blanchâtre des contrées calcaires, trouve à se reposer sur la verdure que produit une végétation sauvage, mais vigoureuse. Le Colostre coule dans une gorge étroite et pittoresque jusqu'à son confluent dans le Verdon, qui coule lui-même avec majesté entre des montagnes couvertes de belles forêts de chênes-verds, et non moins pittoresques. Cet arbre, compagnon ordinaire de l'olivier, se plaît dans les mêmes climats, dont il supporte mieux les variations. Il se montre fréquemment en arbuste dans cette distance; mais sur les montagnes qui bordent l'autre rive, et qui regardent le Nord, il s'élève en superbes futaies. Je l'ai vu partout, soit en Italie, soit en Provence, ami de cet aspect.

Aux trois quarts de la distance, après avoir gagné la rive droite du Colostre, on trouve le village de Saint-Martin, puis on s'élève sur la colline qui borde cette rive, et d'où l'on plonge sur le confluent des deux torrens.

Gréoux est un bourg de 1200 habitans, connu par ses eaux thermales qui ont à peu près les mêmes principes et les mêmes propriétés que celles de Digne. Leur chaleur est seulement inférieure de 7 degrés, n'étant que de 30 à 31.

C°ⁿ. DE DIGNE A AIX.

La maison des bains est un bâtiment très-simple. Il y a été fait quelques embellissemens à l'occasion de la Princesse Pauline qui a pris ces eaux en 1806. On lui érigea, sur une hauteur voisine, un petit monument en forme d'obélisque : je me suis contenté de le voir de loin, d'après ce qu'on m'en a dit. — *Parcouru depuis Digne*. 15

§ 5. *De Gréoux à Saint-Paul*. . . . . $3\frac{1}{2}$
§ 6. *De Saint-Paul à Beyroles*. 3
§ 7. *De Peyroles à Aix*. . . . . $4\frac{1}{2}$

Ici la route est construite et assez bonne, mais fort étroite jusqu'à Saint-Paul. On traverse le Verdon, dont on suit la rive droite, sur le pont de Vinon, bourg situé sur la rive gauche. Non loin de là, on entre dans le bois de Caderache, dont le trajet de demi-lieue était naguères un objet d'effroi pour les voyageurs à cause des brigands qui en ont fait long-temps leur repaire. Une lieue après la forêt, on est au village de Saint-Paul. — *Parcouru depuis Digne.* $17\frac{1}{2}$

(*Pour le reste de la route jusqu'à Aix, V. la* 2ᵉ. *de Paris à Marseille*) (*).

_____

(*) Dans cette dernière distance, nous avons quitté, en passant le Verdon, le département des Basses-Alpes, pour n'y plus rentrer, ayant parcouru tout ce qu'il renferme de principales communications, et nous avons vu que ces communications méritent à peine le nom de route, si l'on excepte celle de Gap à Aix, qui le traverse du Nord au Sud, dans sa partie occidentale, et qui est la seule susceptible de devenir ligne de poste; celles qui sont indiquées comme telles sur la carte et le livre des postes, ne l'ont été qu'un moment pour le service des armées pendant la révolution, et ne peuvent le redevenir.

Ce département, comme celui des Hautes-Alpes, occupe une partie du revers occidental de cette grande chaîne, depuis les crêtes supérieures qui s'élèvent à près de 3000 mètres au dessus du niveau de la mer jusqu'aux plaines qui s'étendent le long de la rive droite de la Durance; mais il embrasse de plus une portion de ces plaines, qui, parsemées de mûriers, d'amandiers, d'oliviers, etc., et ne se refusant à aucune des productions méridionales, offrent un parfait contraste avec les cimes neigeuses que présentent les montagnes : c'est, après les Alpes maritimes, la partie de l'Empire qui réunit le plus les diverses températures. Elle offre, à peu de chose près, la même diversité quant aux mœurs, qui sont bien différentes dans les montagnes de ce qu'elles sont dans la plaine, où elles participent de la vivacité méridionale.

Formé de ce qu'on appelait dans les anciennes divisions *la haute Provence*, il renferme une population de 146,000 habitans et cinq arrondissemens, dont les chefs-lieux sont Digne, Barcelonette, Castellane, Sisteron et Forcalquier.

Les trois premiers, situés l'un au pied, les deux

autres au milieu des Alpes ou des montagnes et collines calcaires, argileuses, infertiles qui les précèdent dans cette partie, nourrissent beaucoup de vaches et de veaux. Le fromage et le beurre y sont un objet de commerce. On y élève aussi des chevaux et des mulets qui servent dans le pays et les départemens limitrophes où les labours se font généralement avec des mulets. On y élève encore des chèvres et bêtes à laines. Les abeilles y prospèrent, et le miel qu'elles donnent est estimé.

Les deux derniers arrondissemens embrassent les plaines et les parties les plus productives de ce département, qui généralement plus aride que fertile, doit à son industrie de n'être pas compté au nombre des plus pauvres de l'Empire.

FIN DU TOME CINQUIÈME.

DESCRIPTION

ROUTIÈRE ET GÉOGRAPHIQUE

DE L'EMPIRE FRANÇAIS.

DE L'IMPRIMERIE DE LEFEBVRE, RUE DE LILLE, N°. 1f.

DESCRIPTION

ROUTIÈRE ET GÉOGRAPHIQUE

DE L'EMPIRE FRANÇAIS

DIVISÉ EN QUATRE RÉGIONS.

Ière. PARTIE. = RÉGION DU SUD.

SECTION Ière. = SUD-EST.

PAR R. V.***, INSPECTEUR DES POSTES-RELAIS,

Associé correspondant des académies de Dijon et de Turin,

Membre de celle des Arcades de Rome.

TOME SIXIÈME.

A PARIS,

CHEZ POTEY, LIBRAIRE, RUE DU BAC, N°. 46.

1813.

Point de courrier direct ni de voiture publique sur les deux routes décrites dans ce volume.

SUR LA 1re.

On a tous les jours, jusqu'à Aix, le courrier et la messagerie de Lyon à Marseille, ainsi que les nombreuses voitures publiques établies de Marseille à Aix. Après Aix, on a trois fois par semaine le courrier, et deux fois la messagerie d'Aix à Nice.

SUR LA 2me.

Jusqu'à Toulon, le courrier et la messagerie de Marseille à Toulon tous les jours. Après Toulon, on n'a que la poste ; on peut aller joindre au Luc le courrier ou la messagerie d'Aix à Nice, par la patache établie de Toulon à Draguignan.

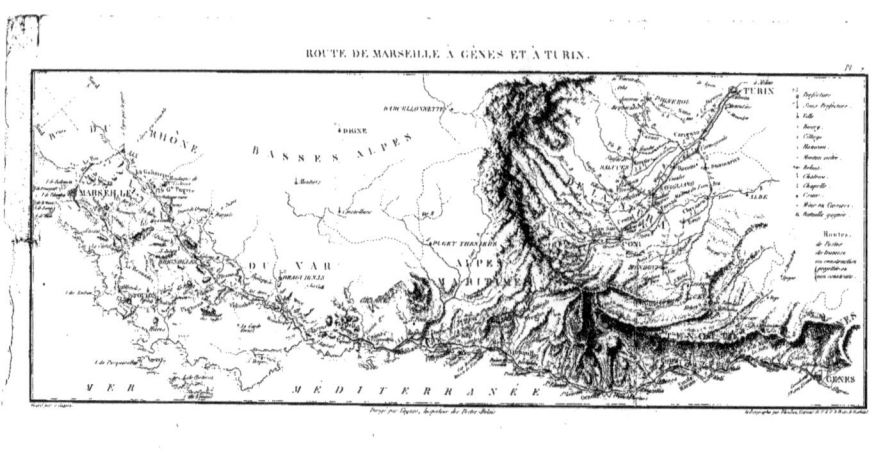

DESCRIPTION

ROUTIÈRE ET GÉOGRAPHIQUE

DE L'EMPIRE FRANÇAIS.

Ire. ROUTE DE MARSEILLE A GÊNES,

Par Aix.

132 lieues.

---

lieues.

Depuis Marseille jusques et compris Aix (*v.* Ire. route de Paris à Marseille par Avignon).

2 paragraphes.	8
§ 3. D'Aix à la Galinière.	3
§ 4. De la Galinière à la Grande-Pugère.	3½
§ 5. De la Grande-Pugère à Tourves.	5

Route ordinairement en bon état, légèrement montante et sans intérêt. Elle suit pendant quelques temps, au sortir d'Aix, la rivière de l'Arc, qui coule sur un lit de roc calcaire, dans un étroit et aride vallon, formé par deux coteaux de la même nature et de la même aridité. Vers le milieu de la distance, on laisse à droite la route d'Aix à Toulon, décrite ci-après à l'article *Communications*. Les deux relais de la Galinière et de la Grande-Pugère sont l'un et l'autre dans une ferme isolée où l'on tient auberge. A un quart de lieue N. du dernier, est la montagne de Sainte-Victoire, qu'on longe sur la gauche en arrivant, sans pouvoir se persuader qu'elle ait les 500 toises de hauteur que lui donne M. Darluc. A cette proximité, on est étonné de la trouver moins haute qu'en la voyant d'Aix, d'où elle paraît tellement dominer la contrée, qu'on n'est pas tenté de lui disputer la place distinguée qu'elle occupe parmi les montagnes du troisième ordre.

On passe immédiatement après la Grande-Pugère, du département des Bouches-du-Rhône dans celui du Var, sans distinguer aucune délimitation. Un peu au delà, on traverse l'Arc, et l'on voit, sur le bord de la route, une vieille fondation que les auteurs s'accordent presque tous à regarder comme les restes d'un monument érigé en l'honneur de Marius, après sa victoire sur les Cimbres et les Teutons; aux-

Ire. ROUTE DE MARSEILLE A GÊNES.

quels il tua, dit l'histoire, plus de 300,000 hommes (*). Ceux qui ont cru reconnaître dans ces fondemens ceux d'un arc de triomphe, ne les ont pas vus. Un massif carré s'élevant à peine à quelques pieds hors de terre, ne peut être que la base ou d'une colonne, ou d'une pyramide, ou d'un obélisque.

A quelque distance sur la gauche, on aperçoit le village de Pourrière, dont le nom paraît, à certains savans du pays, venir du grand nombre de cadavres pourris dans cette plaine. Les mêmes étymologistes font venir de l'arc de triomphe de Marius le nom d'*Arc*, donné à la rivière que nous avons côtoyée jusque-là, et qui passe près du monument; mais si ce monument n'est pas un arc comme nous l'avons dit, cette étymologie n'en est pas une (**).

Pourrière était le principal repaire des bri-

(*) On prétend que les mères de ces barbares les excitaient au combat en retroussant le devant de leurs robes, et leur criant : « Lâches, rentrez d'où vous » êtes sortis, puisque vous n'avez pas le courage de » nous défendre ».

(**) La précédente n'en est pas une non plus, le mot *pourri* étant trop moderne dans notre langue pour avoir fourni une dénomination qu'on attribue à un événement aussi ancien.

gands qui ont désolé ce pays pendant les dernières années de la révolution. On montre à chaque pas, au voyageur, des lieux devenus célèbres dans la contrée par les assassinats.

Cette distance est coupée, en trois parties presque égales, par le village de Porcieux, qui, se trouvant au centre du brigandage, comme Pourrière, a partagé la triste célébrité de ce bourg, et par la petite ville de Saint-Maximin, qui, peuplée de 3000 habitans, n'offre d'autre intérêt qu'une belle église, celle des Augustins, qui m'a paru n'avoir elle-même d'autre mérite extérieur que sa grande et majestueuse élévation. Les boiseries du chœur, représentant divers traits de la vie des saints, le vaste relief qui est au dessus du maître-autel, et la chapelle souterraine de Sainte-Madelaine, sont les objets à voir dans l'intérieur.

C'est à deux lieues de Saint-Maximin que cette Sainte, suivant la tradition du pays, avait fixé sa retraite dans une grotte au *baume* (en terme du pays), située sur une montagne qui en a pris le nom de *Sainte-Baume*. La grotte est à 469 toises au dessus du niveau de la mer, à 35 au dessous de la cime, où, selon la même tradition, la pénitente était élevée sept fois le jour par les anges. S'il était permis d'interroger les esprits célestes, on serait bien tenté de leur demander les motifs de cette journalière et septuple ascension. Quel bien cela pouvait-il faire à la Sainte? Mais demandons plutôt aux inventeurs de cette fable, quel bien pouvait faire à la religion un conte aussi ridicule? C'est par de pareilles absurdités qu'elle prête des armes à ses ennemis. Au surplus, il est connu que toute cette histoire est entièrement controuvée, puisqu'il n'est plus question de la Madelaine après la résurrection de J.-C. Cette grotte, convertie en église, n'en est pas moins devenue l'objet de la crédule piété des fidèles: plusieurs têtes couronnées ont été s'y prosterner. On y a vu entr'autres la mère et l'épouse de François Ier., et le roi Louis XIV avec la Reine mère et une partie de la cour. Le respectable abbé de Fleury, ayant depuis démontré jusqu'à l'évidence que sainte Madelaine n'avait jamais pu habiter cette retraite, a fait tomber le prestige, qui ne se maintient plus aujourd'hui que parmi le peuple des campagnes, sur qui l'évidence, dans tous les temps et dans tous les lieux, n'a jamais eu d'empire.

Cette montagne, en cessant d'être l'objet de la piété générale, n'a pas cessé d'être celui de la curiosité publique. C'est à Saint-Maximin qu'on quitte la route de poste, pour prendre le chemin de traverse qui mène à la Sainte-Baume. On monte péniblement au sommet, en faisant une moitié du trajet à cheval, et l'autre à pied. On trouve un premier dédommagement de sa fatigue dans le superbe coup d'œil qui s'offre à la vue à mesure qu'on s'élève, et qui se déploie tout entier lorsqu'on est parvenu à la cime. A l'E. et au N., un précipice affreux, la montagne taillée à pic, dans une élévation de plus de 100 mètres, et plusieurs chaînes de montagnes, la plupart boisées, qui s'élèvent graduellement les unes sur les autres; au midi et au couchant, la pleine mer, le lac de Berre, les bouches du Rhône : en un mot, on a presque toute la Provence sous les yeux. La sommité d'où l'on embrasse toute cette étendue de perspective, se nomme le *Saint-Pilon : Pilon*, à cause de la forme du rocher qui la couronne; *Saint*, à cause des visions journalières que la Sainte y avait, dit-on, avec les anges.

Ce riche point de vue est, avec la beauté pittoresque du lieu et les congélations de la grotte, ce qu'offre de plus intéressant aujourd'hui la Sainte-Baume, dévastée pendant la révolution, et dépouillée de tout ce qui pouvait la rendre digne de curiosité. Elle est ressortie, pour ainsi dire, de ses cendres depuis mon passage, par les soins de l'archevêque d'Aix.

Du Saint-Pilon on peut aller à la pointe des Badines ou montagne Saint-Cassien, élevée, selon Papon, de 225 toises au dessus du Saint-Pilon, 694 au dessus de la mer; mais je crois cette évaluation exagérée. On trouve, sur cette dernière montagne, deux autres grottes dont les congélations ne sont pas moins curieuses que celles de la Sainte-Baume.

Terminer la description de cette grotte par les vers qu'elle a inspirés aux aimables voyageurs Chapelle et Bachaumont, c'est la terminer par un bouquet.

> Et l'on croit avec apparence
> Que les saints esprits ont taillé
> Ce roc, qu'avec tant de constance
> La Sainte a si long-temps mouillé
> Des larmes de sa pénitence.
> Mais, si d'une adresse admirable
> L'Ange a taillé ce roc divin,
> Le Démon, cantuleux et fin,
> En a fait l'abord effroyable,
> Sachant bien que le Pélerin
> Se donnerait cent fois au Diable
> Et se damnerait en chemin.

Revenant à Saint-Maximin pour reprendre notre route, nous en remarquerons une qui aboutit sur la place de cette ville par une longue et belle avenue en ligne droite : elle conduit à Barjols, petite ville peu remarquable, ancien lieu de relais.

La distance que nous parcourons offre une contrée toujours calcaire, presque toujours cultivée en blé, d'une fertilité médiocre, et d'un fort triste aspect. La montagne qu'on franchit à mi-distance, n'offre pas plus d'intérêt.

Tourves est un gros bourg de près de 3,000 habitans, où l'on remarque un beau château, de belles eaux et de belles prairies. Il est situé dans une jolie et riche plaine où le blé rend communément 10 à 12 pour 1, à la faveur des arrosages. Le château est situé sur un monticule détaché, d'où il domine la plaine et le bourg, et produit le plus bel effet. Les acquéreurs en ont enlevé la toiture, les fers, les boiseries, la charpente, et ont livré le reste aux ravages du temps. On n'y voit plus, au milieu des ruines, qu'une colonnade intacte et un très bel obélisque, monumens qui n'ont pas été compris dans la vente.

J'ai déchiffré, sur l'une des faces de ce dernier, une inscription qui donne la mesure du caractère de l'estimable seigneur qui le fit éri-

Iʳᵉ. ROUTE DE MARSEILLE A GÊNES. 9 lieues.

ger, M. de Valbelle, mort peu de temps avant la révolution :

> Conserve ma devise, elle est chère à mon cœur.
> Les mots en sont sacrés, c'est l'amour et l'honneur.

Cette inscription aussi claire que morale est digne d'un chevalier Français, et mérite bien autant d'être recueillie que plusieurs de celles sur lesquelles se morfondent les antiquaires, inscriptions souvent énigmatiques par leurs syncopes, plus souvent insignifiantes par les explications qu'on en donne, plus souvent encore mal expliquées.

Au sommet d'une montagne située à une demi-lieue S. de Tourves est un hermitage consacré à saint Provace. C'est le saint par excellence du pays.— *Parcouru depuis Marseille*. 19½

---

§ 6. *De Tourves à Brignolles*. 3

Chemin plat, quoiqu'au milieu des montagnes. Elles sont ici couvertes de forêts, et récréeraient la vue, si l'on ne savait qu'elles ont été long-temps l'asile des brigands qui ont infesté cette contrée. Ces forêts s'épuisent par les nombreuses coupes qu'on y exécute. Plusieurs ont disparu, et l'épais feuillage qu'elles offraient a été remplacé par la nudité des rochers, la maigreur des broussailles et des arbustes.

Vers le milieu de la distance, on laisse à une demi-lieue sur la droite, le beau château de Saint-Julien appartenant jadis à M. de la Paine, aujourd'hui vendu à des acquéreurs qui l'ont parfaitement conservé, ainsi que la belle forêt qui en dépend.

Brignoles est une ville peuplée de 5 à 6000 âmes et située sur la petite rivière de Calanis, entre des montagnes boisées, dans un bassin agréable et fertile. Elle renferme une sous-préfecture, un tribunal de première instance et de commerce, des tanneries renommées et d'assez jolies fontaines publiques.

Cette ville a donné son nom aux fameuses prunes que produit son territoire, d'autres prétendent qu'elle a pris le sien par corruption de ces prunes même, question géographique peu importante à résoudre. Cette ville était si vantée pour la salubrité de l'air que les comtesses de Provence s'y faisaient porter pour faire leurs couches. La fertilité de la plaine de Brignoles est au même degré que celle de la plaine de Tourves, dont elle est une continuation. Egalement arrosée, elle rend de même

Iʳᵉ. ROUTE DE MARSEILLE A GENES. 11 lieues.

10 pour 1. On cultive la vigne et l'olivier sur les coteaux qui la dominent.

Brignoles avait autrefois une communication en poste sur Digne et Gap, par Barjols. Elle a encore un grand chemin sur Toulon par Soliers. — *Parcouru depuis Marseille*. . . . . 22 ½

---

§ 7. *De Brignolles au Luc*. 6

La route s'engage dans les montagnes. Elles sont toujours calcaires. Le village assez joli qu'on traverse aux deux tiers de la distance est Flassans, ancien lieu de relais. Il y a un embranchement qui va joindre à Carnoule la deuxième route de Marseille à Gênes, et où l'on se propose de transférer cette dernière passant, dans l'état actuel, par Pignans. On traverse, au sortir de ce village, un joli ruisseau qu'on est étonné de voir courir du Sud au Nord, comme s'il venait de la mer. Il descend des montagnes qu'on a sur la droite, et va se jetter dans la rivière d'Argens, que nous traverserons entre Vidauban et Fréjus.

Le Luc est un gros bourg de 3,000 habitans, qui a un bureau de poste et plusieurs auberges. Son territoire, d'un aspect agréable, produit beaucoup d'huile ; il est aussi très fertile en froment. Les montagnes voisines, vers le Sud, fournissent la première qualité de marrons qu'on connaisse. Les principales chataigneraies sont dans le territoire de la Garde-Frenêt, bourg situé à trois lieues de distance sur la route de Saint-Tropès, petite ville de 4000 habitans, située elle-même à pareille distance de ce bourg, sur la côte méridionale du petit golfe de Grimaud. Cette ville a une citadelle ; son port est le seul qui existe depuis Toulon jusqu'à Fréjus, qui n'en est plus un, comme nous le verrons bientôt. L'air qu'on respire à Saint-Tropès, aussi pur que celui de Fréjus est mal sain, a garanti les habitans du fléau de la peste, lorsqu'elle ravageait les villes et villages des environs.

La mer y abonde en poissons et encore plus en coraux, qui passent pour les plus beaux de toutes les côtes de la Méditerranée. Saint-Tropès n'a d'autre communication avec l'intérieur que celle qui nous y a conduits du Luc par la Garde-Frenêt.

A mi-chemin de ces deux bourgs on trouve une verrerie à vitre, appartenant à M. Raimbault de Marseille. Elle occupe 100 ouvriers. L'insalubrité du local les oblige à le quitter

Iʳᵉ. ROUTE DE MARSEILLE A GÊNES.

et à suspendre leurs travaux pendant les deux mois les plus fiévreux de l'année, septembre et octobre.

Le Luc est le point de réunion des deux routes d'Aix et de Toulon à Nice, qui de là n'en faisaient plus qu'une, passant par Fréjus, avant qu'on en projettât une autre par Draguignan et Grasse. La confection de cette dernière à travers les localités difficiles des montagnes qui occupent tout l'intervalle de ces deux villes, doit durer nécessairement plusieurs années. Les nouveaux plans la font partir de Brignoles.

Draguignan est une ville peuplée de 6 à 7000 individus, et située à 5 lieues N. O. du Luc, dans un bassin fertile formé par un amphithéâtre de coteaux entièrement couverts d'oliviers ou de vignes. Assez bien bâtie et pas mal percée, elle n'a rien de remarquable quand on interroge les habitans; mais quand on la parcourt, on voit, avec plaisir, beaucoup de fontaines abondantes, ainsi que de nombreuses plantations d'arbres, et avec curiosité la butte sur laquelle s'élève la tour de l'horloge. Cette butte présente une petite plate-forme gazonnée qui se trouve à peu près au niveau des combles de la ville. Le roc calcaire qui la supporte est coupé à pic presque circulairement, et supporté lui-même par une autre butte plus grande et gazonnée de même.

Cette ville doit tout son lustre au siége de la préfecture et des principaux établissemens du département du Var, dont elle est le chef-lieu. Elle doit cet avantage moins à sa position centrale qu'à la reddition de Toulon, qui fit ôter à cette ville maritime l'administration départementale dont elle avait jusqu'alors été le siége.

Grasse, ville fameuse par ses parfumeries, n'a pas encore, jusqu'à la confection de la route dont on vient de parler, d'autre débouché qu'un chemin suffisamment large, mais excessivement dégradé qui forme sa communication avec la ville de Cannes, au N. de laquelle elle est située à 4 lieues de distance. Comme c'est le point de notre route qui en est le plus près, c'est là que nous en renverrons la description. — *Parcouru depuis Marseille*, . . . 28½

§ 8. *Du Luc à Vidauban*. 3½
§ 9. *De Vidauban au Muy*. 3½
§ 10. *Du Muy à Fréjus*. 4

La route n'est plus montueuse, les rochers, jusque-là calcaires, prennent la nature du grès qui montre à nu, en certaines parties de la route,

Ire. ROUTE DE MARSEILLE A GÊNES.

des bancs rougeâtres entremêlés de couches d'argile. Vers le milieu de la première distance on traverse le village des Arcs où est l'embranchement qui mène à Draguignan. Vidauban et le Muy sont deux villages qui ont chacun une auberge logeable. A une ou deux lieues O. du premier, la rivière d'Argens offre une belle cascade. A pareille distance du second, les montagnes qu'on voit du côté de la mer renferment des sites pittoresques et de belles horreurs. Entre ces deux relais, vers le quart de la distance, on traverse sur un pont de pierre, la rivière d'Argens dont on vient de parler, rivière mentionnée dans le dixième livre des Épîtres de Cicéron. Les crues violentes auxquelles elle est sujette, interceptent quelquefois la route, qui la côtoie sans interruption jusqu'à Fréjus, quoique le voyageur ne l'aperçoive presque jamais.

On traverse encore, en sortant du Muy, le torrent ou ruisseau d'Artuby, qui vient de Draguignan ; et une demi-lieue plus loin, l'Endele, qui n'avait pas encore de pont en 1806, et dont les crues forçaient souvent le voyageur d'aller chercher un passage sur un vieux pont situé plus haut. Enfin, entre le village du Pujet, qu'on trouve aux trois quarts de la distance, et la ville de Fréjus, on passe le ruisseau du Reyran, et ensuite un canal de ce ruisseau, qui a été fait peu de temps avant la révolution pour amener les eaux dans les marais qui ont pris la place de l'ancien port de cette ville. Le Pujet est le sixième ou septième village qui porte ce nom dans l'ancienne Provence. « En » faisant la route du Luc à Fréjus (dit M. de » Saussure), on est affecté de la pâleur » des habitans de la campagne. Le pays est » plat. On y voit des prairies un peu maréca- » geuses couvertes le matin, en automne, d'un » épais brouillard. Ces exhalaisons sont indu- » bitablement la cause de l'altération de l'air » et de la santé.

» En revanche (ajoute le même auteur), le » pays est extrêmement fertile. On voit les » oliviers plantés dans des vignes alignées dont » les intervalles sont occupés par des champs, » et la terre de ces champs est si meuble que » deux ânes suffisent pour la labourer, avec » une charrue si légère, qu'après le travail, » un âne, ou le laboureur lui-même, l'emporte » sur son dos » (*).

(*) M. de Saussure aurait pu faire la même re- marque en plusieurs autres parties de l'ancienne Pro-

Ire. ROUTE DE MARSEILLE A GÊNES.

« Du Pujet au Muy (dit-il ailleurs), on
» roule presque continuellement sur des bancs
» de grès alternant avec des bancs d'argile, et
» leur inégale destruction produit dans le grand
» chemin des inégalités fatigantes pour les voi-
» tures et pour les voyageurs ».

Le long de cette même route règne, à quelques lieues de distance, sur la droite, une
chaîne de montagnes élevées et boisées qui
bordent la mer, et dont une, plus rapprochée
de la route que les autres, prend un caractère
pittoresque qui n'échappe point aux yeux du
voyageur ami de la vraie nature. Cette montagne se nomme *Roquebrune*, du nom d'un
village qui est au pied. Elle paraît avoir environ 600 mètres de hauteur perpendiculaire
au dessus du niveau de la mer. La plus grande
élévation de cette chaîne est de 8 à 900.

Dans un enfoncement des coteaux qui précèdent ces montagnes, on voit ou plutôt on entrevoit un ancien couvent entouré et presque caché
par les arbres. Il offre une position gracieuse
qu'on éprouve la curiosité de voir de près.

---

vence. Au surplus, la fertilité qui a frappé ce phy-
sicien n'est pas extrêmement remarquable, car elle
n'excède pas la proportion ordinaire de 5 à 6 pour 1.

Fréjus, ancienne colonie Romaine, est une très petite ville dont l'enceinte paraît, d'après les vestiges de ses vieux remparts, avoir été cinq ou six fois plus grande que celle dans laquelle elle se trouve aujourd'hui resserrée. Les antiquités qu'elle renferme seraient intéressantes dans une autre contrée que le midi de la France, où elles se trouvent effacées par d'autres plus belles et mieux conservées.

Celles de Fréjus sont toutefois assez considérables pour mériter les regards de tous les voyageurs. On y voit, outre un grand nombre de débris que les seuls antiquaires de profession peuvent apprécier, deux portes Romaines dites, l'une, *la porte de César*, l'autre, *la porte dorée*; cette dernière ainsi nommée à cause des clous à tête dorée qu'on y a trouvés, était celle du port, dont on distingue encore parfaitement l'enceinte, deux fois plus grande que celle du port de Marseille, et entourée d'un quai, qui régnait tout autour. Un phare s'élevait à l'entrée. On marche encore sur le ciment ou le stuc indestructible de ce quai, qu'on suit sans interruption dans toute sa longueur. Il ne s'élève guères au dessus du sol marécageux qui le borde. Le phare n'offre plus qu'une informe maçonnerie. La mer, s'est non-seulement retirée du port, mais même de la rade, comblée en partie par les atterrissemens de la rivière d'Argens.

On aime à promener ses regards sur cette surface vaseuse, occupée jadis par la flotte Romaine; on aime à se représenter les matelots du grand peuple s'agitant, se pressant sur ce quai, où l'on se promène aujourd'hui solitaire, sans y trouver autre chose que des ruines, des souvenirs, et des sujets de méditation.

Fréjus offre encore quelques restes de remparts et d'aqueducs, avec un assez grand amphithéâtre revêtu de petites pierres carrées et entremêlées de briques. Celles que le temps a mis à nu, en les dépouillant de leur ciment, laissent voir, en caractères parfaitement conservés, le mot *Castori*, qui est sans doute le nom du fabricant. Certes, il songeait moins, en gravant son nom sur ses briques, à le faire connaître de la postérité qu'à faire connaître sa fabrique de ses contemporains. C'est cependant de tous les hommes qui ont contribué à la construction de cet édifice, le seul dont le nom soit arrivé jusqu'à nous, quoique le nom du Romain qui ordonna cette construction figure peut-être dans l'histoire, tandis que celui de ce modeste ouvrier ne figure que sur ses briques.

2*

SUD-EST DE L'EMPIRE FRANÇAIS.

Dans une maison dite *Villeneuve*, à quelques portées de fusil de la ville, on remarque un reste de temple.

Ces débris échappés aux ravages des Goths et des Sarrazins, qui ont successivement pris et saccagé la ville de Fréjus prouvent, ainsi que son nom de *Forum Julii*, son ancienne splendeur. Elle renfermait, avec une nombreuse population, une légion Romaine. Aujourd'hui elle a peine à contenir 3000 habitans. On la croit assez généralement fondée par une colonie de Phocéens-Marseillais. La ville moderne, dont l'évêché a été supprimé dans la révolution, possède encore un tribunal civil.

Elle a donné naissance à plusieurs hommes illustres de l'antiquité, notamment à Julius Agricola, immortalisé par sa conquête des îles Britanniques, et plus encore par son gendre et son historien Tacite, à Cornelius Gallus poète ami de Virgile, qui lui consacra l'une de ses plus belles églogues, *pauco meo Gallo* (*), enfin, à

(*) M. Malte-Brun, dans le journal de l'Empire, feuille du 25 novembre 1807, fait naître Cornelius Gallus à Aquilée, et une pareille autorité provoque de justes doutes sur l'exactitude des auteurs qui ont placé le berceau de ce poète à Fréjus.

Ire. ROUTE DE MARSEILLE A GÊNES. 21 lieues.

Julius Græcinus, sénateur Romain, distingué par son éloquence et par le vertueux courage qu'il eut de résister à l'empereur Caligula, qui voulait l'obliger à accuser Marcus Silanus. Græcinus refusa, l'empereur irrité, lui fit ôter la vie.

Fréjus a produit de nos jours un homme célèbre, M. le sénateur Sieyes.

Le terroir de cette ville est fertile, et l'air en est mal sain à cause des marécages. Cependant, si elle se dépeuple, c'est bien plutôt par le défaut de ressources et d'industrie que par les fièvres, auxquelles elle est moins sujette depuis le desséchement des marais, commencé il y a 30 ans environ, au moyen du canal que nous avons traversé un quart-d'heure avant d'arriver. La fécondité du sol n'excède pas d'ailleurs le terme moyen de 6 à 7 pour 1. Les orangers n'y réussissent en pleine terre, qu'autant qu'ils sont en espaliers.

C'est à Saint-Raphaël, petit port de pêcheurs, situé à une demi-lieue de Fréjus, et non à Fréjus même, comme l'ont dit quelques journaux, que débarqua le général Bonaparte à son retour d'Egypte. — *Parcouru depuis Marseille*. 39

§ 11. *De Fréjus à Lestrelle*. 4

La route passe près de quelques piles de l'aqueduc dont nous avons parlé, et ne tarde pas à gravir la montagne de Léstrelle, dont les rampes longues de plus de deux lieues et suffisamment larges, sont souvent bordées de précipices; on jouit, en se retournant, d'une belle vue sur la plaine et la mer de Fréjus, ainsi que sur les montagnes de Saint-Tropez. Du sommet, on aperçoit, à 18 ou 20 lieues de distance, quand le temps est clair, la cime neigeuse des Alpes, dont celles de Lestrelle sont une ramification. Ces dernières n'ont qu'une élévation moyenne. La plus haute, celle qui domine Lestrelle, ne doit pas avoir plus de 800 mètres au dessus de la mer. Le point ou col sur lequel on la franchit n'en a pas 600. Un grès couleur de lie de vin en forme le noyau.

Une descente beaucoup plus courte que la montée, conduit au vieux château de Lestrelle, qui s'élève isolément au milieu des bois, sur la pente orientale de la montagne. Cette triste et sauvage demeure fut, avant la révolution, celle d'un seigneur, qui n'était pas, sans doute, gâté, comme beaucoup d'autres, par le séjour de la capitale. Cela n'a pas empêché qu'il n'ait eu dans le temps assez de crédit, pour faire passer devant son château cette route, qui suivait auparavant la direction de l'ancienne voie Romaine, par la Napoule, très-petit port de mer, dont nous parlerons plus bas. Un acquéreur de biens nationaux a pris la place de ce seigneur de la montagne. Il partage sa gothique demeure avec un piquet de gendarmes, qui, devenus habitués de ces forêts, ont été plus à même de s'y rendre maîtres des voleurs dont elles étaient infestées, et qu'on a eu bien de la peine à détruire. Aujourd'hui le passage est aussi sûr qu'il a été dangereux.

Le château qui, sans être très grand, sert d'habitation au nouveau propriétaire, et de caserne aux gendarmes, sert encore de relais pour la poste, et d'auberge pour les voyageurs, quand ils ne peuvent pas pousser jusqu'à Cannes. Au milieu de la route qui sert elle-même de cour au château, est une fontaine, et près de cette fontaine une colonne milliaire renversée, dont l'inscription presque entièrement détruite aujourd'hui, est rapportée dans l'histoire de Fréjus.

Des forêts de pins extrêmement éclaircies par les dévastations, et ce qui afflige davantage, par les incendies, couvrent au loin toutes les diverses croupes qui composent ces montagnes.

Comment le savant Millin a-t-il pu prendre ces pins pour des sapins? On ne voit pas un seul sapin dans toute la chaîne. Ces pins de montagne ne sont point résineux. Quelques chênes-liéges se montrent de loin en loin : les chênes-verds ne s'y montrent que rarement, et seulement en arbustes : les chênes ordinaires ne s'y montrent pas du tout.

Sous l'ombrage des pins, on aperçoit l'arbousier, le lentisque, et mille autres arbrisseaux qui dérobent presque partout la terre aux regards du voyageur et captivent ceux du botaniste. Il n'est peut-être point de montagne en France qui leur offre en ce genre une aussi abondante variété.—*Parcouru depuis Marseille.* 43

§ 12. *De Lestrelle à Cannes.* 6

On parcourt la première moitié de cette distance dans les mêmes montagnes, en descendant presque toujours et remontant quelquefois, par des rampes si difficiles et si scabreuses, qu'il n'y a que l'extrême habitude des postillons qui puisse tranquilliser le voyageur sur le danger de voir briser sa voiture à chaque instant. Quand on est au bas de la montagne, il est impossible de ne pas rendre grâce au ciel d'y être arrivé sain et sauf. Je désire que les voyageurs ne trou-

Iʳᵉ. ROUTE DE MARSEILLE A GÊNES.

vent point exacte la description que je fais de cette route; ce sera une preuve qu'on l'aura réparée(*). Les localités, toutes sauvages qu'elles sont, toutes âpres qu'elles paraissent, ne présentent que des difficultés ordinaires : les pentes sont moyennes : point d'éboulemens, point de torrens, peu de ravins, peu de boues et beaucoup de pierres d'une nature grèseuse, qui offrent d'excellens matériaux.

On laisse à quelques pas sur la droite, le bourg et petit port de la Napoule, situé au bord de la mer, et si renommé par son air fiévreux que, d'après un proverbe populaire, *les poules y ont la fièvre.* On revoit les Alpes du pied des montagnes qu'on vient de descendre, à travers un abaissement considérable de celles qui, occupant l'intervalle des unes et des autres, en forment l'enchaînement. On aperçoit dans cet intervalle la ville de Grasse. Là, recommence le pays des vignes et des oliviers, ainsi que des orangers et citronniers : on ne le quitte plus jusqu'à Nice.

La première rivière qu'on traverse, quand

(*) J'apprends que mon vœu est réalisé, et que cette route est aujourd'hui aussi belle que je l'ai trouvée affreuse toutes les fois que je l'ai parcourue.

on a gagné la plaine, est celle d'Argentière : elle coupe la distance en deux parties égales, vis-à-vis et non loin du petit port de la Napoule, dont nous avons déjà parlé. Cette rivière interceptait la route, lors de mon dernier passage en 1808.

La seconde dite l'*étang*, encore plus sujette à déborder, se divisait alors en deux bras dont le premier, qui était son véritable lit, se passait encore sur un pont de bois. Le second formé par les crues, était plus considérable que le premier, et se passait à gué ; mais non sans danger dans de certains momens. Il me parut indispensable ou d'y faire un pont, ou d'élargir le vrai canal, pour qu'il pût recevoir, sinon la totalité, du moins la plus grande partie des eaux grossies par les pluies (*).

La troisième rivière qui est la Siagne, passe sous un assez beau pont à une demi-lieue de Cannes. Sur un monticule qui s'élève près de ce pont, on remarque un bouquet d'arbres très pittoresque, et au milieu du bouquet l'hermitage de Saint-Cassien. Ce monticule isolé qui

---

(*) Les nouveaux travaux ont infailliblement obvié à l'inconvénient de ces inondations, soit par les moyens que j'indique, soit par tout autres.

Ire. ROUTE DE MARSEILLE A GÊNES.

forme un accident assez extraordinaire, est attribué aux Romains, qu'on présume l'avoir élevé pour en faire une redoute.

Le voyageur ami des beaux sites, est tenté d'envier le sort de l'heureux anachorète, qui a fixé sur cette position militaire, sa paisible et contemplative retraite.

La petite ville de Cannes, que la plupart des géographes qualifient de bourg, est très commerçante et très peuplée pour sa grandeur. Elle renferme environ 4,000 habitans. Son commerce consiste dans les anchois et sardines qu'on y pêche et dans les productions du pays, qui sont : les vins, les huiles, les citrons, les oranges, les figues, etc. Elle est située au bord de la mer, sans avoir ni bassin, ni rade, mais seulement une anse très peu profonde, dans laquelle les bâtimens côtiers qu'elle expédie ou reçoit, sont obligés, à cause du peu de fonds, de se mettre à l'ancre à une certaine distance de la côte, où ils participent à toute l'agitation de la mer.

Les habitans ont demandé au Gouvernement et espèrent en obtenir la construction d'un double môle, qui formerait un bassin, dans lequel les vaisseaux seraient à l'abri des naufrages auxquels ils sont exposés aujourd'hui. Les maisons bâties le long de la mer sont alignées comme les façades d'un quai, et l'intervalle qui les en sépare, planté en forme de promenade.

Le derrière de la ville est groupé sur le penchant assez rapide d'une très petite colline, au haut de laquelle figure un vieux château sans défense. Une batterie, placée sur la côte, braquée sur la mer et confiée à des gardes-côtes, tient lieu de toute fortification. Près de cette batterie l'auberge de Pinchina, isolément située sur un rocher qui borde la mer, doit plaire aux amis des belles positions maritimes. Cette auberge est entièrement détachée de la ville, qu'on ne voit pas même des croisées, parce qu'elles donnent sur la mer. Les voyageurs n'y découvrent d'autre terre, que les îles de Sainte-Marguerite et de Saint-Honorat, avec quelques pointes avancées de la côte.

Rien ne porte à la méditation comme le spectacle de ce majestueux élément, tantôt paisible et brillant comme une vaste plaine de cristal, tantôt soulevé contre ses rives et contre lui-même, agitant avec fureur ses vagues écumantes, comme des montagnes mobiles, qui se forment, s'engloutissent, renaissent et disparaissent, pour se reproduire au même instant, en se brisant en écume, avec un fracas épouvantable. O tempêtes!

Ire. ROUTE DE MARSEILLE A GÊNES.

juste effroi du pilote! que vous êtes sublimes à voir du rivage! O grand Vernet! que vous êtes sublime dans le choix de vos sujets, comme dans leur exécution!

Situées en face de la ville de Cannes, les îles de Sainte-Marguerite et de Saint-Honorat forment sa véritable défense. La première, qui est aussi la plus grande et la plus voisine de la côte, dont elle n'est qu'à une demi-lieue, renferme une garnison de vétérans et un fort château, prison d'état, où fut enfermé le masque de fer, ce célèbre proscrit dont toute l'Europe a connu les infortunes, et dont personne n'a jamais connu le nom, si ce n'est ses persécuteurs.

Cette île est inculte : elle a une lieue et demie de long et une demi-lieue de large. Les Espagnols la prirent en 1635, les Français les en chassèrent en 1638. Les Anglais s'en étant emparés en 1746, en furent presque aussitôt chassés par le Maréchal de Belle-île.

L'île Saint-Honorat, séparée de la précédente par un canal d'un quart de lieue, n'a pas plus de 1000 pas de long, sur 400 de large. Elle est aussi fertile et aussi agréable que l'autre est triste et stérile. Une maison de campagne avec ses jardins en occupe toute l'enceinte. Elle était, lors de mes divers passages, devenue la propriété et l'habitation de la fameuse tragédienne Sainval l'aînée, originaire de Saint-Paul, petite ville des environs. C'est pour cette actrice, un théâtre bien différent de celui où elle a figuré en France, comme c'est une particularité bien digne de remarque pour l'observateur, que cette retraite philosophique d'une comédienne célèbre, qui va chercher au fond d'une île déserte le repos et l'oubli de sa renommée.

Sur la pointe de terre-ferme qui fait face à l'île Sainte-Marguerite, vint échouer, il y a quelques années, un monstrueux cétacée que les naturalistes ont classé parmi les baleines. On l'aperçut de loin se débattant sur le sable. Il roulait encore des yeux effrayans et ouvrait de temps en temps une gueule énorme qui faisait frémir les curieux accourus pour le voir. Il ne tarda pas à expirer, et les habitans se hâtèrent de le dépecer pour en avoir l'huile. La seule mâchoire inférieure, montrée longtemps à Paris, avait plusieurs toises de long, et plus d'une de large. Posée sur une grande table qu'elle couvrait toute entière, elle présentait l'apparence d'un batelet dans lequel seraient entrées commodément une douzaine de personnes.

A une lieue vers le N. de Cannes, la vue se fixe avec plaisir sur un joli coteau tout verdoyant de vignes, d'orangers et de citronniers qui donnent d'avance une idée des charmans environs de Nice. C'est le bourg de Cannettes.

La ville de Grasse, située comme nous l'avons déjà dit, à quatre lieues N. E. de celle de Cannes, avec laquelle elle communique par une étroite route d'embranchement, domine en amphithéâtre sur de délicieuses campagnes, entremêlées de prairies et de vergers, parsemées d'oliviers et d'orangers, et cette vue s'étend jusqu'à la mer. C'est surtout de la promenade publique qu'on en jouit pleinement. Une fontaine l'embellit: la ville est rafraîchie par plusieurs autres, dont les eaux limpides roulent à flots précipités dans ses rues étroites, rapides et tortueuses, mais elle ne l'est point par les vents du Nord, à cause de la montagne qui la domine de ce côté. Cette montagne de nature calcaire et d'une nudité blanchâtre, contribue singulièrement à l'extrême douceur du climat de Grasse; mais aussi, recevant, comme la ville, les rayons directs du Midi, qu'elle lui renvoie par des réverbérations brûlantes, elle y rend quelquefois les chaleurs insupportables.

Grasse, siége d'une des sous-préfectures du

Var renferme 12,000 habitans entièrement livrés au commerce de la parfumerie. On cultive, dans les jardins et le territoire de cette ville, toutes les fleurs et plantes odoriférantes et tous les aromates. La rose, la tubéreuse le romarin, la lavande, la bergamote, le citronnier et l'oranger y sont des objets d'exploitation. On se croirait dans une des échelles du Levant.—*Parcouru depuis Marseille*. . . . 49

§ 13. *De Cannes à Antibes*. 4

Pays peu varié et peu remarquable. Les montagnes que nous avons sur la gauche sont si éloignées qu'on les aperçoit à peine et si dépouillées qu'elles ne sauraient embellir une perspective. On ne jouit pas davantage de l'aspect de la mer, quoiqu'on la cotoie d'assez près.

Antibes est une ville de guerre très bien fortifiée et un port de mer très abrité par le môle élevé qui l'entoure. Les arcades qui supportent ce môle ressemblent à des portiques, qui, comme dit fort bien M. Millin, donnent au bassin plutôt l'air d'une naumachie que d'un port de mer. La ville renferme 3000 individus. Le port ne peut contenir que de petits bâtimens. L'un et l'autre sont défendus par un fort bâti sur un roc qui s'élève en face

Iʳᵉ. ROUTE DE MARSEILLE A GÊNES.

et à peu de distance dans la mer. Le commerce d'Antibes consiste uniquement dans les productions du pays, le poisson salé, les oranges, les cédrats, l'huile d'olive, les figues, le vin, les fruits secs, etc.

Cette ville est mentionnée, sous le nom d'*Antinopolis*, par Pline, Tacite et Strabon. Le dernier nous apprend qu'elle fut fondée par les Marseillais, et prise par les Romains qui en firent une place d'armes. Ils y avaient construit plusieurs fortifications, dont il reste encore deux belles tours carrées, l'une faisant partie du château où demeure le commandant, l'autre joignant l'église paroissiale. Parmi les pierres dont elles sont construites, on en distingue plusieurs qui ont évidemment appartenu à de plus anciens édifices, détruits soit par le temps soit par la guerre. Au nombre de ces pierres, il en est une qui porte une inscription bien conservée et remarquable par son objet. C'est un hommage de la reconnaissance des habitans envers le jeune danseur Septentrion, qui avait eu le bonheur de les amuser par son talent.

Si l'on voit en France d'autres antiquités plus considérables et plus imposantes, on n'y voit point de tour Romaine mieux conservée, et si l'on court à Nîmes se faire une idée des spectacles sanglans qui occupaient les loisirs des enfans de Romulus, à Orange, à Saint-Remi, admirer leur manière de célébrer les triomphes ou d'honorer les morts, c'est à Antibes qu'il faut aller voir les meilleurs fragmens qui nous restent de leurs fortifications. On a découvert depuis peu une autre ruine antique qu'on croit être celle d'un théâtre. C'est un si faible vestige, qu'on peut à peine y reconnaître la construction Romaine, et que je ne le mentionnerais même pas ici, s'il ne l'était par un grand nombre de géographes, qui lui donnent une importance faite pour tromper leurs lecteurs. — *Parcouru depuis Marseille* 53

§ 14. *D'Antibes à Nice.* 8

Ces huit lieues en valent à peine cinq. Le passage du Var est le motif de la faveur considérable accordée sur cette distance : nous verrons qu'il en méritait une bonne partie. A une demi-lieue on traverse la Brague sur un vieux pont de bois, et une lieue plus loin le Loup sur un pont de pierre. On remarque dans la végétation une progression de vigueur qui s'annonce par la beauté toujours croissante

Iʳᵉ. ROUTE DE MARSEILLE A GÊNES. 35

des oliviers. A cela près, la contrée ne change point de nature jusqu'au village de Saint-Laurent, où l'on passe le Var, immense torrent qui charrie les eaux et les débris des Alpes dans un lit de près d'un quart de lieue de large. Je ne sais pourquoi, ni les torrens qui descendent du Saint-Gothard, ni ceux que vomissent le Mont-Blanc, le Mont-Rosa, le grand et le petit Saint-Bernard, le Mont-Cenis, le Mont-Viso, etc., ne présentent pas, à beaucoup près, le volume du Var, qui cependant n'a pas sa source dans d'aussi hautes montagnes. On sait que d'après les lois ordinaires de la nature, la grandeur des rivières et des torrens est en raison directe de la hauteur des montagnes.

Le Var séparait la France de l'Italie; il sépare aujourd'hui le département qui porte son nom de celui des Alpes maritimes. Un pont de 800 mètres de long sur 8 de large fut jeté sur ce torrent, à l'endroit où il traverse la route (112 kilomètres au-dessus de son embouchure dans la mer), par les Français, après qu'ils se furent emparés de Nice, afin d'assurer la communication de l'armée avec l'intérieur. Construit promptement, il s'est détruit de même, et malgré les réparations pro-

3*

visoires qu'on y a faites, si le nouveau pont que le gouvernement a décrété ne s'exécute promptement, on sera bientôt forcé de recourir à l'ancienne manière de passer, manière aussi difficile que dangereuse, dont on fait encore usage dans l'état actuel, lorsque le pont se trouve intercepté. Elle consiste à passer à gué dans sa voiture ou sur son cheval, avec l'aide de deux ou trois hommes du pays, qui se mettent dans l'eau, jusqu'à la ceinture, pour diriger les chevaux, indiquer le gué, et soutenir au besoin les voitures contre l'impétuosité du torrent. Plusieurs voyageurs acceptent, pour passer eux-mêmes, le dos de ces gaieurs (c'est ainsi qu'on les nomme dans le pays), tous hommes robustes et de très haute taille, tous occupés à étudier continuellement le gué, qui change continuellement de place.

La froideur et la violence du torrent détruit en peu d'années ces tempéramens vigoureux, et l'on assure qu'ils n'arrivent jamais à la vieillesse. Ils cherchent à se soutenir, ou plutôt à s'étourdir par l'usage immodéré de l'eau-de-vie, qui, comme on le sent bien, hâte leur destruction. Ils sont tous ou presque tous du village de Saint-Laurent-du-Var, qui, situé sur la rive droite de ce torrent et tout près du pont, avait autrefois un relais.

Ce village est renommé par son air fiévreux et par ses vins muscats. Les vignes occupent une colline toute composée de sable et de cailloux roulés, sur laquelle, à trois quarts de lieue O. du Var, et à quelques portées de fusil N. de la route, la très petite ville de Cagnes et son château crénelé, forment un point de vue assez pittoresque. Ce château renferme un plafond renommé; il est peint à fresque et représente une chute de Phaëton.

Quand on a passé le Var, on croit s'apercevoir qu'on entre sur le sol de l'Italie, en voyant une végétation plus fraîche, un pays plus riche et un plus beau ciel. On parcourt les deux petites lieues de poste qui forment la distance ou plutôt la promenade du pont du Var à Nice, par un chemin extrêmement roulant en toute saison, entre la mer qui le baigne à droite, et un coteau qui le domine à gauche. Ce coteau est couvert d'une forêt d'oliviers, et entrecoupé d'une grande quantité de vignes, de maisons de campagne, de jardins et de bosquets d'orangers. L'olivier n'est plus ici comme à Aix un frêle arbuste, sans ombrage ni fraîcheur; mais un arbre de haute-futaie d'un verd moins pâle et d'un feuillage plus touffu.

C'est là que j'ai vu pour la première fois ces mouches luisantes appartenant à la famille des scarabées, et si exclusivement affectées à l'Italie que je n'en ai jamais vu en deçà du Var, sans pouvoir assurer néanmoins qu'elles ne passent pas ce torrent, comme je puis assurer qu'elles ne passent pas les Alpes.

On arrive à Nice par le beau faubourg de la Croix de marbre, ainsi nommé, à l'occasion d'une croix élevée à la place où eut lieu l'entrevue de Charles-Quint, de François Ier., et du pape Paul III. D'autres l'appellent faubourg des *Anglais*, à cause du grand nombre d'étrangers de cette nation dont il est rempli en temps de paix. Ce faubourg, composé de maisons peintes avec élégance, et embelli de jardins, où abondent les orangers et citronniers plantés en pleine terre, offre un aspect ravissant. En voyant ces peintures et ces jardins, en respirant ces parfums et cet air pur, le voyageur qui entre dans l'Italie par cette porte, se persuade aisément, comme je l'ai fait moi-même, que tel est partout ce beau pays. C'est une erreur qu'on conserve jusqu'à Gênes, mais on ne la porte pas plus loin quant aux fresques dont on vient de parler; car la ville de Nice est la seule que j'aie vu peinte de la sorte dans les états du roi de Sardaigne, comme celle de Gênes dans le reste de l'Italie.

La ville d'Hières, qui veut rivaliser celle de Nice pour la beauté des maisons, comme elle la rivalise pour la douceur du climat, s'est aussi donné quelques peintures extérieures du même genre; mais cette sœur cadette de Nice est encore bien loin d'égaler son aînée. Tout le quartier neuf joignant le faubourg de Nice est peint de la même manière, ce qui donne à la ville un air de propreté, de richesse, de fraîcheur, dont tous les étrangers sont enchantés; cela fait même croire les maisons plus jolies qu'elles ne le sont réellement; car le dedans ne répond guères aux ornemens extérieurs. Les appartemens sont généralement très simples et sans cheminées.

On voit dans cette ville deux très belles places, dont l'une, celle de Napoléon, formant un carré parfait et entourée de portiques, peut être comptée au nombre des plus belles de France. L'autre, la place Impériale, est embellie par un cours qui la borde, et qui est bordé lui-même par une large terrasse pavée en mastic servant à-la-fois de promenade à la ville et de digue à la mer. Sur le perron par lequel on monte du cours à la terrasse, on voit une mauvaise statue de Catherine Séguiran, héroïne de Nice, qui se distingua, dit-on, par son courage contre les Turcs lorsqu'ils assiégèrent cette ville. Elle est représentée au moment où elle vient d'en renverser un à ses pieds. De cette terrasse battue par les vagues, j'ai distingué les montagnes de la Corse à 40 lieues de distance. Les remparts de la ville forment une autre promenade, qui n'est pas sans intérêt, tant par elle-même que par la vue dont on y jouit. Du côté de la mer ils sont remplacés par la terrasse dont on vient de parler.

Le port est défendu par un môle élevé à grands frais peu d'années avant la révolution. Le roi de Sardaigne ne s'attendait guères sans doute à travailler pour les Français. Ce môle, continuellement sappé par les vagues, se détruit tous les jours, malgré sa solidité.

Du milieu de la ville s'élance dans les nues un roc à pic dont l'effet pittoresque excite la curiosité des étrangers. Ceux qui veulent la satisfaire sont faiblement dédommagés de leur fatigue en arrivant au sommet, où ils ne trouvent qu'une très petite plate-forme et quelques fondations de l'ancien château, pris par Catinat et détruit par Bervick. On montre de là une maison de campagne où le premier avait établi la batterie qui foudroya la ville et le château.

La position de Nice, dans le joli bassin qui entoure ce rocher (non sur le rocher même, comme le dit l'auteur de l'Itinéraire Français), et au pied d'un riche amphithéâtre de collines couvertes de maisons de plaisance, de bosquets, de jardins, d'oliviers et d'orangers, est une des plus riantes de l'Italie. Les Romains regardaient cette ville comme un lieu de délices, et de nos jours elle est pour les Anglais un séjour de prédilection. En temps de paix leurs malades, soit de corps, soit d'esprit, viennent en foule chercher dans ce climat, à-la-fois doux et salubre, le printemps et la santé qu'ils ne trouvent point dans leur île. Beaucoup d'autres étrangers, malades ou non, se rendent à Nice des diverses parties de l'Europe, et toute cette réunion augmente d'un quart le nombre des habitans, estimé dans l'état ordinaire à 18,000. Ce surcroit de population, la quantité et la beauté des équipages, le luxe des toilettes étalé par les dames étrangères, et imité par celles de la ville, tout cet éclat lui donne alors un air de vie, de grandeur et d'activité qui ne contribue pas peu à l'embellir.

L'église de Santa-Réparata est la seule de

Nice qui mérite d'être mentionnée, sans avoir rien néanmoins qui appelle l'attention des voyageurs. Aucun autre édifice, quoique la ville neuve soit en général bien bâtie, n'y fixe les regards. On peut voir dans les faubourgs quelques jardins plantés d'orangers, mais si l'on a vu ceux d'Hières, on ne sera pas aussi satisfait de ceux de Nice.

Une salle de spectacle presque toujours occupée par quelque troupe ambulante, deux établissemens de bains, de superbes auberges, d'assez beaux cafés, une bibliothèque publique, et une société agréablement composée, telles sont, avec les belles promenades dont nous avons parlé, les diverses ressources que cette ville offre aux étrangers, qui y trouvent néanmoins l'inconvénient de la cherté des vivres.

Ils cèdent la plupart au désir de voir quelques-unes des jolies maisons de plaisance placées sur le penchant de la colline. Elles ne présentent aucun de ces palais somptueux qui distingent l'Italie, surtout la ville et les campagnes de Gênes. Ce sont de simples asiles champêtres qu'on admire moins que des palais et qui plaisent davantage.

Sur cette colline, de nature sèche et calcaire et néanmoins du plus riche aspect, quoique

Ire. ROUTE DE MARSEILLE A GÊNES.

dépourvue d'eau, de gazons et de prairies, s'élevait jadis à une lieue N. O. l'antique *Cemelenium* ou Cimelion (*), remplacé par le hameau de Cimiez, où l'on va voir les ruines d'un amphithéâtre, avec quelques faibles restes de bains Romains et de temples, etc. On a trouvé des statues de bronze et de marbre, des médailles, des fragmens de mosaïques, etc., dans le jardin des récolets, monastère qui s'est élevé au milieu de ces ruines. Dans un autre jardin dépendant du domaine qui appartient à M. de Ferrero, ancien ambassadeur de la république de Gênes près du gouvernement Français, on voit aussi des ruines assez considérables, et en outre diverses inscriptions. On en lit encore plusieurs au couvent de Saint-Pons peu éloigné de celui-là.

Nice doit sa fondation aux Marseillais qui voulurent, selon Strabon, s'en faire un rempart contre les Liguriens. Devenue dans la suite capitale du comté qui porte son nom, elle appartint aux comtes de Provence, et finit par se donner au

---

(*) Le nom de cette ville antique varie dans les divers auteurs anciens et modernes qui en ont parlé. Je lui ai compté jusqu'à huit dénominations différentes, et me suis fixé à celle qu'adopte le savant d'Anville.

duc de Savoie, Amédée VII, en 1388. Prise et rendue plusieurs fois par les Français, elle leur a de nouveau ouvert ses portes en 1792. Réunie à la république, elle a continué à faire partie de l'Empire, avec le très petit département des Alpes maritimes, dont elle est le chef-lieu.

L'huile d'olive forme le principal objet du commerce de Nice. La soie, les oranges, cédrats et citrons, autres produits du territoire de cette ville, sont une autre branche d'exportation pour ses habitans, dont quelques-uns se livrent aussi à divers genres d'industrie, tels que la fabrication des pâtes d'Italie, des savons, etc.

Nice, siége de la préfecture du département des Alpes-Maritimes, est en même temps celui des tribunaux de première instance et de commerce, ainsi que d'une Cour d'assises. Elle avait autrefois un évêché supprimé depuis la révolution. — *Parcouru depuis Marseille.* 61

§ 15. *De Nice à Menton.* 12

Ces 12 lieues n'en valent pas plus de 6 à 7, mais les distances ont été excessivement favorisées sur cette route, à cause de son excessive difficulté. Elle est connue sous le nom vulgaire de la *Corniche*, nom qu'elle porte jusqu'à Gênes, parce qu'elle est presque continuellement suspendue en corniche au flanc méridional des Apennins, sur le rivage de la mer. Elle commence par gravir, à la sortie de Nice, une petite colline couverte de plantations d'oliviers qui offrent cet arbre dans toute sa beauté. Elle passe au bout d'un quart de lieue sous le fort de Montalban, et un quart de lieue plus loin au dessus du petit port militaire de Villefranche, qui était pour le Roi de Sardaigne, sur la Méditerranée, ce qu'était Toulon pour les Rois de France.

Ce port était neuf lors de la révolution ; il est vieux aujourd'hui, parce qu'il a été abandonné, n'étant plus nécessaire à la puissance qui possède celui de Toulon. Ces vastes bâtimens délaissés et la petite ville réduite à la misère, méritent un regard en passant, et ce regard doit être celui de la pitié. Si cette ville peuplée de 1500 habitans, et ce port abandonné, n'ont point été jugés dignes d'être pris en considération dans le tracé de la nouvelle route, on eût au moins dû songer à l'intérêt des voyageurs, auxquels il importe de passer dans des lieux de ressource, d'abréger leur chemin, et d'avoir le moins possible de montées et de descentes. Dirigée par Villefranche, et continuant à suivre les bords de la mer, la route eût passé encore à Monaco, et dans quelques villages et hameaux tant avant qu'après cette ville. Elle eût évité de s'élever sur des croupes de près de 600 mètres de hauteur perpendiculaire, dans des pays déserts, qui par cette raison sont dangereux, et eût été plus courte de quelques lieues (*).

Les motifs de la bizarre direction qu'elle a reçue, sont plus bizarres encore, si toutefois ils sont vrais. On prétend que le cautuleux ingénieur qui l'a tracée, voulait la mettre à l'abri du canon des vaisseaux ennemis : mais avec de pareilles vues, il eût été impossible de la continuer jusqu'à Gênes ; car, excepté dans quelques intervalles, il n'est pas possible de s'éloigner de la côte, ni, par conséquent, de se soustraire au canon ennemi, autrement que par de bonnes batteries, véritable garantie des côtes et des routes littorales.

En s'éloignant du rivage de la mer, la route ne passe dans aucun autre lieu habité que la Turbie, misérable village sans ressource, et sans autre intérêt que les ruines presque effacées d'un monument qu'on nomme *le Trophée d'Au-*

(*) M. de Saussure, qui a parcouru la Corniche avant la révolution, a mesuré la plus grande élévation du passage à 286 toises. Je ne sais si la nouvelle route ne s'élève pas encore plus haut.

guste. « C'était, dit M. Millin, une haute tour
» placée sur un soubassement carré, entouré
» lui-même d'un ouvrage de maçonnerie con-
» centrique. Les Lombards avaient commencé
» à détruire ce monument, le maréchal de Vil-
» lars acheva de le renverser, parce qu'il pouvait
» offrir à l'ennemi un lieu d'observation et de
» défense. Les pierres en ont été employées à la
» construction des maisons et des églises. Au-
» guste l'avait élevé pour transmettre à la pos-
» térité les noms des peuples des Alpes maritimes
» qu'il avait soumis, et Pline nous a conservé,
» l. 3, chap. 20, sect. 24, l'inscription qu'il y
» avait placée ». Cette inscription, rapportée
par M. Millin, est trop longue pour trouver ici
sa place.

On a fréquemment la vue de la mer, quelques précautions qu'ait prises l'ingénieur pour éloigner sa route de cet élément, objet de sa terreur. Des hauteurs de la Turbie, on entrevoit la petite ville et le pittoresque château de Monaco. Elle est peuplée d'environ 1000 habitans, et située de la manière la plus extraordinaire sur la plate-forme d'une roche escarpée qui s'avance dans la mer en presqu'île.

Cette roche que couvre en entier la ville, avec son château, que battent de tous côtés, excepté dans le seul point où elle tient au continent, les vagues de la mer, et que menacent en même temps les roches supérieures sous la dépendance desquelles la nature semble l'avoir placée, offre un des aspects les plus romanesques qu'il soit possible d'imaginer. Après avoir toujours éprouvé le regret de ne la voir que de loin, j'ai voulu céder enfin une fois à la curiosité de considérer de près cette capitale du plus petit état de l'Europe. Une assez belle place d'armes sépare le château de la ville. Le rocher qui forme les talus de ce château est parsemé de raquettes ou figuiers d'inde, qui sortent si naturellement de ses veines, que je les aurais crues spontanées, si je n'avais remarqué en même temps, qu'on n'en voit sur aucun autre rocher ni dans aucun autre endroit de la même côte, mais seulement sur quelques autres semblables talus de château.

Les bosquets d'oliviers, d'orangers, de citronniers, de bergamotiers, de jujubiers, de garroubiers, etc., qui ombragent et embellissent les divers escarpemens de la montagne, qui bordent et parfument le rivage et jusqu'à la ville même, achèvent le tableau et multiplient les sensations.

Avant de quitter Monaco, disons encore un

Iʳᵉ. ROUTE DE MARSEILLE A GÊNES.

mot de cette ville plus ancienne et plus célèbre qu'on ne le croirait. Sa fondation a été attribuée à Hercule Monæcus qui, dit-on, y avait un temple. Virgile et Lucain parlent de Monaco, le premier dans le seizième livre de son Enéide :

Aggeribus socer Alpinis atque arce Monœci,.
Descendens. . . . .

Le second dans le premier livre de sa Pharsale :

. . . . *Solus sua littora turbat,*
Circius et tutâ prohibet statione Monœci.

L'illustre maison de Grimaldi qui a possédé cette principauté, sous la protection de la France, descend du maire du palais Grimoald, selon ce que nous apprennent les historiens ; les plus sages ne l'affirment point. Ils prétendent, mais également sans l'affirmer, que Grimaldi Iᵉʳ. fut investi de cette principauté par Othon Iᵉʳ., dans le dixième siècle.

Le chemin délicieux qui nous a conduits le long du rivage de la mer, à travers les bosquets et les parfums, depuis Monaco jusqu'à Menton, est dû à un prince de Monaco, qui a voulu établir cette communication entre sa ville capitale et sa ville principale. C'eût été autant de fait pour la nouvelle route, si l'ingénieur n'avait préféré à tout cet ombrage et à tous

Tome VI.

ces parfums, tous les escarpemens et toutes les difficultés de la montagne. Enfin, après avoir conduit sa route au milieu des obstacles de tout genre, jusque dans la région des frimats, il fallait bien la faire descendre à Menton. Cette descente dure près de deux lieues : l'embranchement s'opère une demi-lieue au delà de Monaco, presque en face du Cap Martin, langue de terre entièrement occupée par la maison de plaisance, les jardins et les bois de chasse du Prince.

Ce site offre des beautés si romantiques, une solitude si calme, un air si pur, des sensations si mélancoliques et si douces, qu'un anglais enthousiaste a demandé et obtenu la permission d'en faire le tombeau de sa famille. Menton est une petite et assez jolie ville, plus considérable, quoique moins intéressante que Monaco. C'était, sinon le chef-lieu, du moins le lieu principal des états du prince. La bonne apparence des maisons y annonce l'aisance des habitans. Quoique leur principal commerce se fasse par le cabotage, ils n'ont point de port, et les bâtimens sont mis à sec sur le rivage, en attendant le chargement, ou bien ils restent à un quart de lieue en mer. Les orangers et sur-

Iʳᵉ. ROUTE DE MARSEILLE A GÊNES. 51 lieues.

tout les citronniers, qui forment la principale richesse de cet heureux climat, et le principal objet de commerce des habitans, embellissent et embaument le territoire de Menton ; il se compose d'une petite plaine et des collines qui forment la base de l'Apennin, dont les cimes nues et blanchâtres la défendent du N., et y concentrent la température du Midi.

On remarque, dans ce pays, de très jolies femmes, que favorisent à merveille les filets dans lesquels elles laissent tomber avec abandon leur chevelure, et que ne déparent point les chapeaux de paille en forme de parapluie à la chinoise qui recouvrent ordinairement ce réseau. — *Parcouru depuis Marseille*. 73

---

§ 16. *De Menton à Vintimille*. 3

Ces trois lieues en valent à peine deux. Les talus de deux montagnes successives, l'une calcaire, l'autre argileuse, présentent des difficultés du premier ordre à vaincre, pour la construction de la nouvelle route, tant à cause de la nature même de ces montagnes que du voisinage de la mer, qui sappe et ronge continuellement leurs bases. Il faut même en franchir un petit bras qui pénètre assez profondément dans leurs flancs et forme une manière de golfe.

Vintimille est une très petite ville épiscopale d'environ 1800 habitans. Elle n'offre, à l'intérêt des voyageurs, que quelques inscriptions antiques. — *Parcouru depuis Marseille*. . . . 76

§ 17. *De Vintimille à San-Remo*. 6

La rivière de la Roya, qu'on traverse au sortir de Vintimille, n'est pas sujette à tarir, comme presque toutes celles des Apennins, parce qu'elle vient des Alpes, dont les neiges éternelles lui fournissent un éternel aliment. C'est la dernière de toutes les rivières de cette route qui ait incontestablement son berceau dans les Alpes, dont la séparation avec les Apennins n'est pas, comme on sait, parfaitement arrêtée par les géographes. Pour se tirer d'embarras, la plupart ne la fixent point : les autres la fixent diversement. J'ai interrogé à cet égard les morts et les vivans, et toutes mes recherches ne m'ont fait découvrir que des systèmes (*).

(*) D'après un de ces systèmes qui ne me paraît pas le moins raisonnable, la séparation serait for-

Iʳᵉ. ROUTE DE MARSEILLE A GÊNES.

Au bout d'une lieue parcourue dans une plaine assez monotone qui s'étend entre le pied des montagnes et le rivage de la mer, j'ai traversé à gué une seconde rivière, la Nervia, qu'on franchira sans doute bientôt sur un pont, ouvrage indispensable pour la nou-

---

mée par la Roya, depuis son embouchure dans la mer, jusqu'au torrent le plus considérable et le plus méridional qu'elle reçoit, et depuis là, par ce torrent secondaire jusqu'à sa source. En tirant ensuite une ligne sur la croupe de la montagne, depuis cette source jusqu'à celle du Tanaro, on completterait la démarcation, que la nature n'indique par aucun intervalle. Les deux chaînes semblent d'après cela n'en faire qu'une, quoiqu'en disent quelques érudits qui ne peuvent méconnaître un même enchaînement, tout en croyant découvrir la différence des deux chaînes dans celles de leur nature, et la ligne de démarcation dans la zone où s'opère le passage des élémens primitifs qui constituent les Alpes aux élémens secondaires qui forment les Apennins, passage que nous avouons ne pas connaître, et qui ne nous paraît pas même très connu, si nous en jugeons par la diversité des opinions tant anciennes que modernes, et par les recherches locales que nous avons cru devoir faire nous-mêmes.

Ce qui distingue essentiellement les Alpes des Apennins, c'est la différence de hauteur, différence caractérisée par les neiges éternelles qui se conservent dans

velle route, et nécessairement très dispendieux, vu, d'un côté, la longueur qu'il doit avoir pour couvrir toute la largeur de ce lit caillouteux, et de l'autre, les fortes chaussées qu'il faudra élever aux deux bouts.

---

les premières et non dans les autres, et qui peuvent, jusqu'à un certain point, servir de baromètre.

Le vulgaire, qui se décide plus d'après les yeux que d'après les raisonnemens, ne serait-il pas ici le meilleur juge, en envisageant ces deux chaînes comme deux sœurs qui se donnent la main, et distinguant l'aînée de la cadette par la différence de leur taille et de leur physionomie. Outre que les Alpes maritimes élèvent leurs plus hauts sommets à 2400 ou 2500 mètres au dessus du niveau de la mer, tandis que l'Apennin, dans la partie qui leur est contiguë, n'a pas une sommité qui s'élève à 1500; elles offrent encore des formes plus sévères, des crêtes nues, décharnées et dentelées, des escarpemens qui ne laissent d'accessibles que quelques intervalles, pendant que les Apennins, aux cimes arrondies, aux larges croupes, aux dos d'âne prolongés, sont presque partout accessibles. Mais le point où ces deux sœurs se donnent la main est toujours difficile à désigner autrement qu'à quelques lieues près, le passage des hauteurs supérieures aux moyennes n'ayant pas lieu brusquement, mais par des dégradations qui, bien qu'elles ne soient pas insensibles, ne sont pas non plus assez tranchées pour indiquer une ligne positive de démarcation.

Un peu avant cette rivière, on aperçoit à droite les restes d'une ancienne ville de Nervina.

Trois quarts de lieue plus loin, on traverse la petite ville de Bordighiera, adossée au pied de l'Apennin, et entourée de plantations, pour ne pas dire de bois de palmiers, qui la font ressembler à une ville d'Asie. Les palmes vendues à Rome pour servir de rameaux dans la semaine sainte, sont un objet de commerce pour ce pays, où l'on cultive en outre les oliviers, orangers et citronniers, comme dans les autres parties de la côte.

Après la Bordighiera, un trajet de 4 lieues, moitié sur le flanc d'une colline gréseuse (que la nouvelle route peut éviter en suivant le rivage de la mer), moitié dans une plaine cultivée en blé comme la précédente, conduit à la petite ville de San-Remo. Vers le milieu de la colline, la route actuelle traverse le torrent ou ravin de la Lessie, sur un joli pont romain qui venait d'être nouvellement recrépi lors de mon passage.

San-Remo est une ville de 9 à 10,000 habitans. Siége d'une sous-préfecture et d'un tribunal de première instance, elle n'a rien de beau que sa position en amphithéâtre sur le bord de la mer, et ses jardins en terrasse, tous plantés, ainsi que ses environs, d'orangers et de citronniers, qui sont un grand objet de culture et de commerce pour les habitans. On y voit quelques belles maisons qui portent le nom de *palais*, comme à Gênes, mais qui ne se font pas remarquer lorsqu'on vient de cette dernière ville. L'attention est toute absorbée par le délicieux amphithéâtre que forment les bosquets d'oliviers et d'orangers autour de celui que forme la ville elle-même sur le rivage de la mer. Gênes est loin, comme nous le verrons, d'avoir ce bel entourage, qui a fait, selon quelques auteurs, appeler San-Remo le paradis de l'Italie. Le port est petit, et ne reçoit aussi que de très petits bâtimens, sur lesquels les habitans exportent leurs oranges et leurs huiles dans les ci-devant provinces de Provence et Languedoc, d'où ils tirent le blé qui leur manque. Ils ont toujours été attachés à la France, qui les a souvent protégés, et très peu aux Génois, qui les ont dépouillés des anciens priviléges dont ils jouissaient dans le temps que leur ville était, avec le territoire assez considérable qui en dépend, un fief de

Ire. ROUTE DE MARSEILLE A GÊNES. 57 lieues.

l'Empire. C'est plutôt pour les contenir que pour les défendre que le sénat de Gênes a fait bâtir le petit fort qui domine la ville. Elle est, d'après quelques auteurs, la patrie du célèbre jurisconsulte Papinien. — *Parcouru depuis Marseille.* 82

---

§ 18. *De San-Remo à Port-Maurice.* 9

Trois plaines qui ne sont autre chose que le débouché d'autant de vallées, trois torrens qui les arrosent ou plutôt les ravagent; trois montagnes qui les séparent et s'avancent dans la mer en forme de cap, enfin trois bourgs dont deux, Riva et Saint-Etienne, peuplés de 1000 habitans chacun, portent le titre de ville; telle est, avec la vue continuelle de la Méditerranée sur laquelle la route est quelquefois suspendue en corniche, la diversité d'objets qu'offre cette distance.

Port-Maurice, où l'on arrive par la grève, en attendant que la grande route soit faite, est une ville de 6000 habitans, et un chef-lieu de sous-préfecture. Sa situation sur le sommet d'un monticule isolé, dont la mer baigne le pied, est très pittoresque. Le port est au bas, et ne justifie guères la démomination ou du moins le surnom de la ville, car Port-Maurice ne saurait être regardé comme un port de mer, puisque les vaisseaux n'y trouvent ni abri, ni profondeur : il n'y règne pas moins une extrême activité. On évalue à 7 à 8 millions l'étendue du commerce que fait cette petite ville, principalement en vermicelle, dont elle a des fabriques considérables, et en huile d'olive que lui fournit abondamment son territoire. Les retours se font en grains, objet dont le pays manque entièrement, et en chiffons de laines qui servent à l'engrais des oliviers. Tous les jours de marché ressemblent à des foires, et tous les autres jours à des jours de marché. Les environs sont boisés, et offrent d'agréables points de vue. — *Parcouru depuis Marseille.* 91

§ 19. *De Port-Maurice à Diano.* 3

Une courte descente conduit sur la grève d'Oneille, petite ville de 2000 habitans, qui n'est pas à plus d'une demi-lieue de Port-Maurice : son commerce consiste en huile d'olive. Elle appartenait au gouvernement Piémontais, ce qui formait, pour celui de Gênes, possesseur de cette partie occidentale des côtes Liguriennes, une solution de continuité, aussi incommode pour lui qu'elle était avantageuse à son voisin. Cette petite ville est placée entre deux torrens, qui heureusement ne sont pas

Ire. ROUTE DE MARSEILLE A GÊNES. 59 lieues.

dangereux. On s'élève ensuite jusqu'à une certaine hauteur sur le flanc escarpé d'une montagne dont les pierres, mises en mouvement par les pieds des chevaux, roulent dans la mer. Le voyageur peut à chaque pas faire, sans le vouloir, le saut de Leucate.

Diano est une autre petite ville de 2000 habitans, connue dans le commerce par ses huiles. On l'a surnommée *Marino*, pour la distinguer du bourg de ce nom, qui est situé à une lieue dans les terres, et qu'on a surnommé *Castello*, parce qu'il y a un château-fort. On ne voit de la route ni le château ni le bourg. — *Parcouru depuis Marseille*. 94

---

§ 20. *De Diano à Alassio*. 6

Au bout d'une lieue de plaine, on m'a fait gravir et redescendre successivement, par des pentes très escarpées, deux montagnes que les ingénieurs éviteront infailliblement dans le tracé de la nouvelle route, en la dirigeant le long de la mer. La dernière descente conduit à Laignellia, bourg considérable d'environ 2500 habitans, qui renferme une jolie église moderne. Il n'y a plus qu'une demi-lieue de ce bourg à Alassio, ville vieille, étroite et longue, mal bâtie, mal percée et mal pavée. Elle renferme

5000 habitans et un bureau de poste. — *Parcouru depuis Marseille.* 100

---

§ 21. *D'Alassio à la Pietra.* 6

On franchit une montagne calcaire dont la pente opposée conduit dans les plaines d'Albenga, petite ville épiscopale, située sur l'Acenta qu'on traverse en arrivant, et qui passait autrefois de l'autre côté de la ville. On croit que c'est la *Merula* de Pline.

Albenga, jadis *Albingaunum,* conserve encore des vestiges de son ancienneté, tels qu'une rotonde servant de baptistaire, huit colonnes qu'on dit de granit, mais que je crois en stuc, quelques inscriptions et un vieux pont de huit arches, sous lequel passait, à l'Est de la ville, la rivière que nous avons traversée, en arrivant du côté opposé. C'est la patrie de Proculus, qui osa disputer à l'empereur Probus le trône des Césars, et dont l'ambition fut récompensée par le gibet.

L'air d'Albenga est mal sain, quoique la plaine soit vaste et que la ville soit à 500 pas de la mer. La Ligurie ne possède pas une plus grande étendue de terres arables, ni un sol plus fertile ; c'est que nulle part les montagnes arides qui bordent cette côte ne s'éloignent autant du

Ire. ROUTE DE MARSEILLE A GÊNES.

rivage de la mer. Le laborieux Ligurien profite de cet intervalle laissé à l'agriculture pour se procurer d'abondantes récoltes en grains de toute espèce. Le froment lui rend 10 à 12 pour un. La route projettée devant s'écarter en bien des parties de la vieille route que j'ai suivie, et ces changemens devant en occasionner dans les fixations des distances, ainsi que dans les emplacemens des relais, il est à désirer qu'on en établisse un à Albenga, où il sera très bien placé sous tous les rapports.

Un rameau des Apennins vient séparer cette plaine de celle de Loano, petite ville de 2000 habitans, qu'on trouve une lieue avant la Pietra, autre petite ville située dans la même plaine, et renfermant la même population. Le voyageur ne gravit pas toujours, dans l'état actuel, le rameau de séparation, il le tourne quand la saison le permet, en longeant le rivage de la mer. La nouvelle route suivra sans doute cette dernière direction, en sorte qu'au lieu de le gravir, on doublera le promontoire dans toutes les saisons. Les deux villes de Loano et de la Pietra ont l'une et l'autre un bureau de poste : la première appartenait jadis au Piémont. C'était une autre solution de continuité qui interrompait, comme celle d'Oneille, les possessions littorales de l'état de Gênes, et qu'a fait disparaître de même la réunion de l'un et l'autre état à la France. La plaine de Loano et de la Pietra ressemble, par son étendue et sa fertilité, à celle d'Albenga, qu'elle n'égale cependant pas tout-à-fait sous aucun de ces deux rapports. — *Parcouru depuis Marseille*. . 106

§ 22. *De la Pietra à Finale*. 3

Au bout d'un quart-d'heure, on quitte la plaine de la Pietra, pour franchir les hauteurs escarpées qui la séparent du bassin de Finale, charmante ville agréablement située à l'embouchure d'un joli vallon, et aussi bien bâtie que bien percée. J'y ai remarqué une jolie place et admiré une belle église : elle est enrichie de diverses qualités de marbre, et ornée de peintures qui ne sont pas sans mérite, quoique d'un artiste sans renommée.

Le marbre que produisent les environs de cette ville porte le nom modeste de *pierre de Finale*, et n'en paraît pas moins un véritable marbre, d'après sa nature calcaire jointe au mélange de trois couleurs, le rouge, le noir et le jaune.

Cette ville, par l'élégance qui lui est propre, par celle du beau sexe qu'elle renferme, par ses brillantes sociétés, et le ton qui y règne, semble être un diminutif de Gênes. Peuplée de 5 à 6000 habitans, elle est divisée comme Diano en deux parties qui, distinguées par le nom de *Finale-Borgo* et *Finale-Marino*, sont éloignées l'une de l'autre d'environ une demi-lieue. La route passe par Finale-Marino, qu'on peut regarder comme la ville proprement dite.

Les deux parties sont défendues par trois forts, dont deux sont dans la vallée où est situé Finale-Borgo, et le troisième sur un roc escarpé qui s'élève au bord de la mer au N. E. de Finale-Marino. Les talus escarpés en sont, comme ceux du château de Monaco, hérissés de raquettes qui sortent de même confusément des veines du rocher, au milieu des ronces et des broussailles, et semblent aussi spontanées que ces plantes indigènes.

Les trois forts, les rochers qui les supportent, et ceux qui les entourent, font l'effet le plus pittoresque, au milieu des forêts d'oliviers et des bosquets d'orangers, répandus çà et là sur les flancs sinueux des montagnes, qui sont comme suspendues au dessus de l'une et l'autre ville, et du riant vallon qui les sépare ou plutôt qui les réunit. Ce site heureux ne contribue pas peu à rendre Finale la plus intéressante ville de la Ligurie après Gênes. Nulle part les orangers ne sont aussi beaux : il y en a qui portent jusqu'à 10,000 oranges. Les autres fruits réussissent aussi très bien dans cet heureux territoire, notamment une qualité particulière de pommes connues sous le nom de *Pomi carli*. A peu de distance de la ville sont des grottes curieuses.

Finale était un marquisat que l'empereur Charles VI vendit, en 1713, à la république de Gênes, comme celle-ci l'avait vendu, quelques siècles auparavant, à l'Espagne, qui l'avait conservé à titre de fief de l'Empire.

Une barque ou coche d'eau va et vient tous les jours de Finale à Gênes pour le modique prix de 1 franc 50 centimes par personne. — *Parcouru depuis Marseille.* 109

S 23. *De Finale à Savone.* . . . . 7 $\frac{1}{2}$

Après avoir longé, au sortir de la ville, le roc escarpé sur lequel s'élève le château qui la défend, j'ai gravi l'une des montagnes les plus escarpées de cette route, à travers des plantations d'oliviers dont le terrain est soutenu par de petits murs élevés en terrasse les uns au dessus des autres. Le sommet m'a offert, entr'autres points de vue agréables, l'aspect pitto-

Ire. ROUTE DE MARSEILLE A GÊNES.

resque de la ville de Noli, placée à l'ouverture d'une gorge entre deux rocs escarpés, dont l'un à pic sur la mer est couronné par un château qui défend cette partie de la côte.

La route nouvelle doit passer par Noli, et traverser ce rocher par une galerie, ne pouvant en gravir les flancs verticaux. Cette ville, extrêmement petite, a un évêché fort ancien, et une population d'environ 600 habitans, presque tous pêcheurs, autrefois constitués en république. Ils étaient alors beaucoup plus nombreux, et la ville bien plus florissante. Ce lieu est renommé pour la pêche et la bonne qualité des rougets. De Noli, la nouvelle route arrivera en plaine à Spotorno, où l'on descend actuellement par une rampe aussi considérable que celle que nous avons montée. C'est un petit port de pêcheurs, jadis renommé pour le cabotage. On trouve ensuite Vado, autre port de pêcheurs, peuplé de 2000 habitans, et situé au fond d'une rade qui passe pour la meilleure de la côte.

Une lieue de plaine aussi belle que riche, et de route aussi large que commode, conduit de Vado à Savone, à travers une si grande quantité de jardins, de villages et d'habita-

Tome VI. 5

tions, qu'on se croit à chaque instant dans les faubourgs de cette ville.

Elle n'est ni aussi bien percée, ni aussi bien bâtie que le dit M. de Lalande; elle se fait même remarquer sous le rapport contraire. Aucun édifice, aucune rue, aucune place n'y fixe l'attention des voyageurs. Elle n'est en outre ni grande ni forte; ainsi rien ne justifie les titres de grande, populeuse, belle et forte ville que lui donne le Dictionnaire de Boiste. Une partie de ces titres, elle commence à les acquérir : San-Remo et Finale lui pouvaient disputer naguères celui de la première ville du Ponent, et de la seconde de la Ligurie, car autant elle leur avait été supérieure, dans le temps où elle rivalisait avec Gênes, autant elle était déchue, depuis qu'ayant été forcée de se soumettre à cette capitale en 1525, elle avait vu combler son port, source de toute sa prospérité. Sa population, qui devait être bien considérable alors pour avoir pu soutenir une pareille lutte, était réduite à 6000 habitans, au moment de sa réunion à la France, qui l'a fait tout-à-coup renaître pour ainsi dire de ses cendres, par la fixation dans ses murs d'un siège de préfecture, et par le rétablissement de son port. C'est aussi la ville de la

Iʳᵉ. ROUTE DE MARSEILLE A GÊNES.

Ligurie la plus attachée à ses nouveaux maîtres. Sa population, dans l'espace de peu d'années, s'est accrue d'un tiers, et la progression continue toujours. Son commerce sort du néant, auquel paraissait l'avoir condamné sa puissante rivale. Le château qui la protège défend aussi son port, dont le rétablissement sera bientôt terminé.

Tout ce que cette ville acquiert est autant de perdu pour celle de Gênes, qui n'avait comblé le port de Savone que parce qu'il nuisait au sien, où elle prétendait attirer et concentrer tout le commerce de la côte.

La résidence du préfet de Montenotte dans cette ville a contribué pour beaucoup à lui rendre son ancien port, comme son ancien lustre.

M. de Lalande nous apprend que cette ville est épiscopale depuis l'an 600, qu'elle a fourni à l'église 2 papes, qui sont Sixte IV et Jules II, 15 cardinaux, 56 évêques, et que son siége en a fourni 5 à la sainte légende.

Au milieu d'une foule de grands hommes plus ou moins obscurs dont il fait honneur à cette ville, on s'étonne de voir figurer le nom justement célèbre de l'empereur Pertinax, dont la patrie connue est *Alba Pompeia* (Albe). On y voit aussi figurer celui de Christophe

Colomb, qu'on croit être né, comme nous le verrons ailleurs, à Cocoletto. Les habitans, au lieu de lui donner cette longue et honorable liste qui se trouve erronée quant aux noms les plus essentiels, auraient mieux fait de lui montrer, comme à moi, un monument précieux qu'ils conservent dans leurs archives. C'est une lettre de François Ier., qui est écrite de la main de ce prince, et dans laquelle il montre beaucoup d'intérêt pour leur ville.

Au palais de la préfecture, est un très petit muséum d'histoire naturelle, où l'on commençait à rassembler, lors de mon passage en 1811, les diverses productions minéralogiques et lithologiques du département. J'y ai remarqué l'amyanthe, et me suis étonné de trouver parmi les marbres un échantillon de vert antique : le conservateur (qui en ignorait le nom) m'assura que la carrière était dans les montagnes voisines. Je lui ai conseillé de ne pas la négliger, et de s'intéresser dans l'exploitation, comme dans une découverte des plus précieuses, puisque les carrières d'où les anciens tiraient ce beau marbre sont jusqu'à ce jour inconnues des modernes, chose qui a paru l'étonner.

Iʳᵉ. ROUTE DE MARSEILLE A GÊNES.

Les environs, et surtout les jardins de cette ville, sont extrêmement rians : ils abondent en oranges et en fruits de toute espèce. Les abricots de Savone sont recherchés à Gênes.

« Ce qu'il y a de plus célèbre dans les en-
» virons de Savone, est l'église de Notre-Dame
» de la Miséricorde, dans la vallée de Saint-
» Bernard à une lieue de la ville. L'église est
» enrichie de marbres et de peintures. La sta-
» tue de la Vierge est couverte de pierres pré-
» cieuses. Le trésor passe pour un des plus
» riches de l'Italie : l'admiration va jusqu'à le
» comparer à celui de Lorette ». (Lalande, tome 9, page 422.)

Quelques étymologistes veulent que le nom de Savone vienne du savon que cette ville aurait fabriqué la première. D'autres, cherchant avec plus de raison l'étymologie de son nom latin, *sana*, croient la trouver dans la signification de ce nom et dans la salubrité du climat, qui aurait donné lieu à cette dénomination.

Savonne n'avait point de communication en grande route, lors de mon premier passage en 1809 : elle en avait déjà deux en 1810, celle de Gênes que nous allons parcourir, et celle de Paris dont nous parlons ailleurs. Le long de cette dernière route devait être conduit un canal destiné à joindre la mer de Gênes avec l'Adriatique, en traversant la croupe des Apennins ; et cette réunion est possible, au moyen d'une longue série d'écluses. — *Parcouru depuis Marseille.* 117

§ 24. *De Savone à Voltri.* 9

    Cette distance n'était pas une des moins difficiles ni des moins dangereuses de l'ancienne route, à cause des rampes et des détours à parcourir dans les collines. J'ai éprouvé le désagrément de toutes ces aspérités à ma tournée de 1809. A celle de 1810, elles étaient remplacées par une des plus belles routes de l'Empire.

    Au bout d'une demi-lieue, on traverse le village d'Albissola, qui, joli par lui-même, est encore remarquable par les deux palais de Durazzo et de Rovère, aussi beaux l'un que l'autre, le premier par sa noblesse extérieure, le second par ses ornemens tant intérieurs qu'extérieurs. On admire dans celui-ci une terrasse et une grotte, surtout une galerie, et dans cette galerie des treilles en relief parfaitement imitées.

    Une demi-lieue plus loin, on trouve le village de Selle, situé au bord de la mer, et une lieue au delà le bourg de Varaggio, peuplé de 12 à 1500 habitans. On y fait le commerce du bois, on y construit des barques, et l'on y fabrique des ancres. Une lieue plus loin, dans les collines, est le hameau d'Anvrès, où nous trouvâmes, dans une chaumière, de bonnes gens et l'hospitalité, pendant une tempête affreuse, qui ne nous permit pas de continuer notre marche. La mer était agitée, mais pas aussi tourmentée que la terre : le vent était Ouest. Une frégate anglaise suivait la même direction, à une demi-portée de canon. Les lois de la guerre lui permettaient de tirer sur nous. Heureusement elle n'usa pas de son droit. C'eût été dans toute l'application du proverbe, *tirer sa poudre aux moineaux*, que de l'user ainsi sur trois pauvres voyageurs qui ne leur faisaient et ne pouvaient leur faire aucun mal. Les Anglais se sont cependant donné quelquefois le plaisir de faire cette petite guerre aux voyageurs sur les parties les plus exposées de la route, que des batteries plus nombreuses garantiront entièrement. Ils ont poursuivi et harcelé de cette manière l'armée française lors de sa retraite en l'an 6 de la république. Une demi-lieue plus loin, au bord de la mer, est le bourg de Cocoletto, peuplé de 1500 habitans, et connu en géographie pour le véritable berceau de Christophe Colomb, honneur qui lui est contesté, non comme faux, mais comme susceptible de doute. On traverse, immédiatement après ce bourg, le torrent du Lion, qui arrête souvent les voyageurs. Nous n'avons pu le passer qu'avec le secours de deux gaieurs qui, se mettant dans l'eau jusqu'à la ceinture, tiraient, plutôt qu'ils ne conduisaient, par la bride nos chevaux, étourdis, comme nous, par l'impétueux bouillonnement des vagues, qui les faisait chanceler, en menaçant de les entraîner à chaque pas; et ces guides nous menèrent heureusement à bord, au risque toutefois de nous laisser en route.

Une demi-lieue plus loin, on traverse, avec le torrent d'Arenzzano, qui forme la limite des deux départemens, le bourg de ce nom, qui a un petit port de construction, un beau palais appartenant à la famille de Palaviccini, et 1500 habitans. En arrivant à Voltri, j'ai passé un autre torrent qui, un quart-d'heure après, a tellement grossi, qu'il a menacé d'entraîner Voltri, ses habitans, et moi-même avec eux. Il a diminué aussi rapidement qu'il avait augmenté. C'est ainsi que croissent et décroissent presque à vue d'œil les nom-

Ire. ROUTE DE MARSEILLE A GÊNES. 73 lieues.

breux torrens que traverse cette route. Elles les traversera désormais sur des ponts qui en maintiendront le trajet libre en tout temps. Comme c'est ordinairement au bord, ou du moins très près de la mer, que s'opèrent ces passages, on jouit du curieux et terrible spectacle qu'offre l'embouchure des torrens, lorsqu'ils sont gonflés par l'orage. Leur impétuosité est centuplée par leur volume. Ils se précipitent avec violence contre la mer, qui les reçoit avec toute la fureur de ses vagues soulevées par la tempête : le choc est épouvantable. Les flots se heurtent en se succédant, se brisent en s'élançant dans les nues. D'énormes montagnes d'écume se forment, s'agitent, s'entredétruisent. Un nuage de poussière humide couvre au loin ce champ de bataille, que se disputent en vain les deux combattans : ils finissent par s'y confondre, satisfaits, l'un de pouvoir s'y établir, l'autre de ne point l'abandonner.

Voltri est une ville de 2500 à 3000 habitans, où l'on remarque le palais Brignolet, bâti en terrasse sur la mer, et une jolie église sur le rivage même. Les habitans fabriquent une grande quantité de vermicelle et des pâtes de toute espèce. — *Parcouru depuis Marseille.* 126

§ 25. *De Voltri à Gênes*. 6

On ne s'écarte presque plus de la mer, dont le rivage se peuple et s'anime plus que jamais, à mesure qu'on avance. On sent qu'on est dans les campagnes de Gênes. Les habitations, les villages, les bourgs se succèdent presque sans interruption. Vers le milieu de la distance, on voit s'élever à mi-côte la maison du Poggi, dont les jardins agréables ont fixé l'admiration du plus aimable des voyageurs, le président Dupati. Je n'y ai point trouvé les mélèses, les pins, les sapins qu'il y a vus, mais j'y ai trouvé les jolis gazons sur lesquels, suivant les expressions de cet écrivain, la vie de l'ex-doge L...., s'écoule doucement comme l'eau qui les arrose. Dans le parc de cette maison, peu remarquable par elle-même, est une fraîche et longue grotte au fond de laquelle j'ai joui du plaisir d'épier, avec Actéon, la sévère Diane et ses nymphes dans le bain, au risque de voir punir ma témérité par le châtiment de mon complice, à qui je voyais pousser de longues cornes à mes côtés.

La grotte n'est remarquable que par ce trait de la Fable, heureusement rendu, et pour ainsi dire mis en action. Elle n'est rien par elle-même, quand on la compare à celle qu'on voit au dessous du Poggi, dans une des maisons de plaisance de Sestri du Ponent. Celle-ci est un appartement complet, exécuté en rocailles, et occupant l'entier rez-de-chaussée d'un grand palais. Ces grottes, décorées de tous les ornemens analogues, notamment de plusieurs pièces et chutes d'eau, sont peut-être les plus vastes et les plus belles qui aient jamais été construites. Elles ont coûté, dit-on, un million et une banqueroute à leur auteur. On y trouvait, quand je les ai visitées, avec la fraîcheur de la grotte de Calypso, les rafraîchissemens que les nymphes de cette grotte offraient à Mentor et Télémaque. Ils nous furent servis à nous par les garçons d'un traiteur qui en était alors fermier. Notre table était près d'une cascade ; des ruisseaux coulaient à nos pieds ; les rocailles pendaient sur notre tête ; des tapis de gazon natté nous servaient de nappes. Des nymphes, non habitantes mais habituées de ces grottes, vinrent danser et se rafraîchir sous ces voûtes, où elles trouvèrent plus d'un Télémaque, mais pas un Mentor.

La petite ville de Sestri n'a pas autre chose

de remarquable, ni rien de plus intéressant que sa position sur le bord de la mer. C'est un avantage qu'elle partage avec presque tous les lieux où nous avons passé depuis que nous avons quitté Nice. Ces sites toujours heureux, cet aspect de la mer toujours attachant et pour ainsi dire toujours nouveau, malgré son uniformité, ne peuvent être l'objet de nos observations chaque fois qu'ils frappent nos regards, à moins de nous répéter à chaque page. C'est pour éviter toute répétition de cette nature que nous ne dirons rien de Cornegliano, bourg séparé par la Polcevera, et par un très long et assez beau pont du faubourg de Saint-Pierre d'Arena. (*V. pour la description de ce faubourg et de la ville de Gênes, la route de Paris à Gênes par la Bocchetta.*) Nous ne traverserons pourtant pas Cornegliano sans observer que le nom de ce bourg mérite de fixer l'attention des étymologistes, en ce qu'il semble dériver des *Ligures Corneliani* dont parle Pline.

Les hommes m'ont paru d'une plus haute stature et d'un caractère moins hospitalier en approchant de Gênes ; mais je n'ai remarqué dans l'ensemble de la population ni cet esprit de fourberie, ni cette brutalité de mœurs

Ire. ROUTE DE MARSEILLE A GÊNES. 77 lieues.

qui sembleraient, d'après la réputation de ce peuple, constituer son caractère naturel (*). —
Parcouru depuis Marseille jusqu'à Gênes. 132

(*) Le département de Gênes, dont nous avons actuellement parcouru toutes les routes, est composé de la partie centrale de l'ancien état de Gênes et de l'extrémité orientale de l'ancien Piémont, ce qui lui donne une longueur de 25 lieues environ du Nord au Sud, depuis le Pô jusqu'à la mer, sur une largeur moyenne de 10 à 12 lieues de l'Est à l'Ouest. Une grande partie de cette étendue est sur la côte et sur le double penchant stérile des Apennins : le reste est dans les plaines fertiles de Tortone et de la Lombardie, d'où résulte un équilibre de ressources et de besoins qui garantit le département des malheurs dont la pénurie des grains menaçait souvent l'aride pays de Gênes.

La population de ce département est de 400,000 individus, distribués dans les cinq arrondissemens de Gênes, Novi, Tortone, Voghère et Bobbio. Ce dernier chef-lieu est le seul dont nous n'avons pas parlé, ne l'ayant trouvé ni dans la direction, ni dans le voisinage d'aucune des routes que nous avons parcourues : il se trouve sur la route projettée de Gênes à Plaisance, à 12 lieues de la première de ces deux villes, à 8 de la seconde.

Bobbio est une petite ville autrefois épiscopale, située dans la vallée et sur la rive gauche de la Trebbia : elle a vu son évêché réuni à celui d'Alexandrie. Elle n'offre rien de remarquable.

FIN DE LA Ire. ROUTE DE MARSEILLE A GÊNES.

DESCRIPTION

ROUTIÈRE ET GÉOGRAPHIQUE

DE L'EMPIRE FRANÇAIS.

IIe. ROUTE DE MARSEILLE A GÊNES,

Par Toulon.

130 lieues.

lieues.

§ 1. *De Marseille à Aubagne*. 4

On parcourt la première lieue dans le bassin où sont réunies les nombreuses bastides de Marseille, entre de hauts et tristes murs de clôture qui en dérobent la vue, et presque toujours au milieu d'un nuage de poussière. Les vignes, les oliviers et autres arbres qu'on entrevoit de côté et d'autre et de loin en loin, sont, ainsi que les habits et les cheveux des paysans et des charretiers qu'on rencontre, tous couverts de cette poudre calcaire et blanchâtre. C'est à peu de chose près en été le même spectacle qu'offrent en hiver, au voyageur matinal, ces gelées blanches qui couvrent les têtes des arbres plantés au bord des routes et celles des cultivateurs partis avant l'aube du jour pour aller vendre leurs denrées à la ville.

Enfin, la campagne s'ouvre et l'on est dans une vallée délicieuse, arrosée par les belles eaux de la Veaune, qu'on côtoie jusqu'à Aubagne. Cette petite rivière, après avoir abondamment arrosé les riantes prairies qu'elle traverse, court se jeter dans la mer, à un quart de lieue S. de Marseille, mais non sans avoir déposé dans un canal le tribut d'une partie de ses eaux que lui a imposé cette ville.

On trouve plusieurs jolis villages, notamment à mi-chemin celui de Saint-Marcel, avant d'arriver à Aubagne, ville de 5000 habitans, divisée en ville neuve et ville vieille. Cette dernière, appuyée contre le penchant d'une colline, est aussi mal bâtie que mal percée; mais le quartier neuf, situé au pied du coteau, est assez joli, et les dehors en sont très rians. On fabrique dans cette ville beaucoup de faïence et de poterie ; le pays abonde en excellens vins cuits. L'évêque de Marseille y avait une maison de plaisance qui a été détruite. La petite ville d'Aubagne a vu naître le voyageur Sicard, l'abbé Barthélemy et le grammairien Domergue.

A deux lieues Sud d'Aubagne, est le petit port à moitié comblé de cassis. Il est renommé pour la pêche du corail; mais cette substance y devient rare. Le territoire de cette petite ville produit des vins blancs qui ont de la réputation. A deux lieues au delà, est un autre port plus considérable et plus renommé, celui de la Ciotat, petite ville peuplée de 5000 habitans. La proximité des bois de Conils y facilite la fabrication d'un grand nombre de petits bâtimens. On y fait le commerce des fruits secs, des olives, de l'huile et du vin de cassis.

§ 2. *D'Aubagne à Cujes*. 3

On pénètre dans les montagnes; mais bien différentes de celles que nous avons vues aux environs d'Avignon, d'Aix et de Marseille, celles-ci prennent une teinte sombre et des formes hardies, se revêtent de forêts et se rapprochent des nues. Les voyageurs curieux se font conduire au château de Gémenos, situé à

IIe. ROUTE DE MARSEILLE A GÊNES.

une demi-lieue de la route. Il est fameux par ses jardins, et par l'abondance des belles eaux qui arrosent son parc. Les massifs d'arbres et d'arbustes, heureusement mélangés de gainiers, d'arbousiers, de lauriers-thyms et de rosiers, font, au milieu de ces eaux, un effet vraiment délicieux. Ce château, propriété de M. d'Albertas, a été bien dégradé pendant la révolution. A une demi-lieue du village de Gémenos, sont diverses usines, telles que des martinets de cuivre, une papeterie, etc.

La petite plaine ovale, à l'extrémité de laquelle est situé le bourg de Cujes, se trouve entourée dans tous les sens de hautes montagnes qui rendent ce bassin très extraordinaire. M. de Saussure pense que c'était anciennement le fond d'un lac. Sa surface, très fertile et presque entièrement couverte de vignes, contraste singulièrement avec les croupes incultes et couvertes de rochers ou de pins qui la dominent. Sa circonférence est d'environ une lieue. On y voit les câpriers garnir le bord des chemins : ils commencent à se montrer à Aubagne, mais encore bien clair-semés. Le produit de cette plaine s'élève à 6 ou 7 pour un.

Cujes est un bourg de 1500 âmes, où l'on ne trouve que de médiocres auberges. Il ren-

Tome VI.

ferme un bureau de poste. On y fait le commerce de la résine. — *Parcouru depuis Marseille*................ 7

§ 3. *De Cujes au Beausset*.............. 4

On ressort de ce bassin, comme on y est entré, en franchissant la barrière de montagnes qui l'entoure. Mais la côte qu'on gravit en partant est beaucoup plus longue et plus pénible que la descente par laquelle on y arrive.

Cette côte traverse une forêt connue sous le nom de *bois de Cujes*, et long-temps redoutée comme un repaire de voleurs. Après les avoir détruits, on a placé sur la cime, centre du danger, un piquet de soldats qui couchaient sous la tente pour la sûreté du passage. Nous quittons peu avant ce poste le département des Bouches-du-Rhône pour entrer dans celui du Var (*).

(*) Nous avons en partie décrit celui d'où nous sortons, à l'article de Marseille, et la peinture que nous en avons faite n'est pas un titre à la grande célébrité de cette province, célébrité dont elle est un peu déchue depuis qu'on l'a mieux observée.

Ce département fournit à peine la moitié de sa consommation en blé, ce qui nécessite, d'après les calculs de M. Michel d'Aiguières, une dépense de 7686 fr.

II². ROUTE DE MARSEILLE A GÊNES.

Le Beausset est un très long bourg peuplé d'environ 2000 habitans, ayant un bureau de poste et point de bonne auberge. Il est entouré de vastes vignobles dont la culture pré-

---

pour l'achat de ce qui manque à raison de 4 quintaux par personne. « On le tire, dit-il, de la Sar-
» daigne, de la Sicile, des côtes d'Afrique et du Lan-
» guedoc. Cependant, ajoute-t-il, si toutes les parties
» incultes et marécageuses du département étaient
» mises en culture, il pourrait récolter assez de blé
» pour l'année ». (Statistique du département des Bouches-du-Rhône, par M. Michel d'Aiguières, page 129.)

La charrue, moins en usage dans ce département que la bêche, est ordinairement livrée aux ânes : on y emploie peu les mulets, encore moins les chevaux, et jamais les bœufs. Ces derniers sont inconnus dans les campagnes, si l'on excepte l'île de la Camalgue, où l'on élève, moins pour la charrue que pour la boucherie, des bœufs d'une petite espèce, qui sont bien loin de suffire aux besoins du département : il tire le reste des montagnes du Vivarais, des Cevènes, du Cantal et de l'Aveyron.

S'il est peu riche en bêtes à corne, il l'est beaucoup en bêtes à laine. Le mouton y broute le thym, la lavande, le serpolet, et la chair en est excellente. Le gibier et la volaille y sont rares : on les tire des départemens voisins. Le beurre est une denrée à peu près inconnue dans la Basse-Provence : l'huile d'olive

domine de beaucoup sur celle des olives : l'huile est cependant le seul objet de commerce attribué à ce bourg par les géographes. Certes s'il ne consomme point toute son huile, il

en tient lieu dans les cuisines. Nous avons parlé de l'excellente qualité de celle d'Aix; mais nous n'avons pas dit que cette ville fait le meilleur pain de la Provence : il est généralement bon dans tout le reste du département.

Les fourrages y sont fort rares et d'une excessive cherté : le foin se vend presque habituellement, dans les villes de Marseille et d'Aix, 5 fr. le quintal, rarement au dessous et quelquefois au dessus. Les forêts y sont encore plus rares.

Marseille, qui fait une grande consommation de bois, en tire un peu du département du Var, et la plus grande partie de la Corse. Les montagnes dont la nudité cause cette pénurie, sont aussi étrangères à la culture qu'aux forêts. Les divers bassins qui les séparent sont les seules parties cultivées; ils n'offrent guères d'autres arbres que les oliviers, dont la pâle verdure semble se rapprocher de la couleur terne de tout le pays. Les feuilles de cet arbre, allongées comme celles du saule, ne se groupent point en bouquets touffus à l'instar de ces dernières, et ne donnent, à cause de leur peu de surface et de la divergence des rameaux, qu'un très faible ombrage.

Les oliviers étaient plus vigoureux avant l'hiver de 1788 à 1789. Le froid les a tués cinq fois depuis cette

IIe. ROUTE DE MARSEILLE A GENES. 85 lieues

consomme encore moins tous ses vins, et il doit plus exporter de ce dernier article que du premier. Ce bourg est la patrie de feu M. Portalis. — *Parcouru depuis Marseille*. . . 11

époque, dit M. Michel, et le département ne peut plus compter sur cette ressource qui fournissait autrefois, suivant le même économiste, une exportation de 120,000 quintaux, année commune.

Les objets d'exportation qui restent sont : la soie, qui peut rapporter un million ; le sel, 200,000 fr. ; le vin, autant ; les bêtes à laine, encore autant ; la laine, 750,000 fr. ; les olives préparées, câpres, fruits secs, tels que raisins, figues, amandes, etc., 250,000 fr. M. Michel, qui nous fournit tous ces calculs, s'étonne avec raison qu'il n'y ait point de fabrique de laine ni de soie dans ce département, quoiqu'il fournisse abondamment ces deux matières premières.

Nous avons parlé (*route de Paris à Marseille*) du Mistral, ce vent du Nord Ouest auquel les Provençaux attribuent la salubrité de leur climat. Ils doivent lui attribuer aussi les fluxions de poitrine auxquelles ils sont sujets par les variations continuelles de chaud et de froid qu'occasionne ce vent.

Ce département, l'un des trois qui ont été formés de l'ancienne Provence, occupe, le long des côtes de la Méditerranée, une ligne de près de 30 lieues : sa largeur est moindre de moitié ; sa population est de 293,200 habitans, distribués dans les trois arrondissemens de Marseille, d'Aix et de Tarascon.

§ 4. *Du Beausset à Toulon*. 4

La plaine assez monotone du Beausset dure une lieue jusqu'aux tristes gorges d'Ollioules. L'étranglement de ce défilé frappe le voyageur d'une surprise mêlée d'effroi : il marche à côté du torrent, entre deux affreuses montagnes, ou plutôt deux roches calcaires coupées à pic, de la plus bizarre conformation et de la plus complète aridité. Les sommités, qu'il n'aperçoit qu'en regardant au dessus de sa tête, semblent se réunir en certains endroits par des masses saillantes prêtes à l'écraser. L'étroite et tortueuse route qu'il suit entre ces deux escarpemens a été dérobée, partie au torrent, partie à la montagne dont il ronge la base. Ce torrent, très bruyant en hiver, se tait en été, saison où il ne conserve qu'un filet d'eau; alors on n'entend plus, dans ce triste vallon, que le sifflement des vents qui s'y engouffrent et en rendent le passage pénible.

La route, privée de verdure et d'ombrage, n'a d'autre abri, soit contre les vents, soit contre la chaleur dont on y est également assailli, que quelques excavations et encoignures de rocher : elle est assommante en été aux heures où le soleil y darde ses rayons directement.

IIe. ROUTE DE MARSEILLE A GÊNES.

Au bout d'une lieue, la vallée s'élargit, les montagnes s'affaissent en s'éloignant, et offrent, avec la verdure, quelques sources limpides, dont une s'élance du sein d'une roche, et tombe en cascade sur la route. Cette vue rafraîchissante ranime les sens abattus par l'aride et brûlante vallée qu'on vient de parcourir.

Ollioules est un assez joli bourg peuplé de 2000 habitans et situé à l'embouchure du défilé auquel il a donné le nom qu'il porte. Il le doit lui-même à la grande quantité d'oliviers répandus sur son territoire. C'est là que le voyageur remarque les premiers orangers plantés en pleine terre.

On monte, au sortir d'Ollioules, une petite côte bordée de câpriers, et l'on arrive bientôt à Toulon dont l'abord n'a rien de frappant, c'est celui de toutes les villes de guerre. Entouré de remparts à la Vauban, de talus gazonnés, de fossés et de bastions, Toulon n'a que deux portes, celle de France et celle d'Italie. Son enceinte s'étend en longueur, parallèlement au port, ce qui a fait chercher l'étymologie de son nom dans le rapport qu'on a remarqué entre cette forme oblongue et le mot Toulon (tout long), étymologie sans vraisemblance, cette ville étant bien plus probablement l'ancienne *Telo* ou *Tolo*, construite par le général Romain *Telo Martius*, et mentionnée dans l'Itinéraire d'Antonin.

La ville moderne, que quelques voyageurs font très belle et d'autres très laide, n'est à citer ni sous l'un ni sous l'autre rapport. Elle n'est pas mal bâtie; les rues en sont même la plupart neuves et tirées au cordeau, mais généralement peu larges. La rue aux Arbres est une espèce de cours qui sert de promenade.

Quoique cette ville n'ait pas de rivière elle ne manque pas d'eau. « Mille ruisseaux, dit » Dupaty, descendent des rochers et des mon- » tagnes auxquels elle est adossée et de toutes » parts y pénètrent : une multitude de fontaines » les recueillent et les répandent. On prendrait » la ville de Toulon pour une fontaine ». Jusqu'à cette image d'une hyperbole outrée, le tableau est assez fidèle.

On ne voit dans Toulon qu'une belle place, celle du Champ de bataille, et qu'un bel hôtel, celui de l'Intendance, formant un des côtés de cette place, qu'entoure un double rang de peupliers, de trembles et de micocouliers.

L'hôtel de ville, situé comme celui de Marseille, sur le quai, porte de même le cachet du talent de l'immortel Pujet, dans les deux

II°. ROUTE DE MARSEILLE A GÊNES.

thermes, de stature colossale, qui décorent la façade. On assure qu'il porte aussi le cachet de son ressentiment contre deux consuls dont il avait à se plaindre, et qu'il représenta dans ces figures grotesques, avec tant de vérité, que toute la ville les y reconnut, et qu'ils n'osèrent plus passer sur ce quai.

Tout le monde connaît l'importance du port militaire de Toulon, qui est sur la Méditerranée ce qu'est celui de Brest sur l'Océan.

Il est distingué en neuf et vieux; il serait encore mieux distingué en port commerçant et port militaire. Le premier, bordé d'un large et assez beau quai, bien plus aéré que celui de Marseille, présente quelque activité commerciale ; l'on n'entre dans le second, situé à droite du premier, qu'avec un *permis* qu'on se procure assez aisément.

Il n'y a rien à ajouter à la description intéressante, quoique peut-être un peu trop poétique, qu'en donne M. Béranger dans ses Soirées provençales. J'en ai plus d'une fois vérifié l'exactitude, et je puis surtout garantir la vérité des articles que je vais extraire, en laissant ceux qui n'entrent point dans mon cadre.

« Les chantiers, les forges, la corderie, la

» mâture, la voilerie, le grand magasin d'ar-
» mes, voilà de quoi donner l'image de la ville
» la plus industrieuse et la plus puissante de
» l'univers. Les yeux sont éblouis autant qu'ef-
» frayés, lorsqu'on pénètre pour la première
» fois dans la salle d'armes : tout annonce, et
» l'antre de Bellone, et l'atelier de Vulcain,
» et le génie de la destruction.....

» La cour d'entrée est garnie de pyramides
» de boulets de tous les qualibres. Les canons
» de fer et de bronze de tous les vaisseaux sont
» là qui reposent. C'est le sommeil des volcans.
» Les mortiers auprès des bombes, des gre-
» nades et des boulets ramés bordent la haie,
» entremêlés de coulevrines..... Quand on
» ouvre les portes de ce magasin redoutable,
» ces portes plus terribles que celles du temple
» de Janus, on aperçoit tout-à-coup au fond,
» comme dans un sanctuaire martial, l'autel
» de la guerrière Pallas. La statue de la déesse,
» couverte de feu, la lance en main, le casque
» en tête, porte au bras sa flamboyante égide....

» Vingt mille fusils tapissent les murs des
» salles. Des milliers de piques, de lances, de
» hallebardes, de mousquets, d'obusiers, de
» pistolets, de petits canons sont rangés avec
» ordre sur des tablettes parallèles......

» Les soleils qui brillent dans les plafonds
» en rosaces sont figurés par des sabres dont
» les poignées sont rassemblées dans un centre,
» et dont les lames rayonnantes peuvent vous
» servir de miroir. Les colonnes des divers au-
» tels sont hérissées, depuis la base jusqu'au
» chapiteau, de bayonnettes acérées.......

» Ces mille pointes menaçantes, ces lames,
» les mannequins de nos vieux guerriers, cou-
» verts d'un acier poli comme une glace.....
» leurs pertuisanes, leurs haches-d'armes à
» côté des épées, des fusils des modernes,
» m'offrirent un appareil si meurtrier, qu'en
» vérité je crus assister à je ne sais quelle assem-
» blée décrite par Milton, lorsque tous les
» diables rassemblés dans l'arsenal du Tar-
» tare y travaillent à l'invention des armes à
» feu.......

» Au sortir de la salle d'armes, nous vîmes
» à la corderie ; c'est une galerie d'une im-
» mense largeur (*). Elle est à perte de vue et
» toute voûtée en pierre de taille. Nous pas-
» sâmes un quart-d'heure dans le cabinet de
» M. Bernaes où sont des machines curieuses
» très bien exécutées qu'il sait par cœur.....

(*) 584 mètres. (*Note de l'auteur.*)

» La menuiserie, la tonnellerie, la fonderie
» des canons, les forges où cent cyclopes, la
» plupart enchaînés, battent en cadence d'é-
» normes lingots de fer..... la boulangerie.....
» enfin les écoles des gardes de marine, dans
» lesquelles on voit les plus parfaits modèles
» des vaisseaux de toute espèce : tels furent les
» lieux où la France me parut la plus puis-
» sante des monarchies.....

» De là, suivant les quais bordés en pierre
» et couronnés d'ancres, nous avançâmes vers
» les bruyans chantiers où des milliers d'ou-
» vriers équarrissent des poutres, assemblent des
» bordages, enfoncent à grands coups de mail-
» let des pieux ou des chevilles : on n'y entendrait
» pas Dieu tonner.

» Les forçats traînent de longs sapins, et
» leurs cris mesurés se mêlent à l'horrible fra-
» cas de leurs chaînes ».

M. Bérenger omet dans cette description un tableau qui est celui dont l'impression est restée le plus profondément gravée dans ma mémoire, et qu'il a fort bien rendu ailleurs par ce vers :

Ces bombes, ces canons qui dorment sous vos treilles.

Quel spectacle ! quel contraste frappant que celui de ces rangées de canons et de ces monceaux de boulets, reposant dans des jardins

IIe. ROUTE DE MARSEILLE A GÊNES.

et des bosquets, à l'ombre des treillages et des berceaux! Les instrumens de Mars au milieu de trésors de Bacchus, de Flore et de Pomone, c'est leur ôter ce qu'ils ont d'effrayant; c'est rendre presque riantes les images de la guerre. On trouvera, en parcourant ces jardins, un énorme canon pris sur les Vénitiens par le général Bonaparte.

« Mais quel ouvrage étonnant, poursuit
» M. Bérenger, que le bassin de M. Grognard !
» Il faut en avoir vu tout le mécanisme inté-
» rieur, il faut connaître tous les obstacles de
» la nature et de l'envie qu'il a eu à surmonter ;
» il faut enfin l'avoir entendu lui-même dé-
» montrer sur les lieux les opérations inconce-
» vables auxquelles il a été forcé. Alors on
» reconnaît dans ce grand ouvrage un monu-
» ment qui doit immortaliser son auteur, et dont
» l'antiquité se fût enorgueillie.

» Voici une courte description de ce fameux
» bassin ; je puis la donner pour fidèle, je l'ai
» vérifié moi-même en présence de l'ouvrage et
» de l'auteur : Cette caisse a 300 pieds de long
» sur 100 de large. Quand le vaisseau qu'on
» veut radouber y est entré, on ferme la porte
» par le moyen d'un vaisseau fait en cône tron-
» qué, et chargé de tout ce qu'il y a de plus

» pesant pour le faire plonger ; il s'engrène
» parfaitement dans les rainures : et quand on
» a pris toutes les mesures convenables pour
» que l'eau extérieure n'entre point, on évacue
» celle de l'intérieur, par le moyen des pompes.
» La tranquilité de la mer, qui, dans le port
» de Toulon est exempte du flux et du reflux,
» a beaucoup facilité les moyens de donner à
» cet ouvrage la solidité dont il avait besoin....

» Ce bassin, je l'avoue, a de grands avan-
» tages pour la construction et le radoub des
» vaisseaux ; mais il prive les curieux d'un
» beau spectacle. La mer venant chercher le
» navire, l'homme n'a plus la gloire de lancer
» dans ses flots ces forteresses flottantes, et de
» la voir ouvrir son sein pour les recevoir ».

M. Bérenger écrivait quelques années avant la révolution. Le bassin dont il parle ne sert plus qu'à radouber les vaisseaux.

Il ne faut pas manquer, en entrant dans l'arsenal, ou en sortant, d'examiner la belle porte dont l'a décorée l'architecte M. Lange. L'ordre dorique et ses ornemens, des trophées analogues, de belles statues décorent ce riche portail, et annoncent dignement les chefs-d'œuvre de Vauban et la puissance de Louis XIV. On conserve avec soin dans cet arsenal, et l'on examine avec intérêt la frégate qui transporta d'Egypte en France le général Bonaparte.

Après l'examen de ces divers objets, il ne reste plus à voir à Toulon que le fort Lamalgue, construit sur le bord oriental du port, les galères à l'extrémité opposée, et quelques-uns des vaisseaux de ligne qui sont en rade ; c'est l'affaire de trois petites promenades sur mer et d'une seule matinée, ou d'une journée entière, si l'on veut examiner avec détail.

Ceux qui ne voudront rien laisser à connaître pourront aussi aller visiter les forts et les tours qui défendent la rade, tels que la tour de Balaguier, la Grosse Tour bâtie par Louis XII et François Ier., le fort de l'Aiguillette par Louis XIV, etc.

Tous ces forts, joints aux batteries qui canonnent de toute part la rade, et aux montagnes escarpées qui la couvrent, rendent Toulon imprenable du côté de la mer. La rade n'est pas moins à l'abri des vents et des tempêtes que de l'ennemi : c'est une des plus sûres de la Méditerranée.

Cette ville était presque sans défense lorsqu'elle fut prise, en 1524, par le conétable de Bourbon, commandant de l'armée de Charles-Quint qui échoua contre Marseille. Elle résista en 1707, quoique moins fortifiée qu'aujourd'hui, au Duc de Savoie et au Prince Eugène, deux des plus grands capitaines de ce siècle, qui l'assiégèrent par terre et par mer, avec les forces réunies des puissances liguées contre Louis XIV. Mais elle n'a pu résister longtemps, en 1793, à l'attaque des Français, lorsque les Anglais s'en étaient emparés à la faveur des troubles révolutionnaires et des intelligences que leur avait procurées dans la ville la mésintelligence des habitans. Quoique les Français ne pussent la battre que par terre, et qu'ils eussent à essuyer à-la-fois le feu de la ville et celui de la flotte qui était dans le port, ils vinrent à bout d'en chasser les Anglais, dont la dernière ressource fut d'incendier l'arsenal ainsi que les vaisseaux qu'ils ne purent pas emmener. Le grand nombre d'habitans qui les suivirent, et celui des personnes mortes dans le siége, ou fusillées après la reprise de la ville, la laissèrent dans un état de dépopulation dont elle s'est relevée plus promptement qu'on n'aurait dû s'y attendre, au moyen des nombreuses colonies qui s'y sont jetées des diverses parties de la France.

Sa population actuelle, presque entièrement renouvelée, se monte à 27,000 âmes, non com-

IIe. ROUTE DE MARSEILLE A GÊNES.

pris les ouvriers de l'arsenal et les forçats, qui sont ordinairement au nombre, les premiers de 3000, les autres de 5000.

Il est difficile de démêler aujourd'hui le caractère national des habitans de Toulon. Ils étaient réputés les plus brutaux de la Provence, d'après le proverbe, *Arles en Provence, Marseille en Turquie, Toulon en Barbarie.*

Les mœurs du peuple pourraient bien s'y dégrader par la présence, je dirai presque la fréquentation des forçats. On s'accoutume à voir ces malfaiteurs : ils contractent même des liaisons de familiarité avec les personnes auxquelles ils ont à faire. J'en ai vu plusieurs causer assez longuement, même très gaîment, avec des revendeuses auxquelles ils portaient en passant le prix de leur journée, pour ajouter quelque supplément à leur ration ordinaire : ceux qu'on fait travailler reçoivent 3 sous de haute paye par jour. Ne risque-t-on pas de se familiariser avec le crime, en se familiarisant ainsi avec les criminels? Les particuliers ne craignent point d'employer pour leurs travaux les forçats les plus laborieux. Ce sont des manouvriers comme d'autres.

On aurait horreur, dans les départemens éloignés des bagnes, d'employer des malfai-

Tome VI. 7.

teurs, des voleurs, des assassins, et tel est pourtant l'effet de l'habitude qu'à Toulon on s'applaudit de cette ressource à laquelle on recourt très souvent. J'ai moi-même été conduit au fort Lamalgue, avec une jeune dame et ses enfans, par quatre ou cinq bateliers, tous galériens. Il en échappe presque chaque jour : la ville et la campagne en sont averties par trois coups de canon, qu'on tire dès qu'on s'en aperçoit. Il n'est pas rare que des paysans les ramènent ; mais la récompense promise à ceux qui les arrêtent, est, il faut l'avouer, un motif plus déterminant pour eux que l'intérêt de la société.

M. Dupaty, qui a pris la peine de parcourir les registres des galères, y a vu des enfans de treize ans, condamnés pour avoir été trouvés avec leurs pères, qui étaient convaincus de contrebande. Je l'ai vu, répète-t-il avec une indignation qu'il fait partager à ses lecteurs, mais on ne partage pas de même celle qu'il éprouve en lisant sur ce registre une condamnation *pour crime de filouterie*, une autre *pour fourberie et avoir trompé une foule d'honnêtes gens* : ces sentences ne paraissent pas plus contraires aux lois de la justice qu'à celles de l'humanité. Il n'y a que les principes d'une philantropie outrée qui aient pu faire apitoyer ainsi sur le crime un juris-consulte aussi vertueux qu'éclairé.

Toulon a un lazaret militaire, situé au fond de la rade. Siége d'un tribunal civil et de commerce, d'une sous-préfecture, et de la préfecture du sixième arrondissement maritime, cette ville est la plus considérable du département du Var, dont elle a été le chef-lieu avant de s'être livrée aux Anglais. Les voyageurs y trouvent toutes les ressources des grandes villes, une salle de spectacle ouverte toute l'année, de beaux cafés, d'assez bonnes auberges et trois maisons de bains. Les amateurs y trouvent un jardin de botanique, on y en montre un entièrement planté d'orangers.

Le commerce de Toulon consiste principalement dans les denrées du pays. Il y avait autrefois quelques armateurs et plusieurs autres riches négocians que la révolution a remplacés par de nouvelles maisons, moins riches et moins nombreuses. On fabrique dans cette ville du savon et de grosses draperies, connues sous le nom de *pinchinat*.

La campagne environnante est disposée en amphithéâtre, et très fertile dans les lieux bas. Le pied des montagnes, couvert de figuiers, d'oliviers, de vignes et de câpriers, est tout hérissé de forts et de redoutes. Derrière tout cela s'élèvent, presque à pic, des croupes grisâtres et pelées qui rendent les chaleurs insupportables dans la ville, qu'ils défendent à-la-fois des aquilons et des ennemis. Ces croupes inaccessibles ne l'ont pas été pour les intrépides soldats Français. C'est de là qu'ils ont si bien canonné la ville, les forts et la flotte, que les Anglais furent forcés d'abandonner promptement une conquête qu'ils ne devaient qu'à la trahison.

Ces montagnes, dont la hauteur moyenne est de 8 à 900 mètres, ne permettent à Toulon d'autre avenue par terre que celles de Marseille et de Nice.

De cette dernière, part un embranchement qui conduit à Hyères, petite ville située à 4 lieues vers l'Est de Toulon. Peuplée de 4 à 5000 habitans, elle n'a d'importance que par son climat, renommé pour le plus chaud de l'ancienne France, et par la grande quantité d'orangers, plantés en pleine terre, que produisent ses jardins.

Tous les étrangers sont enchantés de la position d'Hyères. M. de Saussure lui-même ne peut s'empêcher d'en faire la remarque dans un Voyage entièrement consacré aux observations lithologiques. Cependant l'Anglais Arthur Young prétend que lady Craven lui a fait faire une course inutile à Hyères. « On croit, ajoute-t-il, par sa description, et celle de plusieurs autres, que ce pays est un jardin; mais on l'a beaucoup trop vanté, etc. ».

Des opinions aussi contradictoires sont faites pour dérouter celle des lecteurs qui n'ont pas la facilité de vérifier par eux-mêmes.

En accordant à Arthur Young que la verdure de ce pays, dont l'olivier et l'oranger font les principaux frais, est plus pâle que celle des contrées septentrionales de l'Europe, il faut cependant qu'il accorde lui-même à la vérité que cette verdure est aussi bien plus riante. L'olivier d'Hyères n'est pas au surplus un frêle arbuste comme celui d'Avignon et d'Aix. C'est un arbre de haute-futaie, qui, se trouvant ici dans son climat, y atteint ses proportions naturelles, et offre, avec un vert moins gris, un feuillage plus touffu.

Cet arbre, très multiplié dans les campagnes dont se compose l'horizon de cette ville, ne domine pas de même dans celles qui forment son enceinte immédiate. L'oranger et le citronnier font presque l'unique ornement de cette dernière enceinte, garnie de jardins qui se confondent avec les faubourgs. C'est dans celui par lequel on arrive que sont placées les auberges, notamment celle des Ambassadeurs, la plus belle de toutes, et l'une des plus agréables sans contredit qui soient au monde : en y entrant je me crus transporté tout-à-coup dans un séjour enchanté, dans les délicieux jardins des Hespérides.

C'était au printemps; j'avais, sous mes fenêtres, des jardins, ou pour mieux dire des bosquets d'orangers chargés de fleurs, de fruits et de rossignols. Je contemplais avec ravissement le vert d'émeraude qu'offre en tout temps ce brillant tapis de feuillage, le jaune non moins éclatant des innombrables pommes d'or dont il est parsemé, et les fleurs nouvelles qui le nuancent, en ajoutant leurs parfums à ceux des fruits. J'aimais à respirer ces parfums balsamiques; je prêtais l'oreille aux accens alternativement joyeux ou plaintifs du plus mélodieux des oiseaux Européens, au chant de mille autres également attirés et excités par un séjour qui semble fait pour eux. Voilà de quoi captiver à-la-fois tous les sens et charmer tous les goûts.

Une pente douce conduit l'œil jusqu'à la

mer, et cette pente, couverte d'abord de jardins, puis d'oliviers, ensuite de peupliers et d'autres arbres, m'offrait un paysage continuel que terminait l'azur des eaux confondu avec celui du ciel.

Le climat d'Hyères, plus doux que celui de Toulon, l'est moins que celui de Nice. Les orangers en fournissent la preuve : ils résistent mieux aux hivers rigoureux à Nice qu'à Hyères, où celui de 1788 à 1789 les a presque tous détruits ; mais ils se sont reproduits par les nombreux rejetons qu'ont poussé leurs pieds ou leurs racines. On montre comme une curiosité les arbres qui ont survécu à cet hiver (*).

Les oranges d'Hyères sont presque toutes

(*) Cette température d'Hyères, plus chaude que celle de Toulon avec la même latitude, et moins que celle de Nice avec une latitude plus méridionale, est digne de l'attention des observateurs, et fournit aux physiciens un problême à résoudre, dont ils chercheront inutilement la solution dans le site abrité de Nice. Si cette dernière ville est dominée au Nord par un amphithéâtre de collines et de montagnes, il en est de même de celles d'Hyères et de Toulon. Cette dernière semble même recevoir, des croupes plus décharnées qui l'entourent immédiatement, une réverbération plus brûlante.

expédiées à Paris, dont les habitans n'ont pas le goût aussi gâté par les délicieuses oranges de Majorque et de Malte que ceux des côtes de Provence et de Languedoc. Dans ces dernières contrées, les oranges d'Hyères sont, par comparaison, regardées comme de mauvaise, ou au moins de très médiocre qualité. Elles sont bien moins grosses que celles dont je viens de parler; il s'en trouve néanmoins quelquefois de très belles; on en cite une qui a pesé 33 onces. On cite aussi un oranger qui a produit 10,000 oranges : il avait résisté à l'hiver de 1709, et a péri dans celui de 1788. Le produit ordinaire des plus beaux est de 4 à 5000 oranges, et celui des jardins consacrés à ce genre de culture de 1000 fr. par mille toises quarrées.

Les deux jardins de MM. Filz et Beauregard sont les deux principales plantations de cette ville. On admire dans celui-ci le plus beau palmier-dattier qui soit en France. Il produit toujours des fruits, quoique le palmier mâle qui croissait à côté de lui, et paraissait le féconder, soit mort depuis plus de 30 ans, et qu'il n'en existe aucun autre dans le voisinage. Je m'obstinais à n'en point croire mes yeux sur une circonstance qui me paraissait en opposition avec les principes de la botanique moderne; mais il a bien fallu se résigner à la persuasion. J'ai vérifié cette fécondité extraordinaire plusieurs fois à tous mes divers passages, et il ne m'est pas plus permis aujourd'hui d'en douter qu'aux naturalistes de me la nier comme impossible. C'est à eux d'expliquer le fait, en le conciliant avec le système qui soumet les arbres aux lois de la génération; et cela ne leur sera pas difficile en faisant venir par de bons vents la poudre fécondante d'aussi loin qu'il faudra, des côtes Liguriennes par exemple, et même, au besoin, de celles d'Afrique ou d'Asie.

Ils auront à choisir entre cette hypothèse et celle de l'accumulation, s'ils le jugent à propos, des deux sexes sur le même arbre, par une monstruosité particulière à cet individu, le palmier n'étant pas hermaphrodite de sa nature.

Un troisième doute viendra leur agrandir encore le champ des conjectures et le domaine des explications : il consiste à savoir si le palmier ne pourrait pas, comme plusieurs ovipares, produire, sans être fécondé, des fruits inhabiles à la reproduction, à l'instar des œufs sans germes que pondent journellement nos poules (*).

Cette ville, assez peu fréquentée autrefois, est devenue depuis quelque temps, pour les étrangers, surtout pour les anglais, un objet de curiosité et un séjour de prédilection. Elle tend à rivaliser, sous ce rapport, celle de Nice;

(*) Je n'ai garde de porter une main profane sur un système admis par les savans et consacré par l'observation. Mais combien d'autres ont été admis et consacrés de même, combien d'autres ont de même régné long-temps au milieu des acclamations du monde savant, qui ont fini par devenir l'objet de la risée générale, et ne sont arrivés à la génération présente qu'à travers les huées des générations intermédiaires.

Je n'ai garde non plus d'établir de parité injurieuse pour un système regardé comme démontré par ceux qui l'ont plus examiné que moi. Mais sur quelques solides fondemens qu'il repose, sur quelques puissantes autorités qu'il s'appuie, l'exemple de tant d'autres, également honorés dans leur temps et décriés ensuite, doit faire au moins pardonner les doutes. Les miens, si j'osais m'en permettre, seraient d'autant plus excusables, qu'ils auraient pour base un fait certain. J'ai vu ce palmier plusieurs fois dans l'espace de 7 ans, et l'ai toujours vu chargé de fruits. Une seule fois ils étaient

mais elle est encore loin de l'égaler pour les ressources de la société.

Inférieure à sa rivale, quant à la douceur et à la salubrité du climat, elle la surpasse par l'étendue et la beauté de ses jardins, ainsi que par l'agrément et la variété de ses promenades. Les habitans voyant que les loyers des mai-

---

près de la maturité, et j'en ai cueilli de mangeables.

M. Millin, qui joint la science du botaniste à celle de l'antiquaire, n'a point eu connaissance de cette fécondité, et il s'est dispensé de toute recherche, en se persuadant que le palmier dont il s'agit ne portait plus de fruits, depuis son veuvage. Un coup d'œil jeté sur l'arbre, une question faite au jardinier ou au propriétaire, l'aurait tiré d'erreur, et il n'eût point puisé une nouvelle preuve du système adopté dans un fait qui présente une objection contraire.

Voici la réponse que fit à mes informations le jardinier intelligent et instruit aux soins duquel est confié cet arbre. « Il y a vingt-cinq ans que je suis le jardinier de » M. Beauregard: le palmier mâle était mort cinq » ans auparavant. Le palmier femelle n'a point cessé » de produire depuis, sans qu'il existe aucun autre » palmier mâle dans le jardin, sans qu'il en existe » même à ma connaissance dans tous les environs ». M. Martin, directeur du jardin de botanique à Toulon, était instruit de ce fait, qui ne lui paraissait pas extraordinaire, parce qu'il était persuadé qu'il y avait d'autres palmiers mâles dans le voisinage.

sons deviennent pour eux un objet de spéculation, bâtissent à l'envi les uns des autres. L'élégance règne dans l'architecture. Un marbre grossier, qu'on trouve dans une montagne voisine, est prodigué aux encadremens des portes et des croisées. La ville s'embellit et s'agrandit rapidement. Appuyée contre la pente d'une colline, elle offre des rues escarpées, étroites et incommodes. Le faubourg, situé au pied de la colline où sont les plus agréables maisons et les plus beaux jardins, n'a pas le même inconvénient.

La cime aiguë de la montagne et la couleur noirâtre de ses rochers, qui ressemblent à des basaltes, lui donnent une physionomie volcanique. Si l'on monte sur la cime, on est dédommagé de sa fatigue par le superbe coup d'œil qu'on y découvre. La plaine qui s'étend entre la ville et la mer ressemble à un vaste verger; la rade présente au delà son immense bassin, et les îles qui la bordent au Sud Est, leur groupe pittoresque, dont semble faire partie la presqu'île des Badines, en s'avançant considérablement dans la mer, et présentant elle-même l'apparence d'une île. Des collines boisées à droite et à gauche encadrent ce charmant tableau.

IIe. ROUTE DE MARSEILLE A GÊNES.

Les campagnes d'Hyères sont extrêmement riches en vignes et en prairies, comme en oliviers. Elles produisent aussi beaucoup de blé. La main-d'œuvre y est énormément chère, parce que le paysan est peu laborieux, et il n'est pas laborieux parce qu'il est trop riche.

Les îles d'Hyères, où quelques personnes placent, par une erreur assez commune, la ville de ce nom, sont des rochers escarpés, infertiles et inhabités, qui ne renferment que quelques faibles fortifications et quelques soldats pour les garder. On en distingue quatre principales, celles de *Porquerolles*, de *Portecros*, du *Levant* et de *Bagneaux*. Cette dernière, la plus petite des quatre, n'est mentionnée que de peu de géographes. La plupart n'en comptent que trois; elles sont environnées d'un grand nombre d'autres plus petites qu'on ne peut regarder que comme des rescifs. Celle de Porquerolles, à une demi-lieue de la pointe des Badines, est la plus considérable de toutes et par ses fortifications, et parce qu'elle est la plus habitable : elle a 4 ou 5000 mètres de long, sur 2 ou 3000 de large. Les Anglais, qui s'en étaient emparés lors de mon premier passage à Hyères, m'empêchèrent de visiter ce petit archipel comme c'était mon intention. Ils ne tardèrent pas à voir l'inutilité de leur conquête, et l'abandonnèrent.

L'île du Levant est la plus considérable pour l'étendue, ayant 2 lieues et demie de long sur une de large.

Dans l'une des plus petites dite du *grand Ribaud*, les marins qui conduisaient M. de Saussure lui firent connaître une source d'eau douce, phénomène qui lui parut bien étonnant dans une île aussi petite, qui n'est qu'un rocher aride et inhabité; il pense qu'elle vient du continent par des conduits qui passent sous la mer.

Ces îles, qu'on nomme aussi *îles d'or*, ont été fertiles en oranges, ce qui leur a fait donner ce nom par les Romains. Dépouillées aujourd'hui non-seulement de leurs arbres, mais de leur sol végétal, elles ne procurent à la France aucun avantage, et lui sont plus à charge qu'à profit, puisque leur existence impose la nécessité de les garder. — *Parcouru depuis Marseille.* 15

§ 5. *De Toulon à Solliès.* 4
§ 6. *De Solliès à Pignans.* 5
§ 7. *De Pignans à Luc.* 4

Une large plaine, rarement interrompue par de faibles inégalités, s'étend au pied des montagnes, dont la chaîne se prolonge au N. E. de Toulon jusqu'au Luc.

Nous allons parcourir cette plaine dans sa longueur, en laissant à droite, après le village de Lavalette, la route qui nous a conduits à Hyères, et regrettant que celle de Gênes n'ait pas reçu la même direction, qui lui aurait fait côtoyer la mer jusqu'à Fréjus, et l'aurait rendue à-la-fois plus courte et plus agréable. Elle eût offert aux voyageurs l'avantage de passer par la ville d'Hyères et près de celle de Saint-Tropès, et à ces deux villes toutes deux intéressantes, la première par l'agrément, la seconde par l'importance de sa position, le bienfait d'une grande route à laquelle elles paraissent avoir d'autant plus de droits l'une et l'autre, que leur intérêt à cet égard est d'accord avec celui du public. Nous venons de parler de la première à l'article de Toulon, nous avons parlé de la seconde à l'article du Luc. (*V.* 1re. *route de Marseille à Gênes.*)

Dirigée par le Luc, la route actuelle ne rencontre aucune ville proprement dite. Elle traverse le village de la Farlède, une demi-lieue avant Solliès, gros bourg d'environ 15 à 1800 habitans. Il est baigné par le Gapeau, petite et jolie rivière dont les eaux limpides donnent de la fraîcheur au site, et procurent, au moyen des arrosages qu'elles fournissent, d'agréables prairies et d'abondans fourrages, production aussi gracieuse que rare dans cette partie de la Provence. Solliès a une route sur Brignolles.

Une lieue après, on arrive à Cuers, autre bourg considérable où l'on trouve une autre route qui conduit à Brignolles, et une assez bonne auberge. On traverse encore dans cette deuxième distance, 2 lieues après Cuers, le bourg du Pujet, et entre ce bourg et celui de Pignans, à une lieue de l'un et de l'autre, le village de Carnoules, où il y a un château et un embranchement sur Flassans.

Pignans est un gros bourg de 2000 habitans. Il a deux ou trois assez bonnes auberges, et quelque commerce industriel, notamment des usines sur la petite rivière qui le baigne.

Entre Pignans et le Luc, on ne trouve que le village de Goufaron, en deçà duquel jaillit à droite, et à peu de distance de la route, une source abondante d'eau vive et limpide qui

IIe. ROUTE DE MARSEILLE A GÊNES.

forme une petite rivière appelée *Aie* dans le pays.

Rien d'intéressant depuis Gonfaron jusqu'au Luc, où l'on arrive, en côtoyant le pied des collines qui règnent sur la gauche. Elles font partie de la chaîne que nous avons vu s'éloigner sensiblement de la route après Toulon, à mesure que la route s'éloigne elle-même de cette ville. Dans le trajet de la Valette à la Farlède, on voit une sommité s'élever du milieu de cette chaîne en forme de coing, d'où elle a pris le nom de *montagne de Coudon*, mot provençal qui signifie *coing*. Elle est fort connue des navigateurs, qui s'accordent à dire que c'est le point le plus haut de la Provence, parce que c'est le premier qu'ils aperçoivent en venant à terre.

Nous avons vu aussi cette chaîne dégénérer en collines, après Cuers, et reprendre, en se rapprochant de la route, après Pignans, un aspect montagneux. Aride et calcaire dans la première et seconde distance, elle est composée, dans la dernière, d'un grès rouge et terreux, dont les bancs alternent avec des couches d'argile non moins infertiles que le roc même.

Les détritus, entraînés par les eaux et les éboulemens dans cette partie, couvrent la plaine

Tome VI. 8

de sédimens rougeâtres et fangeux qui rendent l'entretien de la route difficile. Aussi était-elle très négligée il y a peu d'années, le projet étant alors de la transférer sur l'embranchement qui mène de Çarnoules à Flassans.

Les montagnes plus éloignées et plus hautes qu'on voit sur la droite, en approchant du Luc, présentent beaucoup de forêts de pins entremêlées de châtaigneraies qui produisent la première qualité des marrons connus à Paris sous le nom de *marrons de Lyon*.

Cet arbre qu'on voit rarement à côté du pin en nuance ici agréablement la sauvage verdure en été; mais autant le châtaignier l'emporte dans cette saison sur le pin par la beauté de son feuillage, autant il lui est inférieur pendant l'hiver, qui le dépouille de bonne heure, tandis que le pin conserve toujours son vert mélancolique.

Le bâtiment qu'on aperçoit sur le sommet de la plus haute de ces montagnes, est l'hermitage de N.-D. des Anges. Il servit long-temps de repaire aux brigands qui ont infesté cette contrée, et qui ont tous, aussi bien que l'hermite recéleur, expié leurs crimes sur l'échafaud. On m'assura qu'un nouvel hermite était

IIe. ROUTE DE MARSEILLE A GÊNES. 115 lieues.

déjà en possession de cette retraite. — *Parcouru depuis Marseille jusqu'au Luc* (*). 28
(*V. pour le Luc et le reste de la route, la 1re. de Marseille à Gênes.*)
18 paragraphes. 103

(*) Le département du Var, dont nous avons achevé de parcourir les lignes de poste, occupe la partie orientale de l'ancienne Provence, terminée par la rivière du Var dont il a pris le nom. On peut lui appliquer le tableau que nous avons eu occasion de faire de cette province, et même une partie de nos observations sur le département des Bouches-du-Rhône. Ces observations, jointes à celles qui se sont présentées à nous, chemin faisant, nous dispensent de dire ici autre chose du département du Var, sinon que peuplé de 283,000 habitans, et divisé en quatre arrondissemens, qui sont Draguignan, Toulon, Brignoles et Grasse, il s'étend dans une longueur de 35 lieues de l'Ouest à l'Est, sur une largeur moyenne de 15 à 20 du Nord au Sud, et qu'il est presque entièrement composé de montagnes et de collines, dont les premières sont couvertes de bois et de pâturages, les secondes d'oliviers, et même d'orangers dans quelques parties voisines des côtes.

FIN DE LA 2e. ROUTE DE MARSEILLE A GÊNES.

8*

DESCRIPTION

ROUTIÈRE ET GÉOGRAPHIQUE

DE L'EMPIRE FRANÇAIS.

ROUTE DE MARSEILLE A TURIN,

Par Nice et le Col de Tende.

111 lieues.

	lieues.
Depuis Marseille jusqu'à Nice (v. 1re. route de Marseille à Gênes).	
14 paragraphes....................	62
§ 15. De Nice à Scarena.................	4½
§ 16. De Scarena à Sospello..............	4½
§ 17. De Sospello à Breglio..............	4½
§ 18. De Breglio à Tende...............	4½
§ 19. De Tende à Limon (*)..............	6

CETTE route a été ouverte à grands frais par le roi Victor Amédée à travers des montagnes

---

(*) Quoique toujours portés sur le livre de poste, les relais jusqu'à **Limon**, premier village ultramontain, ne sont plus montés, et ils ne l'ont même été sous le roi de Sardaigne, que pour le service à dos-de-mulet du courrier établi entre Turin et Nice.

incultes et désertes. Elle s'y insinue au sortir même de Nice, en suivant le Paillon, torrent qui porte le tribut de ses eaux et de ses cailloux à la mer, sous les murs de cette ville.

Le lit de ce torrent, presque toujours à sec, et le triste vallon qu'il s'est creusé, ne peuvent pas plus égayer la route que les rochers blanchâtres qui la bordent ou la dominent.

Elle est encore moins égayée par le souvenir des brigands qui l'infestaient naguères. C'était le principal repaire des Barbets (*).

(*) Ce nom de Barbets, dont la définition devrait se trouver dans tous les dictionnaires et dans toutes les géographies, est expliqué par le très petit nombre d'auteurs qui en parlent, de manière à n'en laisser que des idées confuses. Les uns en font un peuple, les autres des sectaires qu'ils confondent avec les Vaudois, tandis que ce n'est ni un peuple ni une secte, et qu'ils n'avaient, au moins de nos jours, avec les Vaudois, d'autre rapport que d'être pour eux d'importuns et dangereux voisins.

Sans remonter à l'origine des Barbets et sans rechercher l'étymologie de leur nom qui paraît venir des petites barbes qu'ils portaient anciennement, bornons-nous à quelques recherches locales sur ce qu'ils ont été de nos jours : elles nous apprendront que c'était une milice composée des habitans de la partie des Alpes qui sépare le Piémont tant du comté de Nice

Au milieu de ces montagnes arides on aime à trouver, après les tristes environs et le triste village de Scarena, le joli vallon et la petite ville de Sospello, entourée de montagnes et de verdure. On y compte environ 2500 habitans. Elle paraît avoir quelque société, si j'en juge d'après la toilette des femmes que j'ai vues à la promenade. Les voyageurs y trouvent

que de la Provence, et chargée d'en défendre les passages en temps de guerre : c'était à proprement parler des gardes-frontières. Comme les Français étaient les ennemis qu'ils ont eu le plus souvent à combattre, c'est contre eux qu'ils étaient le plus acharnés, et c'est aussi le peuple qui avait le plus d'intérêt à les détruire.

Cette milice des montagnes toujours armée, sans discipline militaire, sans frein d'aucune espèce, et presque sans loi, ne pouvait faire la guerre qu'à la manière des brigands. Ils se mettaient en embuscade dans les ravins, derrière les rochers, les arbres et les buissons, tiraient sur l'ennemi, manquaient rarement leur coup, car ils étaient bons tireurs, et le dépouillaient. Accoutumés à vivre de leur état, à défaut d'ennemis, ils tiraient sur les passans, comme nous avons vu quelques bandes en France qui n'attaquaient d'abord que les diligences, et ne volaient que les deniers publics, finir par arrêter et voler tous les voyageurs.

Exercés à cette guerre de montagne et d'embuscades, les Barbets s'étaient rendus redoutables aux

une assez bonne auberge. Ils y arrivent par une longue descente, du haut de laquelle on voit la ville au fond de la vallée, comme dans un profond entonnoir. Il faut gravir, en partant, une autre montagne pour arriver en quatre heures à la Ghiandola, auberge élégante et propre, agréablement située au milieu des prairies, au bord de la Roia et à une

---

armées. Le besoin qu'avait le gouvernement Piémontais de leurs services lui faisait tolérer leurs brigandages; c'était une partie de ses frontières gardées sans qu'il lui en coutât ni l'emploi ni la perte d'un soldat. Loin de les poursuivre, il croyait au contraire leur devoir protection. De là cette immense quantité de brigands qui avaient fait du Piémont, surtout dans cette partie, un véritable coupe-gorge, et que l'énergie française est parvenue à détruire.

Le brigandage a cessé avec les brigands, dans ces montagnes, comme dans tout le reste du Piémont. Cependant pour ne pas tout égorger, on a tâché d'en ramener une partie; ce qui n'avait point péri dans les diverses actions et exécutions a posé les armes, abandonnant sans regret une profession qui n'offrait plus ni les mêmes avantages ni la même sûreté.

Tels ont été les Barbets depuis Louis XIV jusqu'à nos jours. Complettement détruits, actuellement ils sont déjà si loin de nous, que l'on peut dire qu'ils n'existent plus que dans l'histoire.

demi-lieue de Breglio ou Breil, petite ville tellement couverte par les montagnes, qu'on y voit à peine le soleil. Il ne faut point passer à la Ghiandola sans s'y régaler des bonnes truites que fournit la Roia. Ce torrent conduit jusqu'à Tende, en le remontant pendant quatre heures, et jusqu'à Vintimille, en le descendant pendant deux.

A une lieue environ de la Ghiandola, on passe sous le fort de Saorgio, autour duquel sont groupées les vieilles et noires masures qui forment le bourg de ce nom. Elles sont étagées et comme assises les unes sur les autres. « Saorgio et son château, dit Arthur Young, » sont situés dans une position fort romantique » contre le flanc d'une montagne, et ressem- » blent à un nid d'hirondelle collé contre le » mur d'une maison. Je n'eus pas occasion de » demander combien il se cassait de cous par » an pour y monter ou pour en descendre; » mais l'obscurité de cette ville et le manque » total de vitres la rendent aussi sombre que » romanesque ». (*Voyage d'Italie par Arthur Young*, page 40.)

Quand on voit les lieux après Arthur Young, il est impossible de ne pas rendre justice à l'exactitude de ce voyageur. On peut rendre autrement cette position extraordinaire, mais on la sent comme lui. Dutems la décrit avec la même vérité en d'autres termes : « Le bourg » de Saorgio, dit-il, est si singulièrement situé » sur le haut d'une montagne, qu'il paraît » suspendu en l'air ». Ce misérable bourg, décoré du titre de ville, ne peut être comparé qu'à Tende, qui porte le même titre, avec un peu plus de fondement, ayant été le chef-lieu du comté de ce nom.

Ce dernier bourg, qui m'a paru l'un des plus affreux séjours de la terre, n'est composé que de quelques centaines de masures noires, appliquées comme celles de Saorgio contre le flanc d'une montagne escarpée. « Tende, dit encore » Athur Young, capitale du canton, et qui » donne son nom à cette grande chaîne de » montagnes, est un de ces vilains endroits où » il n'y a qu'une misérable auberge noire, » puante et sans vitres ». Nous avons encore fait ici la triste expérience de l'exactitude du voyageur anglais.

La hauteur de Tende, prise de la salle de l'auberge, a été déterminée à 399 toises au dessus du niveau de la mer. Cette ville a donné son nom à la famille illustre des comtes de Tende et de Vintimille. Elle s'attacha à la

France sous François Ier., qui fit le comte de Tende grand-maître de France. Celui-ci paya la bienveillance royale de son sang et de sa vie à la fameuse bataille de Pavie en 1525. Un autre comte de Tende s'est rendu célèbre sous Louis XIV, qui le fit gouverneur de Provence. Il servit ce roi avec distinction, ce qui ne l'empêcha pas de cultiver les lettres avec succès. On a de lui un Traité de la Traduction sous le nom de l'*Estang*, et une Relation historique de la Pologne sous le nom de *Hauteville*, deux ouvrages estimés.

Cette ville a donné son nom au passage des Alpes, connu en géographie sous le nom de *Col de Tende*, et plus connu dans le pays, sous celui de *Col de Cornio*, qui est le nom même de la montagne. Il est à 3 ou 4 lieues environ de la ville dont il porte le nom.

Je suis parti de Tende, comme Arthur Young et comme tous les voyageurs prudens, à quatre heures du matin, afin de passer de bonne heure le Col, où l'on craint toujours d'être surpris par la tourmente, plus ordinaire le soir que le matin. Le voiturier ou postillon qui vous conduit ne manque pas d'exciter votre diligence, ayant le même intérêt que les voyageurs à passer aussi matin que possible, et de plus celui de ne pas repasser lui-même trop tard, s'il doit les déposer à Limon, premier relais ultramontain. Souvent on n'y trouve pas de chevaux de trait, ce qui oblige de pousser jusqu'à Borgo-S.-Dalmasso, où l'on est moins sujet à en manquer, et quelquefois jusqu'à Coni, où l'on n'en manque jamais.

On continue à remonter la vallée de la Roia, au delà de Tende, jusqu'au pied du Col, pendant environ deux heures. Elle se rétrécit à mesure qu'on avance, sans rien perdre de sa fraîcheur : elle abonde en excellentes prairies, et ne porte pas, comme la plupart des hautes vallées des Alpes, aux approches de la chaîne centrale, la tristesse dans l'âme, par le spectacle d'une nature expirante ou morte.

C'est le monde habité qui paraît seul expirer au bout de cette gorge, fermée brusquement par les Alpes. On voit devant soi, en approchant de ce terme, les 660 tournans qui conduisent au sommet du col. Cet ouvrage prodigieux aurait de quoi nous surprendre, en ne considérant que les ressources bornées du gouvernement qui l'a fait exécuter, si nous n'avions déjà vu les passages de la Chaille et de la Grotte entre Lyon et Chambéry.

On est trois heures à gravir le Col et deux à le descendre, c'est en tout cinq pour la totalité du trajet, et sept à partir de Tende jusqu'à Limon. Vers la moitié ou les deux tiers de la montée, se trouve une hôtellerie où l'on fait rafraîchir les chevaux. Dès qu'on est parvenu au sommet, on commence à descendre, sans aucun intervalle de plaine, et l'on se trouve dans le Piémont; que cette crête séparait du comté de Nice, comme elle sépare aujourd'hui les deux départemens des Alpes-Maritimes et de la Stura. Arthur Young, en y plaçant aussi la séparation des Alpes et des Apennins, ne se trompe que de quelques lieues, si les Alpes finissent, ainsi que nous l'établissons ailleurs, aux sources du Tanaro. Ce qu'il y a de certain, c'est que le Col de Tende est le dernier passage qu'offrent les Alpes méridionales, dont la chaîne prend bientôt après, à plus ou moins de distance, le nom d'Apennin, en s'abaissant considérablement, et se recourbant vers l'Est.

La hauteur perpendiculaire de ce Col, au dessus du niveau de la mer, est de 1795 mètres, d'après l'Almanach statistique du département du Pô, qui en donne 1929 au plus haut point du passage du Mont-Cenis; ce qui placerait le

ROUTE DE MARSEILLE A TURIN.

Col de Tende à 134 mètres plus bas. Cette différence serait bien plus forte, d'après la hauteur de 1060 toises, que donne au Mont-Cenis la moyenne proportionnelle entre les opérations de MM. Pictet et de Saussure ; mais si ces deux savans eussent mesuré aussi le Col de Tende, peut-être lui auraient-ils trouvé de même une plus grande hauteur que celle qu'indique l'Almanach statistique (*).

(*) C'est le cas de prévenir mes lecteurs une fois pour toutes, que les contradictions des diverses mesures barométriques ne permettant pas de donner les hauteurs avec une parfaite exactitude, il m'a paru plus convenable de les indiquer par l'à-peu-près modeste des approximations que de recourir à la trompeuse précision des moyennes proportionnelles, qui ne sont elles-mêmes que des évaluations approximatives, pour ne pas dire hasardées ; car rien ne prouve que la vérité soit précisément dans le juste milieu entre les deux extrêmes des diverses évaluations, comme si elles devaient s'écarter au même degré l'une et l'autre de la vérité, et se partager entre elles la différence par moitié. Qui peut assurer que la vérité n'est pas, au contraire, dans l'un de ces deux extrêmes, dans la mesure même qui diffère le plus de toutes les autres? N'est-il pas possible qu'elle soit une rectification des précédentes, quoique souvent donnée avec autant ou même plus de modestie?

Plus bas que le Mont-Cenis, et même que le Mont-Genèvre, ce sommet est cependant plus neigeux et plus orageux. Il est même impraticable, pendant les deux tiers de l'année, pour les voitures, et sujet, pendant l'autre tiers, à des tourmentes fréquentes et dangereuses, qui enlèvent hommes et chevaux.

J'ai eu le bonheur de n'y trouver que le beau temps à mes deux passages, exécutés toujours le matin. Il est rare qu'il n'y ait quelques tapis de neige ou de glace, soit au bord, soit au milieu de la route même. Je me suis donné chaque fois le plaisir de déjeûner, avec mon compagnon de voyage, auprès de ces petits glaciers qui nous ont servi à rafraîchir notre vin. Ce repas, pour ainsi dire aérien, est ordinairement assaisonné par l'appétit, qui ne saurait manquer après une aussi longue ascension et dans un air aussi vif. Si l'on s'arrête un moment sur la crête, pour promener alternativement ses regards des deux côtés de la montagne, on ne découvre que d'autres montagnes également affreuses. Du côté de Nice néanmoins on aperçoit la mer, quand il fait beau (*).

(*) Dans cette direction la vue embrasse, à peu de chose près, toute l'étendue du département des

ROUTE DE MARSEILLE A TURIN.

Le voyageur n'est pas enfoncé ici, comme au Mont-Cenis ou au Mont-Genèvre, dans une échancrure profonde de la chaîne : il est sur la croupe même, peu dominée dans cette partie par les points culminans, ce qui lui permet d'en parcourir des yeux une assez grande étendue. Quoiqu'il n'y trouve ni les sombres forêts de sapins, ni les hautes cimes, ni les vastes glaciers qui caractérisent les Alpes de la Suisse et de la Savoie, il reconnaît pourtant la physionomie de ces montagnes primitives.

Basses-Alpes, auquel nous devons, en le quittant, un rapide coup d'œil. Elle l'embrasserait même tout entier si, depuis la réunion de la république Ligurienne, il n'avait été agrandi de l'extrémité occidentale de cet ancien état, au lieu qu'il ne comprenait auparavant que le seul comté de Nice. Cet agrandissement a porté sa population de 100,000 habitans à 131,000.

Il est aisé de voir que son territoire, tout entier dans les montagnes, doit offrir peu de ressources aux premiers besoins de la vie. Ses principaux produits sont le vin, l'huile d'olive, les oranges et autres fruits; les grains lui viennent du Piémont par le Col de Tende, ou de la France par la mer.

Si l'hiver règne pendant toute l'année sur les sommités des Alpes qu'embrasse ce département, cette saison est inconnue sur les côtes, au pied de ces mêmes montagnes, qui ne laissent que de rares et

Les ours et les chamois, ces sauvages habitans des Hautes-Alpes, se montrent rarement dans les Alpes-Maritimes; les marmottes s'y montrent encore moins. Les aigles, les lagopèdes, les gélinottes et autres oiseaux de montagnes n'y sont pas aussi rares.

Au tiers de la descente, qui n'est pas à beaucoup près aussi rapide que la montée qu'on vient de gravir, on voit, auprès d'un tournant, une grande caverne dont la profondeur se di-

faibles intervalles entre elles et le rivage de la mer où un printemps continuel règne pendant l'hiver; et toute la chaleur des Echelles du levant pendant l'été. C'est à coup sûr le coin de l'Europe qui offre la réunion la plus frappante des diverses températures du globe.

Ce département, qui s'étend sur une longueur de 18 à 20 lieues du Nord Ouest au Sud Est, et sur une largeur moyenne de 8 à 10 du Nord Est au Sud Ouest, est divisé en trois arrondissemens qui sont, après celui du siége de la préfecture, ceux de S. Remo et de Puget-Théniers. Nous n'avons point parlé de ce dernier chef-lieu qui ne se trouve sur aucune route. Situé sur la rive gauche du Var, à 10 lieues environ de son embouchure, il n'est peuplé que de 900 habitans, et ne mérite d'être nommé qu'à raison de sa sous-préfecture et de son tribunal civil. Le titre de ville ne lui a cependant jamais été disputé.

rige vers le centre de la montagne. C'est le commencement d'une galerie qui devait traverser la chaîne d'outre en outre dans une épaisseur de 2270 mètres, ou d'une demi-lieue. Ce vaste percement de la chaîne centrale des Alpes, l'une des plus gigantesques entreprises qu'ait osé concevoir l'esprit humain, a été conçue et commencée par une femme, la duchesse Anne de Savoie. Le gouvernement Piémontais voulut le continuer il y a environ cinquante ans, pour assurer les communications, souvent interceptées, de sa capitale avec ses deux ports de Nice et de Ville-Franche; mais il ne tarda pas à l'abandonner, soit parce que le noyau de la montagne n'offrait plus la solidité nécessaire, soit parce qu'il est difficile d'arriver jusqu'à cette élévation en hiver, à cause des vents impétueux qui y règnent.

Malgré la hauteur et la largeur également prodigieuses de la galerie, on ne peut pénétrer bien loin dans l'intérieur, à cause des glaces et des neiges dont elle est encombrée, ou des terres délayées qui les remplacent en été. Il suffit d'en voir l'entrée pour juger de l'immensité de l'entreprise, et pour s'étonner qu'elle ne soit pas plutôt un ouvrage des Romains que de quelques souverains obscurs.

Ce souterrain, qui commence à côté d'une hôtellerie ruinée dans la dernière guerre, devait déboucher sur le flanc opposé de la montagne, auprès de celle où l'on rafraîchit ses chevaux. Les deux aubergistes auraient été comme les portiers, les conservateurs de la galerie. C'est à cette hauteur de la montagne que cesse la culture, tant d'un côté que de l'autre.

Le préfet de la Stura a présenté un projet tendant à changer la direction de cette route, et à former un nouveau percement qui permettra, dit-on, de passer en toute saison. Lorsque le Col actuel est fermé par les neiges, il est ouvert par les habitans du pays, sous la direction d'un inspecteur chargé de le rendre praticable, autant que la saison le permet. Le maître de poste de Limon offre aux voyageurs le même genre et la même étendue de secours qu'ils trouvent au Mont-Cenis.

Limon est un bourg situé au pied de la montagne, et au milieu d'un bassin tapissé de prairies. Il renferme un bureau de poste et 1800 habitans, dont le plus grand nombre sont d'ancien Barbets, amnistiés à la sollicitation du curé Paulin Mozzo, qui les a faits rentrer dans le devoir par la voie de la persuasion, à la faveur de cette mesure de clémence promise et

réalisée. Lors de sa promotion à la cure de Limon, le brigandage était le métier de la plus grande partie de ses paroissiens. Ce bon curé m'a raconté lui-même ses exhortations. Il prenait les coupables en particulier : « Quel
» horrible métier faites-vous là, malheureux!
» — Que voulez-vous que nous fassions, Mon-
» sieur le curé? nous n'en connaissons pas
» d'autre. — Mais la force armée est à votre
» poursuite : le glaive de la loi est suspendu
» sur vos têtes, vous ne sauriez échapper tôt ou
» tard au supplice qui vous attend. — Mourir
» pour mourir, la misère nous fera périr de
» même. — Si cela était, vous mourriez au
» moins de la mort des justes, avec l'espoir d'être
» dédommagés dans une seconde vie des mal-
» heurs de celle-ci; mais le travail de vos bras,
» soit en cultivant la terre, soit en vous em-
» ployant au passage du Col, peut vous offrir
» des moyens honnêtes et nombreux de gagner
» votre vie sans remords comme sans danger ».
Ils se sont tous rendus à ces représentations pastorales. Ainsi, les hommes qui aident aujourd'hui à faciliter le passage du Col, à déblayer la neige, à guider et à porter les voyageurs en chaise ou en traîneaux, sont souvent les mêmes qui les dévalisaient autrefois, et n'en

sont pas pour cela des guides ou des porteurs moins sûrs ni moins fidèles.

Le principal produit de la vallée de Limon est le foin et le seigle. Les arbres fruitiers y réussissent fort bien, ainsi que le jardinage. L'on n'y voit point de sapins, mais beaucoup de hêtres.

L'abondance du fourrage y fait abonder aussi les bestiaux, et l'on y fait un commerce considérable de mulets, vaches et bêtes à laine.

La hauteur de Limon, prise de la salle de l'auberge, est de 431 toises au dessus du niveau de la mer. A une lieue de Limon sont des carrières de marbre blanc et noir, non exploitées. La chaîne centrale paraît généralement de nature schisteuse, et les chaînes secondaires qui s'en détachent, de nature calcaire. J'ai cru remarquer aussi le grès dans les pierres employées à la construction des maisons. — *Parcouru depuis Marseille.* 86

§ 20. *De Limon à Borgo-S.-Dalmasso.* 4

Chemin assez roulant quoique peu large, peu encaissé et peu bombé, vallée fraîche, arrosée par la Vermegnana, et toute verdoyante de prairies et d'arbres vigoureux, parmi lesquels domine le châtaignier. On traverse successivement trois villages considérables, Vernante, Robillante et Roccavione. Le second possédait autrefois une tôlerie, détruite depuis la dernière guerre. La route, en débouchant de la vallée de la Vermegnana, dans la plaine du Piémont, franchit, sur un pont de bois, le Gezzo, qui sort lui-même d'une autre vallée, un quart de lieue avant Borgo-S.-Dalmasso, assez joli bourg de 15 à 1800 habitans, et de peu de ressource pour les voyageurs. Il est bâti, dit-on, sur un champ de bataille de Charles-Quint; cette partie de la plaine en a conservé le nom de *plaine de Charles-Quint.*

C'est à Borgo-S.-Dalmasso qu'aboutit la vallée de la Stura, ainsi que la route de Barcelonnette par le Col d'Argentières ou de la Madelaine, le plus méridional des Alpes après le Col de Tende, et le moins élevé, le plus facile de tous sans exception. On y cultive le seigle jusqu'au sommet, comme au Mont-Genèvre, et il y est moins sujet à la gelée. Si l'on ne le cultive pas de même sur le Col de Tende, plus méridional et un peu plus bas que le Mont-Genèvre, c'est qu'il est moins abrité.

On aurait lieu de s'étonner que le commode passage de l'Argentières ne soit pas au nombre de ceux qu'entretient le gouvernement, et qu'il ait même été de tout temps assez négligé, si l'on n'en trouvait la cause dans sa fausse direction, par rapport aux grandes routes et aux communications de la France avec l'Italie.

Il y a environ 10 lieues de Borgo-S.-Dalmasso au Col de l'Argentières. On trouve dans cet intervalle, d'abord, à 4 lieues sur la rive gauche de la Stura, la petite ville de Demonte, connue par son ancien fort qui faisait toute son importance et sa prospérité, plus loin, à pareille distance, sur la même rive de la Stura, Vinadio, lieu non moins connu par ses bains.

La vallée de la Stura ne ressemble point à celle de la Vermegnana. Dépouillée d'arbres et de verdure, elle n'a rien de pittoresque : cultivée en blé et aussi large que l'autre est étroite, c'est moins une vallée qu'une plaine. Sa fertilité n'excède guères le degré de 5 pour 1 en froment.

La situation de Borgo-S.-Dalmasso, près de l'ouverture des trois vallées de la Vermegnana, du Gezzo et de la Stura, est aussi agréable qu'utile, en ce qu'elle procure à ce bourg, avec des aspects rians et variés, un commerce d'entrepôt assez actif. Borgo-S.-Dalmasso possède deux martinets, l'un de cuivre, l'autre de fer. — *Parcouru depuis Marseille*. 90

ROUTE DE MARSEILLE A TURIN.

§ 21. *De Borgo-S.-Dalmasso à Coni.* . . . . 2.

 Plaine aussi riche que variée, aussi fraîche que riante : son produit moyen en froment est de 7 à 8 pour 1 ; mais arrosée par de nombreux canaux, elle est plus cultivée en prés qu'en champs. Elevée à Borgo-S.-Dalmasso de près de 300 toises perpendiculaires au dessus du niveau de la mer, et sujette aux gelées, elle s'incline sensiblement vers Coni, en conservant toujours jusqu'à Turin son inclinaison, dont on ne s'aperçoit toutefois qu'à l'écoulement rapide des eaux et à la différence de la température. M. de Lalande, en évaluant l'élévation perpendiculaire de Coni au dessus du niveau de la mer à 400 toises, l'a exagérée au moins de moitié.

 Cette ville, chef-lieu du département de la Stura, est petite et ne paraîtrait comporter, au plus, que 5 à 6000 âmes, si sa population était proportionnée à sa grandeur : elle en renferme plus de 16,000, si l'on en croit les habitans eux-mêmes et les auteurs de la statistique de ce département. Cette population est portée à 17,500 dans le Dictionnaire de Boiste. La moyenne proportionnelle entre la population apparente et la population prétendue, nous donnera la population réelle, environ 10 à 12,000 individus, nombre auquel la porte M. de Lalande.

Coni n'a qu'une seule grande rue, qui, percée d'une porte à l'autre, dans une largeur considérable, bordée d'arcades dans toute sa longueur, et arrosée par un abondant ruisseau d'eau courante, peut être regardée comme une belle rue, quoique les géographes n'en fassent pas la remarque non plus que les voyageurs. Elle est très vivante, les arcades offrant une circulation active et de longues enfilades de boutiques qui annoncent un commerce considérable, et sentent un peu la grande ville. Les autres rues auprès de celle là, qui paraît former à elle seule la moitié de Coni, ne sont que des ruelles.

On ne cite rien à voir dans cette ville. Sa position et ses remparts en faisaient naguères une place forte. Ses remparts démantelés ne lui servent plus que de promenades; sa position élevée sur la pointe d'une colline, qui s'avance en forme de promontoire vers le confluent des deux rivières de la Stura et du Gezzo, ne sert plus qu'à lui donner un air pur et des points de vue agréables. C'est à cette pointe, qui forme comme l'angle tranchant d'un coin, qu'elle doit son nom italien de *Cuneo*, que nous avons, je ne sais pourquoi remplacé par celui de Coni, suivant notre usage de franciser arbitrairement une partie des noms italiens, dont nous avons laissé une autre partie tels qu'ils sont, sans qu'il y ait eu plus de raison pour le changement des uns que pour la conservation des autres (*).

Coni n'était qu'un village dans le douzième siècle. « Les guerres des seigneurs voisins, dit » Lalande, occasionnèrent la construction d'un » fort ; mais l'érection au titre de ville n'est que » du duc Emmanuel Philibert, en 1559. Sa » situation à la tête du Piémont, au débouché » de plusieurs vallées et dans une position » agréable et salubre, en fit un rendez-vous de

---

(*) Plein de respect pour les usages anciens et nationaux, je me suis fait une loi de ne jamais dénaturer ainsi la dénomination des lieux, qu'autant qu'un autre usage également national et plus impérieux pour moi, celui de mon propre pays, les a différemment baptisés parmi nous. En obéissant à cet usage consacré par nos géographes et par les siècles, je n'en reste pas moins fidèle aux mêmes principes, et je cède au besoin de les faire connaître ici à mes lecteurs, qui partageront peut-être mon improbation contre cette espèce de désordre, consistant à dépouiller ainsi certains lieux des dénominations établies chez les peuples auxquels ils appartiennent, pour leur

» commerce qui en augmenta la population ». (*Voyage de Lalande en Italie*, t. 1, pag. 324).

C'est à ce commerce toujours actif qu'elle doit une population double de celle que paraît comporter son enceinte. Mais on ne peut la tripler à l'instar des auteurs de statistiques, qu'en s'aidant comme ils l'ont fait de celle du territoire. Les voyageurs trouvent à Coni d'assez bonnes auberges, de bons cafés, des bains publics. Il y a des moulinages et des filatures de soie. Le principal commerce consiste en grains de toute espèce, et en chanvre qu'on transporte soit à Nice, soit dans la Provence.

Plusieurs fois assiégée, cette ville se rendit

---

en substituer d'autres, sans suivre constamment pour tous les lieux la même méthode qui supposerait au moins un principe fixe. Puisqu'on a conservé l'orthographe de quelques noms italiens, tels que, par exemple, ceux de *Mondovi*, *Ceva*, *Busca*, *Asti* et autres, pourquoi ne les avoir pas de même conservés tous, ou pourquoi ne les avoir pas tous changés, puisqu'on en a changé tant d'autres? Pourquoi le nom très italien de *Civita Vecchia* est-il passé, tel qu'il est, dans notre langue, tandis que le nom plus doux et plus facile à prononcer de *Peruggia* a été remplacé par celui de *Perouse*? Mais on aurait trop à faire s'il fallait dire le pourquoi de tous les usages non motivés qu'on rencontre à chaque pas!

ROUTE DE MARSEILLE A TURIN. 139 lieues.

aux Français en 1641, leur résista en 1744, leur fut cédée en 1796, et fut démantelée en 1801, après la fameuse bataille de Marengo. — *Parcouru depuis Marseille*. 92

§ 22. *De Coni à Cental*. 3
§ 23. *De Cental à Savigliano*. . . . . 4 ½

Après avoir passé la Stura, on gagne la plaine près d'un ancien couvent de Franciscains, nommé *la Madona dell' Olmo*, en laissant, d'abord à droite la route de Fossan, ensuite à gauche celle de Saluces. La plaine toujours inclinée d'une manière insensible, à l'Est et au Nord, s'élève par une pente tout aussi peu sensible à l'Ouest vers les Alpes, qui la terminent brusquement et circulairement de ce côté, à quelques lieues de distance. Elles la terminent aussi au Nord, dans un éloignement qui est plus ou moins considérable, suivant qu'on a fait plus ou moins de chemin dans cette direction, mais qui serait de 30 lieues, si on le mesurait des deux points extrêmes; savoir de Borgo-san-Dalmasso à Ivrée.

Cette ligne visuelle serait plus diamétrale et plus longue d'un tiers, en la dirigeant de Borgo sur Verceil, et jusqu'au lac Majeur; elle serait encore plus diamétrale et longue d'environ 50 lieues, en la dirigeant par Milan jusqu'au lac de Côme. Cette dernière longueur, qui est celle de la plaine, mesurée du pied des montagnes de Tende où elle commence, jusqu'au pied de de celles du Milanais, où elle finit, serait d'environ 75 à 80 lieues, si on la mesurait d'une crête de la montagne à l'autre, ce qui donne à toute la chaîne visible, mesurée dans sa direction demi-circulaire du Nord Est au Sud Ouest, une longueur d'environ 120 lieues.

Le voyageur qui a traversé les Alpes au Col de Tende, et les a laissées derrière lui à Borgo-S.-Dalmasso, s'étonne de les voir toujours à sa gauche, de les voir encore en face, de les voir en se retournant, d'en être presque entouré. Le croissant qu'elles forment autour de cette vaste plaine, les fait ressembler à un immense amphithéâtre, dont cette plaine même serait l'arène. Les divers échelons de leurs croupes graduellement élevées en figurent les gradins, les divers cols ou passages, les vomitoires. Serait-ce pousser trop loin le rapprochement ou la métaphore, ou, si l'on veut, la plaisanterie, que de considérer les animaux qui habitent ces montagnes, comme les spectateurs des combats, que par le même renversement de rôles, les hommes se livrent dans l'arène?

Cette plaine aussi belle que fertile, n'a malheureusement que trop souvent servi d'arène. Puisse-t-elle, rendue aujourd'hui à sa véritable destinée, qui est de faire la prospérité de ses habitans par l'abondance de ses diverses récoltes, et le charme des voyageurs par sa riante verdure et sa riche variété, jouir long-temps de cet heureux calme que semblait lui promettre la nature, en l'entourant de l'inexpugnable rempart des Alpes !

Si le Piémont est une des plus riches contrées de l'Italie, la plaine qu'on traverse entre Coni et Turin, est peut être la plus riche et sans contredit la plus belle partie du Piémont; elle est sillonnée par de nombreux canaux d'arrosage qui, courant avec rapidité dans toutes les directions, bordent toutes les routes, et répandent à-la-fois la fécondité dans les prairies et la fraîcheur dans l'atmosphère. On en peut aussi diriger au besoin les eaux dans les champs, en cas de sécheresse, pour ranimer les moissons appauvries et languissantes.

Le système d'irrigation de ce pays est un chef-d'œuvre de conception et d'exécution. Etablir des eaux courantes dans une plaine, qui, réellement inclinée, paraît cependant à la simple vue d'un parfait niveau, et les diriger de tous côtés sans diminuer la rapidité de leurs cours, sans produire de stagnation, sans nuire à la salubrité de l'air, c'était sans doute une entreprise difficile : elle a été couronnée d'un plein succès. Avec ce secours et une culture des plus soignées, un terrain généralement sec qui repose partout sur d'épaisses couches de cailloux, et qui serait ou médiocre ou mauvais s'il était abandonné à la seule nature, est devenu un sol gras et fertile, au point de rendre en froment 9 à 10 pour un, année commune. On y cultive, avec le même succès, le blé de Turquie, dont le produit est, comme on le sait, incalculable, mais on y cultive encore davantage les prairies, tant artificielles que naturelles, surtout du côté de Savigliano, pour les nombreux bestiaux qu'on y engraisse.

Les terres de cette plaine sont en plein rapport tous les ans, et les arbres en très grande quantité, sans que les cultivateurs se plaignent du préjudice qu'ils leurs portent, tandis que dans certaines provinces de France, on les arrache pour avoir moins d'ombre et plus de blé, ignorant que l'arbre paie toujours avec usure à son propriétaire le dommage qu'il lui cause.

Le noyer, et plus encore le mûrier sont les arbres dominans dans la plaine du Piémont.

Le premier y acquiert une vigueur et une taille qui contribue beaucoup à la beauté du pays, dont le second fait la richesse, la soie étant l'objet principal de l'industrie et du commerce des Piémontais. Ce dernier arbre est celui qui borde ordinairement les routes, rafraîchies tant par son ombrage que par les ruisseaux qui fuient rapidement dans les fossés. Aussi plates que bien entretenues, elles sont agréables sous tous les rapports, et ressemblent à des allées de jardin, particulièrement celle que nous parcourons.

Cental est un très joli petit village orné d'un château. A 3 milles au delà on traverse Valdigi, autre village remarquable par un autre château appartenant au marquis d'Ormea. 2 milles plus loin on laisse à droite l'embranchement de la route de Savigliano à Fossan, qui n'est pas moins belle que celle qu'on suit.

Savigliano est une jolie ville, peuplée de 15,000 âmes, d'après les annuaires statistiques; de 18,800, d'après le dictionnaire de Boiste; mais on ne risque pas de se tromper de beaucoup en réduisant cette population au moins de moitié. Le voyageur voit avec plaisir dans cette ville une belle porte en forme d'arc de triomphe, une grande place d'armes bordée d'arcades, et généralement cet air d'élégance et de propreté qui annonce la richesse, ou du moins l'aisance des habitans. Cette propreté les distingue eux-mêmes : leur costume recherché, joint à leurs manières polies, les a fait nommer par leurs voisins les *Parisiens du Piémont*.

Cette ville ne fait d'autre commerce que celui des bœufs qu'engraisse son territoire, et qui sont les plus beaux du Piémont. — *Parcouru depuis Marseille*. . . . . 99 ½

§ 24. *De Savigliano à Raconis*. 3

Même plaine aussi agréable que fertile. Vers le milieu de la distance, on traverse le village de Cavalier-Maggiore, où vient aboutir la route de Fossano.

Raconigi est une ville de 8 à 9000 habitans, d'après les mêmes auteurs qui en donnent 16,000 à Coni, 15,000 à Savigliano. Je pense qu'on peut encore réduire de quelque chose cette population pour avoir celle de la ville même, qu'il ne faut pourtant pas juger d'après l'inactivité qui règne dans ses rues, la moitié de ses habitans étant employée aux filatures, surtout aux moulinages de soie. Le Piémont, généralement adonné à ce genre d'industrie, n'a point de ville qui l'ait poussée aussi loin.

ROUTE DE MARSEILLE A TURIN. 145 lieues.

Je ne sais pourquoi les statistiques font de Raconis une très jolie ville. Elle m'a paru bien inférieure sous ce rapport à Savigliano, Fossano, Cherasco et autres. En revanche, elle possède un magnifique château qui appartenait à l'illustre famille de Carignan. On en admire surtout le parc; il est embelli par des eaux abondantes, mais stagnantes, sans limpidité, sans cascades, sans murmure. Les eaux qui ne réunissent point ces qualités ne sont pour moi que des mares. J'ai remarqué dans ce parc une colline artificielle, un joli hermitage, une charmante grotte en rocailles et une salle de spectacle en verdure, dont les colonnes étaient des arbres taillés en chapiteaux, les coulisses et le fond du théâtre des charmilles, le plafond des coulisses et de la scène des berceaux de feuillage, celui de la salle, la voûte du ciel.

Le château, quoique beau, ne répond pas à la magnificence du parc. Il renferme des tableaux de chasse, des bas-reliefs, des statues, des fresques et quelques portraits qui ont du mérite. Deux de ces derniers, exécutés sur soie, et donnés par le pape, sont ceux qu'on vante le plus. — *Parcouru depuis Marseille.* . . . . . $102\frac{1}{2}$

§ 25. De Raconis à Carignan. 4½
§ 26. De Carignan à Turin. 4½

Les voyageurs longeant à gauche, au sortir de Raconis, le parc du château, ont à choisir entre l'ancienne route en face qui franchit le Pô dans un bac, vers les deux tiers de la distance, et la nouvelle route à droite qui va le franchir à une demi-lieue au delà de Carmagnole, ville située à mi-chemin et décrite ailleurs (*V. route de Pignerol à Savone*). Le choix est bientôt fait quand on connaît, avec la différence de ces deux passages, celle des deux routes, dont l'ancienne abandonnée pour la nouvelle ne saurait être bien entretenue ni même subsister long-temps à côté de celle qui la remplace. Sur l'une et sur l'autre on est dans la même plaine, toujours aussi belle que riche, toujours aussi unie qu'agréable; sur l'une et sur l'autre on a toujours la même perspective des Alpes, dont le croissant prolongé se développe de plus en plus aux regards du voyageur, à mesure qu'il avance. Leur prodigieuse élévation les rend visibles sans doute pour un grand nombre de peuples; mais le Piémontais est celui de tous auquel elles se montrent le plus à découvert, puisqu'il embrasse dans un même horizon toute leur chaîne demi-circulaire, dont nous avons évalué la longueur à 120 lieues. Le Mont-Cénis occupe à peu près le milieu de ce magnifique fer à cheval, qui prend de là sa double direction, d'un côté vers l'Est, en s'inclinant un peu vers le Nord, et s'exhaussant toujours jusqu'à la Suisse, de l'autre vers le plein midi, en s'abaissant graduellement jusqu'à la mer. Cette partie mitoyenne entre les deux directions des Alpes, est marquée par le pic de Rochemelon, qui en est le point le plus culminant, comme le Mont-Rosa l'est de la partie orientale, qu'on voit presque toute couverte de neiges éternelles, et le Mont-Viso de la partie méridionale, qui ne conserve les neiges en été que sur quelques corniches de rocher et dans quelques fondrières.

En dominant les hautes cimes qui l'entourent, le Mont-Rosa ne les écrase point, c'est un géant qui règne sur d'autres géants. Le Mont-Blanc qui devrait, non l'écraser lui-même, puisqu'il ne lui est supérieur que de quelques toises, mais au moins, qu'on me passe l'expression, lui servir de pendant; ce roi des Alpes dont la tête se montre si majestueuse aux habitans du Léman, du Jura et de plusieurs autres parties de l'ancienne France, est caché pour le Piémontais derrière d'autres cimes moins hautes, mais plus rapprochées.

10 *

Le Mont-Viso, au contraire, s'élève comme une immense pyramide au dessus de la chaîne à laquelle il appartient, et la domine autant qu'elle domine elle-même la plaine. On y voit peu de neige en été, moins par l'effet de la température, que parce qu'elle n'a presque point d'appui sur un roc aussi escarpé.

L'élévation de ce point culminant des Alpes méridionales, a été diversement estimée par les savans modernes de Turin. L'astronome Vassalli ne la porte qu'à 1600 toises. Je l'avais crue de près de 2000, et ma conjecture s'est trouvée confirmée par la mesure de M. de Villars, publiée dans l'Annuaire statistique des Hautes-Alpes, et par celle de M. Martinelli ingénieur, chargé de lever le plan d'une partie de ces montagnes. La première, fixe la hauteur du Mont-Viso à 4219 mètres (2109 toises), la deuxième, à 1945 toises au-dessus du niveau de la mer.

Ainsi les Hautes-Alpes, pour le Piémontais, qui peut mieux que tout le reste de l'Europe juger de leur élévation relative, sont celles de la Savoie et de la Suisse, tandis que celles du Dauphiné, qui ont fait donner le nom de Hautes-Alpes à un de nos départemens, sont de basses Alpes à ses yeux.

Mais c'est assez contempler ces montagnes

dont le magnifique tableau étalé, je dirai presque déroulé, sans cesse à nos regards, semblait exiger celui que nous venons d'esquisser à nos lecteurs. Les faire connaître, c'est décrire les principaux aspects de la route que nous parcourons, c'est complèter la description de la route même.

Elle franchit la frontière du département, en traversant le Pô, avant la ville de Carignan, qui n'a rien de remarquable que l'église de Saint-Jean construite en fer à cheval. On pourrait reprocher à l'architecte d'avoir bâti plutôt un théâtre qu'une église : toutefois cette forme est au moins curieuse parce qu'elle est nouvelle.

Carignan renferme 3 à 4000 habitans, une école secondaire et un moulinage de soie. Les confitures d'écorce de citron qu'on y fabrique jouissent de quelque renommée. Elle est entourée de jolies prairies et de plantations de mûriers.

Entre Carignan et Turin on ne traverse aucun lieu considérable ; mais en côtoyant le Pô sans le voir, on longe, vers le milieu de la distance, la petite ville de Montcalier, située d'une manière pittoresque sur la rive opposée, et dominée par un château royal.

L'aspect de cette ville, de son château

et d'une foule de maisons de plaisance, qui brillent de toute part sur la verdoyante colline dont elle occupe une des sinuosités, et dont la magnifique église de Superga forme en quelque manière le couronnement, présente un nouveau tableau qui vient reposer à droite les regards du voyageur, sur un délicieux rideau de verdure opposé au vaste rideau de neiges éternelles et d'immenses rochers, qu'offre le squelette des Alpes de tous les autres côtés.

En face de Montcalier, on tourne à gauche pour aller joindre la route de Pignerol à Turin, et un moment avant d'arriver, on trouve celle de Stupiniggi faisant le pendant de l'avenue du Valentin, qu'on laisse à droite et dont les promenades bordent la route. (*V. pour ces maisons de plaisance, comme pour la ville de Turin, la description de cette ville.*) — Parcouru depuis Marseille jusqu'à Turin. . . . . 111 ½

FIN DE LA ROUTE DE MARSEILLE A TURIN.

DESCRIPTION
ROUTIÈRE ET GÉOGRAPHIQUE
DE L'EMPIRE FRANÇAIS.

ROUTE DIRECTE DE PARIS A TOULON,
Par Roquevayres.
215 lieues et demie.

	lieues.
De Paris jusqu'à Aix (v. 1re. *route de Paris à Marseille*). 61 *paragraphes*............	197 $\frac{1}{2}$
§ 62. *D'Aix à Roquevayres*..............	6
§ 63. *De Roquevayres à Cujes*...........	4
§ 64. *De Cujes au Beausset*.............	4
§ 65. *Du Beausset à Toulon*.............	4

Après avoir suivi pendant un peu de temps dans un vallon aride et calcaire la route de Nice, on la laisse à gauche pour continuer à parcourir des contrées calcaires et peu intéressantes, jusqu'à un second vallon cultivé en vignes qui conduit à Roquevayres, bourg peuplé de 2000 habitans, situé sur la Veaune, et connu pour les vins blancs de son territoire, ainsi que pour le commerce des fruits secs, notamment des raisins.

SUD-EST DE L'EMPIRE FRANÇAIS.

lieues.

Ce bourg, que plusieurs géographes qualifient de ville, a un bureau de poste. Il avait aussi naguères un relais qui vaque depuis la révolution, faute de travail. Un quart de lieue avant Roquevayres, on laisse sur sa gauche un chemin vicinal qui conduit à Saint-Maximin, par Saint-Zacharie, en remontant la Veaune jusque près de sa source, et longeant à droite le pied de la Sainte-Beaume, montagne décrite ailleurs (*V. 1re. route de Marseille à Gênes*).

La route, après Roquevayres, devient plus difficile : elle parcourt comme auparavant des contrées calcaires, mais plus montueuses, aussitôt qu'elle a quitté les bords de la Veaune. L'ancienne ligne de poste que nous suivons dirigait les courriers par Gémenos, village dont nous avons mentionné le beau château, en décrivant la route de Marseille à Gênes; mais la communication a été définitivement dirigée par Aubagne, petite ville décrite même route. (*V. cette route pour les deux distances suivantes, ainsi que pour la ville de Toulon.*) — Parcouru depuis Paris jusqu'à Toulon. 215½

Nota. La route de poste que suivent les courriers, par Marseille, est de. 220½

FIN DE LA ROUTE DIRECTE DE PARIS A TOULON.

DESCRIPTION
ROUTIÈRE ET GÉOGRAPHIQUE
DE L'EMPIRE FRANÇAIS.

ROUTE MILITAIRE DE PARIS A SAVONE,

Par le Mont-Genèvre.

240 lieues.

	lieues.
De Paris jusqu'à Pignerol (v. 2e. r^{te}. de Paris à Turin). 58 paragraphes.	195½
§ 59. De Pignerol à None.	4½
§ 60. De None à Carignan (route projetée) environ.	4

On a gagné la belle et riche plaine du Piémont à Pignerol. On continue à la suivre, ainsi que le chemin de Turin, jusqu'au village de None, d'où la nouvelle route que nous décrivons prend ou doit prendre la direction de Carignan. Cette partie n'était pas encore faite lors de mon dernier passage; mais elle ne saurait, à travers une plaine aussi unie, s'écarter de la ligne droite.

(*Pour la description de Carignan, V. la route de Marseille à Turin.*) — *Parcouru depuis Paris*. . 204

---

§ 61. *De Carignan à Sommariva*. 4½

Même plaine : au bout d'une lieue et demie on traverse, par une route nouvelle, la ville de Carmagnole, dont on ne traversait auparavant qu'un faubourg, en laissant alors la ville à une petite distance sur la droite. L'ancienne route était sujette aux inondations du Pô, qui la détruisaient fréquemment. Elle traversait ce fleuve sur un beau pont en bois dès le commencement de la distance; mais la nouvelle direction le franchit vers le tiers, une demi-lieue avant Carmagnole.

On remarque dans cette ville, comme dans presque toutes celles de la même contrée, les arcades qui entourent la grande place et qui bordent la plupart des rues. On y remarque aussi une grande activité, qui est à-la-fois l'effet et la preuve d'un grand commerce. Les marchés qui s'y tiennent tous les mercredis et samedis sont renommés pour les bestiaux et les grains, ainsi que pour les cocons de vers à soie, dans la saison. Elle passe pour être peuplée de 12,000 habitans; mais le territoire doit entrer pour beaucoup dans cette population.

Carmagnole s'est rendue fameuse par les deux siéges successifs de Catinat et du prince Eugène, plus récemment encore par l'insurrection de ses habitans contre des soldats Français qui conduisaient un convoi, et par son châtiment, qui fut de voir livrer aux flammes ses faubourgs, dont les habitans étaient réputés les principaux auteurs de la révolte.

Sommariva est un simple village où l'on remarque un beau château appartenant au comte d'Aix de Seisselle. Entre ces deux relais, vers les deux tiers de la distance, on a quitté le département du Pô, pour entrer dans celui de la Stura. — *Parcouru depuis Paris.* . . . . $208\frac{1}{2}$

§ 62. *De Sommariva à Cherasco.* . . . . $4\frac{1}{2}$

On est toujours dans la même plaine. Un petit coteau qui semble sortir de terre pour l'embellir, borde quelque temps la route à gauche. Une lieue avant Cherasco, on traverse Bra, ville de 7000 âmes, qui est portée à plus de 10,000 dans les statistiques. Elle fait un grand commerce de bestiaux, de graines, et même de jardinage : les choux et les oignons en sont renommés.

On longe à droite, en arrivant dans cette ville, la *Madona dei fiori*. C'est une chapelle consacrée à la Vierge, qui faisait en ce lieu, et y fait encore tous les ans, un miracle consistant à faire fleurir, à Noël, un bosquet d'aubépine qu'on voit à côté de la chapelle, à laquelle il est annexé. On l'a enclos de murs, pour en interdire l'entrée aux profanes. C'est comme le parc de la petite maison de plaisance que se sont bâtie en ce lieu les prêtres gardiens de la Madone. Celui qui me reçut et m'expliqua toutes les circonstances du miracle, n'omit rien de ce qui pouvait le constater, et combattre surtout l'incrédulité. Les Français sont bien incrédules, me dit-il; et là dessus il m'en cita bon nombre dont les doutes avaient été levés par l'évidence.

A l'inutile miracle de cette floraison annuelle, la Madone en joignait naguères d'autres plus essentiels, en faveur des fidèles qui avaient confiance en elle. Ces derniers miracles ont cessé depuis la réunion.

Au sortir de Bra, les deux routes de Fossan et d'Albe viennent s'embrancher, l'une à droite, l'autre à gauche, avec celle que nous suivons. Une lieue après, on passe, dans un bac, la Stura dont les crues interceptent quelquefois la route. On gravit ensuite une rampe courte, mais rapide, pour monter à Cherasco, ville située d'une manière pittoresque, non sur une colline, comme le disent plusieurs auteurs, mais sur le bord de la plaine élevée qui domine la rive droite, et encaisse la vallée fraîche et romantique de la Stura. Ce site délicieux n'est pas le seul agrément de Cherasco : c'est une des villes les mieux percées du Piémont. Les rues en sont arrosées par des eaux abondantes qu'un long canal de dérivation lui amène de la Stura, et qui, après l'avoir parcourue dans tous les sens, et avoir donné le mouvement à trois filatures de soie, se précipite, au sortir de ses murs, du haut de la plaine dans la vallée, par une petite cascade très pittoresque. Cette ville renferme beaucoup de maisons nobles et 3600 habitans, au lieu de 11,166 que lui donne l'Itinéraire de l'Empire Français.

La paix de Cherasco est connue dans l'histoire pour avoir terminé, en 1631, par trois différens traités, l'un du 31 mars, le second du 6 avril, le troisième du 30 mai, les guerres d'Italie entre les diverses puissances belligérantes. On montre, dans la maison du comte Salmatoris, le cabinet où furent signés ces trois traités, et dans ce cabinet les portraits des souverains et ministres signataires, aussi bien que celui de l'Empereur, qui a logé dans le *cabi-*

158 SUD-EST DE L'EMPIRE FRANÇAIS.   lieues.

net de la Paix (c'est ainsi qu'on le nomme), et y a signé lui-même celle de 1796, par laquelle le roi de Sardaigne se soumit à démolir toutes ses forteresses.

Le territoire de cette ville est aussi fécond que son climat est pur. — *Parcouru depuis Paris* 213

§ 63. *De Cherasco à Bene*.   3
§ 64. *De Bene à Mondovi*.   6

Plaine continuelle, qui va toujours en montant, et en perdant de sa fertilité. Elle produit de 6 à 7 pour 1, près de Cherasco, de 4 à 5, près de Bene, et de 3 à 4 seulement près de Mondovi. Bene est une petite ville, qui, bien inférieure à Cherasco, en beauté comme en étendue, n'est guères moins peuplée, puisqu'elle a près de 3000 habitans, portés à 5000 dans les Géographies, en comptant, suivant l'usage, le territoire. Si ce territoire est moins productif que celui de Cherasco, il est aussi plus varié, étant plus près des montagnes, et même un peu montagneux lui-même.

Quant au chemin, je l'ai trouvé assez bon depuis Cherasco jusqu'à Bene, mais assez mauvais depuis Bene jusqu'à Mondovi, par le défaut d'entretien. Il doit, par la raison contraire, être en bon état aujourd'hui, si les travaux de cette route militaire n'ont été ni suspendus, ni portés sur une autre direction. Les brigands l'infestaient avant la réunion, mais le pays en paraît entièrement purgé. On rencontre cependant à chaque pas des hommes à mauvaise mine : ils ne vous saluent point, ils vous regardent de travers ; mais ils vous laissent passer, c'est tout ce qu'on peut leur demander.

Vers les deux tiers de la deuxième distance, on traverse le hameau de Magliano, et immédiatement après le torrent du Pezio, soit à gué, soit dans un bac, suivant que les eaux sont plus ou moins basses. Le ton agreste de ce hameau, la verdure et l'ombrage qui l'entourent, qui couvrent au loin le vallon du Pezio, et qui embrassent à-la-fois les deux collines dont il est bordé, tout cet ensemble m'a rappelé les plus frais paysages de la Suisse. Point, ou presque point d'habitations. La vue repose par-tout sur le gazon et le feuillage, et ne rencontre d'autre variété que quelques nuances de verdure et quelques rochers éloignés.

On aperçoit, dans le lointain, Mondovi sur le sommet d'une colline qui peut avoir 4 à 500 pieds d'élévation perpendiculaire au dessus de ses faubourgs, élevés eux-mêmes d'environ 1200 au dessus du niveau de la mer. La perspective de cette ville est d'un bel effet; mais celle des Alpes, qu'on voit derrière terminer circulairement l'horizon, m'a paru bien plus frappante, par les accidens qui l'ont accompagnée au moment où j'en jouissais. Les vapeurs du matin, après avoir erré long-temps autour des cimes, ont fini par les envelopper et m'en dérober entièrement la vue.

Je ne pensais plus aux Alpes, lorsque de petits groupes de pics escarpés ont reparu au milieu des nues, qui semblaient les porter dans les airs, en cachant les bases sur lesquelles ils reposaient. On ne peut concevoir, encore moins sentir, à moins de l'avoir vu, cet étonnant et curieux spectacle qu'offrent fréquemment les hautes chaînes de montagnes, et plus que toute autre celles des Alpes. On doute presque si elles appartiennent à la même planète d'où on les contemple. C'est alors qu'assises, pour ainsi dire, et comme flottantes au dessus des nuages, elles se montrent dans toute leur majesté, dans toute l'étendue de leurs proportions gigantesques. Les Alpes touchent pourtant ici à leurs limites méridionales, où les plus hautes cimes ne sont guères que de 2000 mètres au dessus du niveau de la Méditerranée, tandis que celles de la Savoie et de la Suisse s'élèvent à 4 et jusqu'à 5000.

C'est à peu de distance de Mondovi que la chaîne prend le nom d'*Apennins*. M. Martinelli, qui l'a parcourue en observateur, et mesurée en ingénieur, dans cette partie, pense que le point de séparation doit être fixé aux sources du Tanaro. De toutes les opinions contradictoires qui existent à ce sujet, c'est celle qui m'a paru la plus raisonnée et la plus conforme aux vraisemblances, ainsi qu'au sentiment général des habitans instruits. Si cette ligne de démarcation, diversement donnée par les anciens, est encore indéterminée, c'est aux ingénieurs, sans doute, qu'il appartient de la fixer, en la cherchant dans la nature des lieux.

La ville de Mondovi est divisée en haute et basse, et celle-ci est encore subdivisée en deux parties, qui ne sont autre chose que ses faubourgs : c'est trois villes en une. La première, la *Piazza*, qui est la ville proprement dite, renferme, avec une population de 2500 habitans, beaucoup d'églises et de maisons religieuses, beaucoup de prêtres et de nobles, peu de fortunes et point de commerce. La seconde (ou, si l'on veut, les deux autres), peuplée de 10,000 habitans environ, renferme beaucoup de négocians et point de nobles. La population totale est de 12 à 13,000 âmes. Les trois parties sont séparées par d'assez grands intervalles, pour pouvoir être considérées comme trois villes distinctes. La rampe qui monte de la ville basse à la ville haute, est si longue qu'elle ne peut être gravie, au train ordinaire d'un piéton, en moins d'une demi-heure, et si roide que les voitures ne peuvent monter sans la plus grande peine.

Les flancs de la colline sont tapissés, du haut en bas, de prés et de vergers, de treillages et d'arbres de toute espèce. C'est à travers ce tapis de verdure que sont tracés les zigzags de la route. Ce site élevé, qui est tout ce que la ville a d'intéressant, lui procure, avec un air des plus purs, un des plus beaux points de vue du monde. Pour en jouir pleinement, on monte sur la terrasse dite *Belvedère*, qui est près de la cathédrale, au haut de la ville. Cette terrasse et le coup d'œil m'ont rappelé la terrasse et le coup d'œil de Béziers, ville célèbre en France par une situation du même genre.

La cathédrale renferme un beau maître-autel, et une belle sacristie où l'on remarque le portrait en pied de M. de Villaret, évêque de Casal, ouvrage d'un peintre de cette ville, et monument de la reconnaissance des habitans, envers cet illustre prélat à qui ils doivent le rétablissement de leur siége épiscopal.

Simple chef-lieu de sous-préfecture, cette ville a fait de vaines tentatives pour devenir celui de la préfecture, fixée à Coni comme point plus central. La ville haute a une petite citadelle et de mauvaises murailles, au lieu de remparts. La ville basse, entièrement livrée au commerce, renferme, avec des filatures de soie renommées, plusieurs fabriques, telles que draperies communes, indienneries, tanneries et forges. On estime dans le Piémont les confitures et les dragées de Mondovi : il s'en expédie jusque dans l'ancienne France.

Mondovi est une ville moderne : une inscription, placée au dessus d'une des chapelles de la cathédrale, indique l'époque de sa fondation en l'an 1232. Elle a payé son tribut, comme les autres, aux troubles et aux malheurs des guerres qui ont, à plusieurs reprises, ensanglanté l'Italie moderne. Mais de tous ses revers, le plus grand, sans doute, est celui qu'elle a essuyé en l'an 8. Tous les paysans des environs s'y étaient rassemblés en armes, au nombre de 40,000, pour couper la retraite au général Soult, après la défaite de Schœrer à Vérone. La division fut en effet repoussée ; mais peu de jours après elle fut vengée par le général Séras. Il entrait dans la ville par capitulation ; soit imprudence, soit perfidie, un coup de fusil fut tiré d'une fenêtre ; on crie aussitôt à la trahison : la fureur s'empare également des officiers et des soldats, et la ville est livrée à toutes les horreurs du pillage.

Quatre ans auparavant, le territoire de Mondovi avait été le théâtre de la bataille du 24 germinal an 4, qui fut, pour les Français, commandés par le général Bonaparte, une victoire complète, pour leur chef un de ses premiers titres de gloire, et pour la monarchie Piémontaise l'arrêt de sa chute, arrêt confirmé peu de temps après par le traité de Cherasco.

Les habitans des campagnes qui entourent Mondovi sont en général d'un caractère dur et brutal ; mais ceux de la ville m'ont paru d'une aménité qui ne le cède à celle d'aucun autre peuple d'Italie. La civilisation y est même portée à un très haut degré. J'y ai remarqué, parmi les femmes, de l'élégance, de la tournure et quelques jolies têtes, cachées sous le gracieux *mezzaro*, que je croyais l'appanage exclusif des Génoises. La mode, dit-on, venait de l'introduire à Mondovi, avec quelques autres usages et costumes Génois.

R. MILITAIRE DE PARIS A SAVONE. 165 lieues.

Cette ville est la patrie du père Beccaria. — *Parcouru depuis Paris*. 222

---

§ 7. *De Mondovi à Ceva.* 6

Pays assez varié, par l'effet de sa nature montagneuse, et peu intéressant malgré cette variété : vignes, prairies, arbres fruitiers, et châtaigniers. Ces derniers arbres, qui forment des bois sur le revers des montagnes et sur quelques croupes, deviennent plus fréquens et la vigne plus rare à mesure qu'on avance. La route n'était pas construite encore en 1810; mais elle était praticable en été pour les voitures, quoique fort cahotante. Au bout d'une demi-lieue on traverse le village de Vico, et l'on peut, sans beaucoup dévier de sa route, passer auprès de l'église, fameuse dans le Piémont, sous le nom de la *Madona di Vico*.

Ce n'était, dans l'origine qu'une véritable *Madone*, et nous savons déjà qu'on entend par ce nom en Italie, les oratoires ou petites chapelles (qui souvent même ne sont que de simples niches), répandues sur le bord des routes, et consacrées au culte de la Vierge, dont l'image est dans le fond de la niche au dessus de l'autel. Les passans, qui veulent bien mériter d'elle, jettent dans la chapelle, à travers les barreaux d'une grille, leurs offrandes en argent. D'autres lui font cadeau, par l'entremise des prêtres qui la desservent, de quelques riches vêtemens ou de quelques jolis chiffons. D'autres décorent son autel d'ornemens, qui ne sont pas sans prix. Les nombreux voleurs de ce pays n'étaient jamais tentés par ces trésors, qu'ils savaient bien n'être pas destinés pour eux, et ils portaient souvent eux-mêmes leurs pieuses offrandes à la Madone.

Celle de Vico reposait paisiblement, comme les autres, sur la foi de la piété générale. Un chasseur inconsidéré tire une pièce de gibier, qui passait contre la Madone, et blesse la sainte image. Le sang coule aussitôt : on crie avec raison au miracle : les offrandes accourent de toute part, et l'on entoure la Madone d'un des plus magnifiques temples de l'Italie, en conservant sa niche intacte derrière l'autel. Des prêtres la gardent religieusement enfermée sous clef, et montrent encore sa blessure à tous croyans et mécréans, pour toucher les uns et convertir les autres. J'ai vu moi-même cette blessure miraculeuse, qui a conservé, par un plus grand miracle encore, au bout d'un laps de temps considérable, son sang dans toute sa pureté, tandis que le sang ordinaire devient bientôt, en se figeant, livide et noirâtre. L'église, construite en briques, est admirée pour la beauté de son vaisseau elliptique, la hardiesse de ses nefs, la richesse et l'éclat de ses peintures.

Une lieue après le village de Vico, situé dans une plaine assez agréable, on rencontre celui de Saint-Michel, qui, placé à mi-chemin des deux relais, doit devenir relais lui-même par sa position.

On passe ensuite du département de la Stura dans celui de Montenotte, et l'on traverse à une lieue de Saint-Michel, et à pareille distance de Ceva, la très petite ville de Lezegno. La route longe la rive gauche du Tanaro, en le remontant et s'en rapprochant, depuis Lezegno jusqu'à Ceva : elle le franchit avant d'entrer dans cette ville, située près de la rive droite, peuplée de 3000 habitans, jadis dépendante du Piémont, aujourd'hui siége d'une sous-préfecture du département Ligurien de Montenotte. Elle a cinq filatures de soie, et il s'y fait un assez grand commerce d'entrepôt. On n'y voit rien de remarquable. Le château bâti par le duc Charles-Emmanuel, sur un roc escarpé qui domine la ville d'une manière très pittoresque, a été détruit dans la dernière guerre par les Français. On fabrique à Ceva un fromage renommé dans les environs, sous le nom de *Rubiola*.

Le territoire de cette ville abonde en truffes blanches, très estimées dans tout le Piémont, notamment à Turin, d'où on en expédie jusqu'à Paris. Il renferme des mines de charbon de terre.

J'ai retrouvé ici les goëtres des Alpes, qu'à la vérité je n'avais pas tout-à-fait perdus de vue, en ayant remarqué, plus ou moins, dans tout le Piémont, surtout du côté de Coni. — *Parcouru depuis Paris*. 228

§ 8. *De Ceva à Carcare*. 6
§ 9. *De Carcare à Savone*. 6

On avance obliquement vers la chaîne naissante des Apennins, en commençant à monter après le village de Priero, situé à une lieue, et traversant ensuite celui de Monte-Zemmolo, puis le joli bourg de Millesimo, qui est susceptible d'un relais, et d'où l'on compte encore 3 lieues pour arriver à Carcare, village dans lequel s'opère la réunion de cette route avec celle d'Acqui.

Le pays qu'on vient de parcourir est montueux, sans offrir de hautes cimes, et le sol généralement argileux et peu fertile.

A une lieue et demie vers l'Est de Carcare, fut livrée la fameuse bataille de Montenotte, que les Français, commandés par le général Bonaparte, gagnèrent sur l'armée combinée des Autrichiens et des Piémontais, et qui fut le premier pas de ce grand général dans la carrière de la gloire. Le village de Montenotte, qui a donné son nom à cette bataille, l'a donné aussi au département.

Nous sommes ici bien près de la chaîne centrale, et cependant nous voyons encore quelques coteaux de vigne. Altare, qu'on traverse une lieue plus loin, et presque au bout du plateau, est un village de 8 à 900 habitans. C'est près de ce lieu que devait être le bassin ou réservoir du canal proposé par le préfet, pour réunir la mer de Gênes à la mer Adriatique. Passé Altare, il n'y a plus qu'une faible crête à gravir, pour arriver au sommet où commence la descente opposée. Le canal doit, s'il est effectué, percer cette crête d'outre en outre.

De la cime, placée à 456 mètres au dessus de la Méditerranée, on arrive, par un superbe chemin d'une pente douce et uniforme, à Savone, en promenant alternativement ses regards, et sur les campagnes, verdoyantes autant que variées, qui environnent cette ville, et sur la mer azurée qui la baigne (*). (*V. pour Savone, la route de Marseille à Gênes*), — Parcouru depuis Paris jusqu'à Savone. 240

(*) Le département de Montenotte, l'un des trois formés de la république Ligurienne, est tout entier dans les Apennins. Comme l'ancienne république dont il faisait partie, il récolte peu de grains, mais beaucoup de vins sur les coteaux qui précèdent de loin, vers le Nord, la chaîne centrale, et sur ceux qui lui servent de base vers le Sud. Ceux-ci, dont le pied est baigné par la mer, abondent aussi en olives, oranges et autres fruits. Ce département, peuplé de 289,800 habitans, est divisé en 4 arrondissemens qui sont Savone (chef-lieu), Acqui, Ceva et Port-Maurice. Il s'étend sur une longueur de 30 lieues du Nord au Sud : sa largeur varie entre 6 et 15 lieues.

FIN DE LA ROUTE MILITAIRE DE PARIS A SAVONE.

COMMUNICATION

DE TURIN A SALUCES,

PAR MORETTE.

12 lieues.

———————

lieues.

Depuis Turin jusqu'à Carignan (v. route de Marseille à Turin).

1 paragraphe....................	$4\frac{1}{2}$
§ 2. *De Carignan à Morette.*............	$4\frac{1}{2}$
§ 3. *De Morette à Saluces.*.............	3

Cette partie de la plaine du Piémont ne m'a paru offrir aucune particularité : elle est, ici comme partout, belle, riche et bien cultivée. En traversant le Pô, vers le milieu de la distance, on passe du département de ce nom dans celui de la Stura.

Morette est un bourg considérable de plus de 2000 habitans, à une lieue duquel vers l'Ouest, sur la rive gauche du Pô, est la petite ville de Villefranche qui, quoique peuplée de 3000 âmes et très commerçante, n'a point de bureau de poste : c'est le principal entrepôt des bois destinés pour la consommation de Turin, et le premier port d'embarquation qui existe sur le Pô, dont la navigation commence par conséquent à Villefranche, non à Turin, comme on le croit communément. Une route très belle, alignée, large et unie, conduit, à travers la plus riante campagne, à Saluces, ville décrite dans la communication suivante.

FIN DE LA COMMUNICATION DE TURIN A SALUCES.

COMMUNICATION

DE PIGNEROL A CONI.

14 lieues et demie.

lieues.

§ 1. *De Pignerol à Cavour*. . . . . 2$\frac{1}{2}$

On va suivre jusqu'à Busca, la lisière orientale de la plaine du Piémont, en longeant le pied des Alpes, ou pour mieux dire des collines qui précèdent cette grande chaîne, dont elles masquent le plus souvent les crêtes supérieures, et forment en quelque manière les premiers échelons. Un grand nombre de rivières et de torrens à passer, tantôt à gué, tantôt dans un bac, est l'inconvénient de cette route souvent interceptée par le rapide accroissement des eaux et d'ailleurs assez mal entretenue : elle n'est ni ferrée, ni encaissée. Etroite et pierreuse, elle ressemble presque partout à un véritable chemin de traverse, quoiqu'elle soit pourtant assez viable, au moins dans la belle saison.

On passe vers le commencement de la distance le Cluson, qui vient de Fenestrelles, et vers la fin le Pélice, rivière moins considérable, mais plus dangereuse, qui sort de la riche vallée de Lucerne, et qui s'enfle avec une telle rapidité, que ses crues trahissent quelquefois les passagers, avant qu'ils aient pu atteindre l'autre rive, et leur laissent à peine le temps de revenir sur leurs pas.

Quand on ne peut passer ni à gué, ni dans le bac, on est obligé de remonter la rivière jusqu'à une lieue au dessus pour la franchir sur un pont.

Cavour est un bourg de 1500 habitans livrés la plupart à la culture et au commerce des grains. Comme tous les lieux situés au pied des Alpes, il sert d'entrepôt aux habitans des vallées pour l'échange des divers objets de leur industrie et de leur consommation.

Vers son extrémité méridionale, s'élève, de la manière la plus extraordinaire, un monticule aussi frais que pittoresque, dont la nature primitive est remarquable, au milieu de cette plaine : c'est un schiste quartzeux. Au sommet, plusieurs plates-formes étagées les unes sur les autres, offrent aux curieux autant de reposoirs et de belvéders, d'où ils peuvent embrasser presque toute l'étendue du Piémont. On remarque sur la plus haute les débris d'un ancien château fort, et une citerne, où sont mêlés, parmi les décombres, des ossemens humains, tristes monumens de la vengeance d'un vainqueur barbare, qui, d'après la tradition du pays, fit passer au fil de l'épée la garnison de ce fort, pour la punir du courage de s'être défendue à outrance.

Avec la vue de l'immense plaine du Piémont et de l'immense développement des Alpes autour de cette plaine, le mont de Cavour offre encore l'aspect de la vallée de Lucerne, qui fut le principal foyer des tremblemens de terre de 1808, dont nous avons parlé à l'article de Pignerol (2e. *route de Lyon à Turin*).

Le bourg où nous sommes n'a pas été moins en proie à ce fléau que la ville de Pignerol, et il en portait des traces tout aussi déplorables, lors de mon dernier passage en mai 1809. La plupart des maisons étaient plus ou moins ébranlées et endommagées, et toutes fortement étançonnées, mais aucun bâtiment n'avait autant souffert que l'église paroissiale : entr'ouverte de toute part, elle menaçait ruine, et l'on n'aura pu, sans doute, la rétablir qu'en la rebâtissant.

Les habitations clair-semées que j'avais rencontrées sur ma route, m'avaient offert le même spectacle; et cependant, sur la route comme à Cavour, à Cavour comme à Pignerol, tout le monde avait oublié des malheurs qui avaient à peine cessé, et se renouvelaient même de loin en loin; chacun avait repris ses travaux accoutumés. Les approches d'une récolte abondante et prochaine avaient remis la joie dans tous les cœurs, on chantait, on riait comme auparavant.

Je ne puis m'empêcher de me rappeler à ce sujet, et de rapporter ici une strophe, que peu de mes lecteurs connaîtront, sans doute, mais dont la citation ne paraîtra peut-être pas déplacée.

> O Ciel! ainsi ta Providence
> A tous les maux nous condamna,
> Un souffle éteint notre existence,
> Comme un souffle nous la donna.
> Contre nos frêles destinées
> Fondent les vagues déchainées
> Et les rapides ouragans;
> Les foudres grondent sur nos têtes,
> Nous reposons sous les tempêtes,
> Et nous dormons sur les volcans.

La vallée de Lucerne qui nous a inspiré de si tristes souvenirs, et de si sombres réflexions, ne devrait présenter, au contraire, que des idées et des images riantes comme elle. C'est à-la-fois une des plus belles et des plus riches vallées des Alpes. Elle est habitée par les Vaudois; protestans français réfugiés, qui ont trouvé dans cette contrée ultramontaine un asile hospitalier, pendant que leur intolérante patrie les repoussait de son sein. Ils se sont rendus recommandables, dans cette patrie adoptive, par leur industrie agricole, leur amour pour le travail, et la pureté de leurs mœurs. Leur chef-lieu est la petite ville de Lucerne qui a donné son nom à la vallée, dont le principal produit comme la principale industrie est la soie.

§ 2. *De Cavour à Saluces*. 4

Route toujours négligée, toujours étroite et pierreuse. Vers le tiers de la distance, on passe du département du Pô, dans celui de la Stura; vers le milieu on traverse le bourg de Staffarde, fameux par la victoire de Catinat, et vers les deux tiers le fleuve qui a donné son nom au département qu'on vient de quitter (*). Ce der-

---

(*) Ce département, dont nous avons fini de parcourir les diverses et nombreuses lignes de poste, occupe la partie Nord-Ouest de la riche plaine du Piémont, et s'étend dans les Alpes qui la bordent, au Nord comme à l'Ouest, jusqu'à la chaîne centrale où s'opère le partage des eaux. Cette large lisière de montagnes fait plus de la moitié de la superficie totale du département, qui offre une longueur de 25 lieues, une largeur de 20, et une population de 400,000 individus distribués sur les trois arrondisse-

nier trajet se fait à gué, ou bien dans un bac établi à un quart de lieue plus haut, lorsque le Pô n'est point guéable; et lorsqu'il est gonflé au point de n'être pas même praticable pour le bac, on va passer sur un pont à une lieue de là.

Ce fleuve prend sa source au pied du Mont-Viso, dont la cime pyramidale a déjà été deux fois l'objet de nos regards et de nos observations, en parcourant d'abord la ville de Turin, ensuite la route de Marseille à cette ville. C'est par ce mont qui sépare les Alpes Cottiennes des Alpes maritimes, que Bellovèse, d'après certains auteurs, s'ouvrit un passage des Gaules en Italie. Quelques autres, du nombre desquels sont le marquis de Saint-Simon et le savant Denina, font passer aussi Annibal par le Mont-Viso; mais le point où ces deux généraux ont franchi les Alpes n'est pas aussi déterminé dans

---

mens de Turin, Suse et Pignerol. Ces trois villes ont été décrites chacune en leur place, et le département l'a été suffisamment lui-même dans la description de la ville de Turin et des diverses routes qui y aboutissent. Tout ce qu'on peut ajouter ici, c'est que sa fertilité, quoiqu'elle n'ait lieu que dans la plaine, qui n'est guère qu'un tiers de son étendue, présente néanmoins un tel excédent de ressources, qu'on peut le regarder comme un des plus riches de l'Empire.

les auteurs anciens ; et les modernes, n'ayant pas de guide sûr à cet égard, sont livrés à leurs propres conjectures. Tite-Live semble cependant indiquer le passage de Bellovèse par cette partie des Alpes, mais pour celui d'Annibal, quelque respect que mérite l'opinion de M. Denina, il est difficile de s'y rendre, en la voyant plus combattue qu'appuyée par les probabilités historiques.

« Peut-être, dit l'auteur de l'Annuaire statis-
» tique de la Stura (année 1809), trouvera-t-on
» un motif pour confirmer cette opinion dans
» les traces qu'on trouve dans la vallée du Pô,
» d'un ancien chemin qui avait été ordonné
» dans le 14e. siècle par le marquis de Saluces,
» Louis II. La montagne de la traversette ados-
» sée au Mont-Viso, fut percée en galerie sans
» le secours de la mine, sur 74 mètres de lon-
» gueur et presque autant de hauteur. Cette
» circonstance pourrait faire penser que le fait
» du rocher qu'il fallut rompre pour faire un
» passage aux éléphans, ne fut qu'une coupure
» de la même partie, qu'on a reconnue pouvoir
» être aisément taillée ».

Saluces, chef-lieu de sous-préfecture, est une ville de 6 à 7000 habitans, située en amphithéâtre sur le flanc et au pied d'un coteau qui forme dans cette partie le premier gradin des Alpes. Cette position la divise naturellement en ville haute et ville basse.

La première, jadis habitée par la noblesse, est aujourd'hui fort dépeuplée. Les rues en sont propres, mais escarpées, et les points de vue superbes, surtout au haut de la ville, d'où l'on plonge en quelque manière surtout le Piémont.

La ville basse est très-commerçante. Placée entre la montagne et la plaine, elle sert d'entrepôt aux habitans de l'une et de l'autre. Elle renferme quatre ou cinq filatures ou moulinages de soie. La cathédrale, qu'on montre dans cette ville basse, sinon comme une belle, du moins comme une grande église, est grande en effet, mais pas assez, pour pouvoir être citée sous ce rapport. Les deux parties réunies font une ville de 6000 habitans, suivant les uns, de 10,000 suivant les autres, et suivant les apparences, de 7 à 8000. Cette ville a été bâtie, d'après la plupart des auteurs, sur l'emplacement et avec les débris de l'ancienne *Augusta Vagiennorum*.

La ville, le marquisat et les marquis de Saluces, jouent un certain rôle dans l'histoire moderne. Ce pays s'étendait depuis le comté de Nice et le haut Dauphiné, jusqu'à la ville de Carmagnole qui en dépendait : il a long-temps fait partie du Dauphiné. La famille des marquis de Saluces, qui étaient vassaux des Dauphins, s'étant éteinte, François Ier. réunit ce marquisat à la couronne de France, comme annexe et fief du Dauphiné. Henri IV le céda en 1601 au duc de Savoie, en échange de la Bresse, du Bugey et des pays de Gex et Valromey.

Saluces est la patrie du savant typographe Bodoni, établi depuis long-temps à Parme, et jouissant de la même réputation en Italie que Didot en France. — *Parcouru depuis Pignerol.* 6 $\frac{1}{2}$

§ 3. *De Saluces à Busca*. . . . . 3 $\frac{1}{2}$

On suit dans la même plaine le pied des mêmes collines, en traversant à des distances à peu près égales, d'abord le village de la Manta et le bourg de Versol, ensuite le village de Villa-Novetta, et le bourg de Costigliole. Le 1er. des deux villages a des filatures et moulinages de soie. Le 1er. des deux bourgs est embelli par un château, et l'un et l'autre peuplés d'anciennes familles. En arrivant dans le dernier, on traverse sur un pont de bois la Vraita, dont les fréquentes inondations, semblables à celles du Nil, fécondent la terre par l'excellent limon qu'elles y déposent.

Busca est une petite ville de 3000 habitans,

située au pied des collines qui précèdent les Alpes : elles sont ici couvertes de vignes qui produisent d'assez bons vins. La plaine, d'un autre côté, produit en abondance des blés renommés pour leurs qualités, et d'excellens légumes. Elle abonde aussi en foin. Sur la colline qui domine cette petite ville, s'élève un couvent de Chartreux connu sous le nom de l'*Eremo*. On l'indique aux voyageurs comme la curiosité du pays. On leur indique aussi une belle maison de campagne (le *Roccolo*), et deux belles églises, dont une est remarquable par les peintures de Galliari. M. Caissotte de Chiusana, faisant travailler à sa maison de campagne, y a trouvé une quantité considérable de médailles.

A deux lieues vers le couchant, au pied des Alpes, la petite ville de Dronero qui a eu jadis une citadelle, et moins anciennement un relais, ne se fait remarquer aujourd'hui que par le pont sur lequel on y passe la Macra. « Il est de deux » arches, mais si haut, dit la Martinière, que » la tête tourne à ceux qui veulent regarder du » haut en bas ». Busca est également sur la rive gauche de la Macra, mais cette rivière, dans son état naturel, est assez peu apparente pour que je l'aie passée plusieurs fois sans la remarquer, ou du moins sans en avoir conservé aucun souvenir. — *Parcouru depuis Pignerol*. . . 10

---

§ 4. *De Busca à Coni*. . . . . 4 ½

Même plaine. Terroir excellent quoique cailouteux, regardé comme le meilleur du Piémont, après celui de Cental. Il serait aride sans les nombreux canaux d'arrosage qui le parcourent et l'humectent dans tous les sens. Il est parsemé de beaux noyers. La route s'éloigne des montagnes.

Avant d'arriver à Coni, on laisse à droite la *Madona dell' Olmo*, beau couvent des Bernardins, dont l'église ne subsiste plus, et à gauche les deux embranchemens de Turin et de Fossan, après quoi l'on traverse la Stura, un peu au dessus de son confluent avec le Gezzo, pour monter par une belle rampe à Coni. (*Pour la description de la ville, v. la route de Marseille à Turin*). — *Parcouru depuis Pignerol jusqu'à Coni*. . . . . 14 ½

FIN DE LA COMMUNICATION DE PIGNEROL A CONI.

COMMUNICATION

DE SAVIGLIAN A MONDOVI.

9 lieues.

lieues.

§ 1. *De Saviglian à Fossan.* 3

Plaine unie et des plus belles, tant avant qu'après le village de Cavallier-Maggiore, où l'on laisse à droite la route de Coni, prairies superbes bordées de haies, et abondamment arrosées par des canaux d'eau courante qui transforment, tantôt en ruisseaux abondans, tantôt en petites rivières, les fossés de la route.

Fossan n'est pas une grande ville, mais c'est une des plus jolies et des plus agréables du Piémont, même de toute l'Italie. Des rues larges, droites et propres, la plupart bordées d'arcades et de maisons élégamment bâties, des remparts qui forment promenades, un site aéré sur un coteau qui domine la rive gauche de la Stura, un air des plus purs, un horizon aussi vaste que riche, des habitans doux et hospitaliers, tels sont les titres de cette petite ville, à l'éloge que nous venons d'en faire et à l'intérêt de tous les voyageurs. « La salubrité de son

» exposition, dit l'auteur d'un voyage en Pié-
» mont, les fontaines qui sourdent au milieu
» des plaines des environs, ont fait donner à
» cette ville le nom de *Fonte-Sano*, d'où est
» dérivé, par abréviation, celui de Fossano
» qu'elle porte aujourd'hui ».

On voit dans cette ville une assez belle église, et dans cette église une fort belle orgue.

Sa population est de 3,000 habitans, et de 14 à 15,000 en y comprenant la commune. Le territoire produit en abondance, vins, froment, légumes, fourrages, seigle, maïs et grains de toute espèce. Contente de la richesse de son sol, elle a dédaigné les ressources du commerce. Il y existe cependant une papeterie, des tanneries, des filatures de soie et deux moulinages. C'était autrefois une place forte qui a éprouvé bien souvent les chances de la guerre dans le 13e. et 14e. siècle. Emmanuel Philibert de Savoie et plusieurs de ses successeurs y ont fait leur résidence.

§ 2. *De Fossan à Mondovi*. 6

Après avoir descendu des plaines de Fossan dans la vallée de la Stura, on traverse cette rivière dans un bac, pour parcourir ensuite une plaine aussi belle que fertile, jusque vers le milieu de la distance, où l'on s'élève sur une autre plaine, moins fertile peut-être, mais aussi moins sujettes à être inondée.

La route qu'on laisse à droite vient de Saint-Alban, grand et joli bourg par où les voyageurs passent quelquefois, en allongeant d'un quart de lieue, pour franchir la Stura dans un bac plus sûr et plus commode que celui de Fossan.

Vers les trois quarts de la distance, on traverse sur un pont très hardi le Pézio, et vers la fin, on laisse à droite la route de Mondovi à Coni, à gauche celle de Mondovi à Cherasco. (*Pour la description de Mondovi, v. la route de Pignerol à Savone*).

FIN DE LA COMMUNICATION DE SAVIGLIAN
A MONDOVI.

COMMUNICATION
DE CONI A MONDOVI.

7 lieues.

                                                              lieues.

§ 1. *De Coni à Mondovi*. 7

PLAINE entremêlée de quelques collines; pays couvert et varié, route très négligée et très mauvaise, du moins lorsque j'y ai passé, il y a quelques années.

A mi-chemin, on trouve le village de Morozzo, où je reçus chez un cultivateur dont j'invoquais les secours, ayant eu le malheur de rompre l'essieu de ma voiture (*), un accueil hospi-

---

(*) Pour rassurer les voyageurs à qui pareil accident pourrait arriver, il est bon de leur apprendre qu'avec mon essieu cassé, j'ai trouvé le moyen de faire encore près de 4 lieues pour arriver à Mondovi; et voici ce moyen dont le succès exige, avant tout, un essieu coudé. J'ai fait rejoindre, entre deux fortes éclisses, les deux bouts de l'essieu rompu, à peu près comme les chirurgiens éclissent, après les avoir remis en place, les os fracturés. J'ai fait ensuite fortement biller le tout d'un bout à l'autre, comme une carotte de tabac.

Les deux coudes de l'essieu m'ont aidé à faire rap-

talier, des soins empressés et un zèle désinté-
ressé, auxquels j'étais loin de m'attendre, d'a-
près la réputation du peuple Piémontais : j'ai si
souvent éprouvé la même surprise dans le Piémont, que j'ai fini par regarder cette réputation
comme un erreur, et le peuple Piémontais
comme tout aussi bon qu'un autre.

---

procher les deux bouts, en me fournissant deux
points d'appui, d'abord pour les éclisses qui se sont
trouvées ainsi parfaitement fixées, ensuite pour la
corde qui, en passant par dessus ces espèces d'arrêts,
a pu être serrée autant qu'on a voulu, de manière à
maintenir le rapprochement des deux bouts que ni
les mouvemens, ni les cahots de la voiture n'ont pu
déjoindre.

Enfin pour empêcher le relâchement de la corde,
je l'ai fait mouiller en partant, et j'ai eu soin qu'on
renouvelât cette précaution chemin faisant, toutes les
fois que je passais près de quelque habitation.

C'est ainsi que je suis arrivé sain et sauf à Mondovi, où j'ai trouvé encore les secours les plus empressés, et en outre un excellent ouvrier pour la
soudure de mon essieu, ce qui ne se trouve pas
partout.

FIN DE LA COMMUNICATION DE CONI A MONDOVI.

COMMUNICATION

DE CONI A FOSSAN.

Cette route, dirigée en terrasse le long de la rive gauche de la Stura, et continuellement bordée de deux ruisseaux d'une eau limpide et courante enlevés à la Stura pour l'arrosage des prairies, est la plus agréable que j'aie vue dans le Piémont (*). (*V. pour Fossan la route de Paris à Savonne.*

(*) Le département de la Stura occupe la partie la plus méridionale, en même temps que la plus belle et la plus fertile de l'ancien Piémont. Par quel renversement d'idées lit-on à peu près tout le contraire dans certains ouvrages géographiques dont les auteurs, s'ils n'ont pas eu comme nous la ressource des observations et des recherches locales, ont eu au moins, aussi bien que nous, celle des statistiques. Ils auraient trouvé dans l'Annuaire Statistique de la Stura, que loin d'être « peu propre à la culture, » du moins à l'abondance des productions qu'on y » récolte ». Il est au contraire essentiellement agricole.

« Ce département, dit ailleurs le même Annuaire, » est un des plus beaux séjours; ses superbes canaux » d'irrigation, sa culture, ses riches guerêts, le ta- » bleau animé des vendanges qu'il présente pendant

» l'automne, les Alpes majestueuses qui l'entourent,
» le Mont-Viso qu'on aperçoit, les champs de ba-
» taille où S. M. I. et R. vint cueillir ses premiers
» lauriers, et enfin l'influence de ce beau ciel de l'I-
» talie contribuent à le rendre intéressant pour tout
» homme curieux ». Une grande partie de ce portrait
ressemble également au département du Pô, dont celui de la Stura paraît en quelque manière le pendant,
étant, dans cette partie méridionale de l'ancien Piémont, ce que l'autre est dans la partie septentrionale, un vaste et riche bassin bordé en fer à cheval par les Alpes, au Sud et à l'Ouest, comme celui
du Pô à l'Ouest et au Nord, et pénétrant de même
jusqu'au centre de cette lisière montagneuse, dont
la largeur est telle qu'elle forme pour un département comme pour l'autre, environ les deux tiers
de la surface totale.

Ces deux départemens se ressemblent encore par leur étendue et leur configuration, qui sont à peu de chose près les mêmes. Celui de la Stura, qui est un peu plus grand, est aussi un peu plus peuplé, renfermant environ 430,000 habitans au lieu de 400,000, et 5 arrondissemens au lieu de 3, savoir Coni, Albe, Mondovi, Saluces et Savighan. Ces chefs-lieux ont été décrits avec les routes sur lesquelles ils se trouvent placés.

FIN DU TOME SIXIÈME.

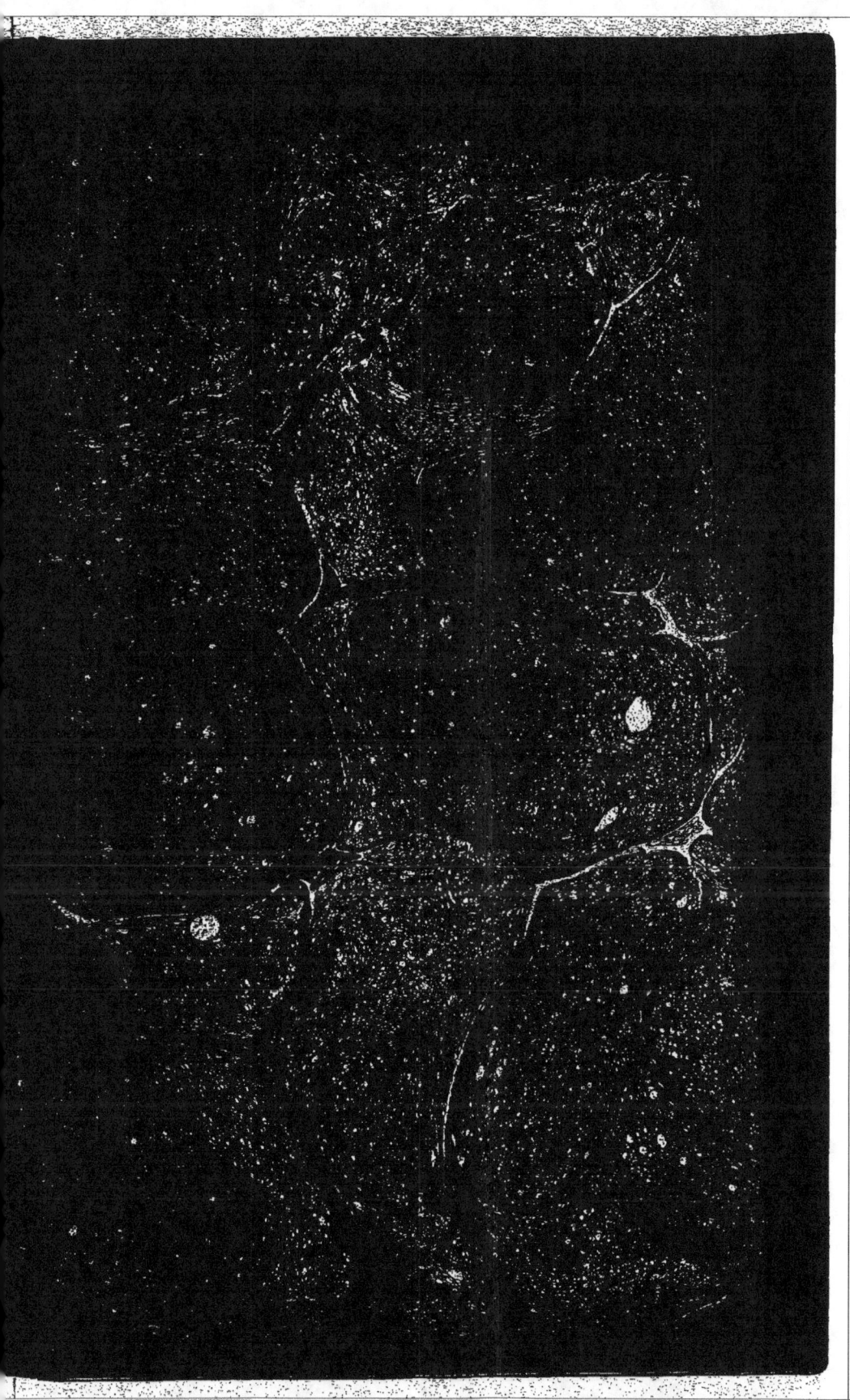

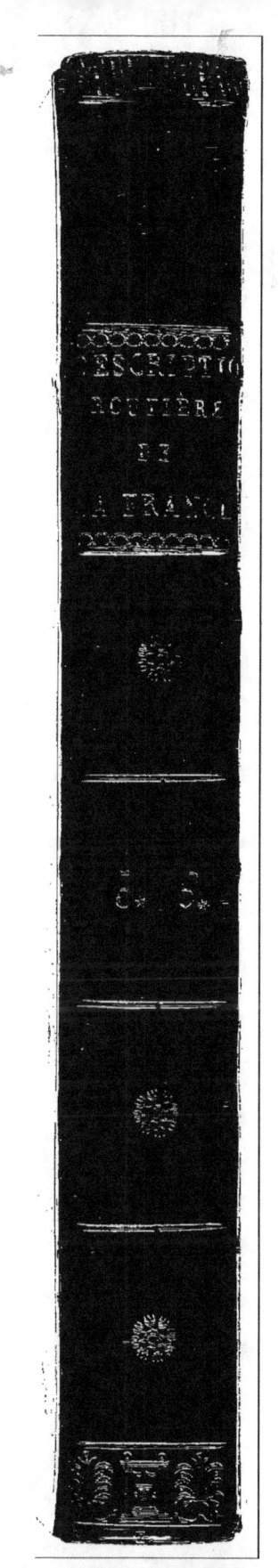

www.ingramcontent.com/pod-product-compliance
Lightning Source LLC
Chambersburg PA
CBHW070606230426

43670CB00010B/1428